I0875974

CONSTITUTION DE LA MODERNITÉ
sous la direction de Jean-Claude Zancarini
13

Sciences humaines, foi et religion

Ce travail a été réalisé au sein
du LabEx COMOD (ANR-11-LABX-0041) de l'université de Lyon,
dans le cadre du programme « Investissements d'avenir »
(ANR-11-IDEX-0007) de l'État français,
géré par l'Agence nationale de la recherche (ANR).
Ce volume réunit les actes du colloque
« Le chercheur en sciences humaines et sociales, la religion et la foi »
organisé par la Bibliothèque municipale de Lyon les 14 et 15 octobre 2016.

COMOD
UNIVERSITE DE LYON

Sciences humaines, foi et religion

Sous la direction d'Yves Krumenacker

PARIS
CLASSIQUES GARNIER
2018

Yves Krumenacker, professeur d'histoire moderne à l'université Jean-Moulin – Lyon III, vice-président de la CIHEC (Commission internationale pour l'histoire et l'étude du christianisme), est spécialiste d'histoire du protestantisme aux XVIe-XVIIIe siècles, sur lequel il a publié de nombreux ouvrages. Il s'intéresse aussi aux questions de méthodologie et au statut de l'histoire religieuse.

© 2018. Classiques Garnier, Paris.
Reproduction et traduction, même partielles, interdites.
Tous droits réservés pour tous les pays.

ISBN 978-2-406-08287-3 (livre broché)
ISBN 978-2-406-08288-0 (livre relié)
ISSN 2493-8947

LE CHERCHEUR ET LA FOI

Quelle distance avoir ?

« Êtes-vous protestant ? » Cette question, on me l'a posée de nombreuses fois, comme à beaucoup de mes collègues travaillant sur le protestantisme. J'y ai répondu régulièrement, par politesse et par honnêteté, mais non sans un sentiment de malaise. En effet, la question reflète souvent un soupçon, soit qu'un chercheur engagé ne peut pas être impartial, qu'il défend forcément une cause et fait de l'apologétique de manière plus ou moins consciente, soit au contraire qu'un non-protestant ne peut pas étudier sérieusement cette confession religieuse, que le sentiment religieux ne peut pas être vraiment compris – ou un soulagement, celui de savoir qu'un coreligionnaire supposé va pouvoir donner des informations fiables sur l'histoire de sa foi. Dans tous les cas, un rapport entre foi et recherche en histoire religieuse est établi, rapport qui me semble particulièrement problématique. Le soupçon que je viens d'évoquer suppose, d'un côté, que l'engagement personnel mène à la partialité et au prosélytisme, ou au contraire à une compréhension « de l'intérieur », de l'autre que le désintérêt existentiel conduit, selon les uns, à l'incompétence ou, selon les autres, à une véritable neutralité scientifique. Étudier les religions serait-il donc impossible ?

Notons d'entrée que ce genre de problème ne devrait pas être propre aux sciences religieuses et qu'on peut sans peine le transposer à d'autres champs de la recherche. Peut-on, par exemple, étudier le politique et le social en étant parfaitement neutre ? Faudrait-il être asexué pour faire l'histoire du genre ? Les hommes sont-ils capables de sentir ce que ressentent les femmes, et celles-ci de se départir des revendications féministes ? Bien d'autres exemples pourraient être donnés. Dans tous les cas, on retrouve la question classique de l'inévitable subjectivité du chercheur, y compris d'ailleurs dans les sciences dures. Le problème n'est pas tant de l'éliminer totalement, ce qui est impossible, que de savoir ce qu'on en fait, comment en tenir compte. Il faut se demander comment, en dépit de cette subjectivité qui fait qu'on s'intéresse à tel sujet plutôt qu'à tel autre, qu'on l'envisage d'une manière plutôt que d'une autre, qu'on l'étudie en fonction d'une vision du monde propre à chacun, on peut travailler de la manière la plus honnête et la plus compréhensive possible, afin que les résultats obtenus puissent être acceptables, et discutés, par d'autres dont la subjectivité diffère de celle du chercheur.

Tel est précisément l'objet du colloque « Le chercheur en sciences humaines et sociales, la religion et la foi » dont le présent volume reprend les communications, à peu de choses près. Il s'est déroulé à Lyon, à la Bibliothèque Municipale, les 14-15 octobre 2016 et comportait deux parties bien distinctes, mais complémentaires. La première partie voit se confronter, pour différentes religions (christianisme, islam, judaïsme) et différentes disciplines (philosophie, histoire, sciences politiques, sociologie) des chercheurs croyants et non-croyants qui ont accepté de réfléchir à leur pratique, à essayer de formaliser la manière dont ils s'accommodent, dans leur travail scientifique, de leur foi ou de leur non-foi, comment celle-ci peut être un atout ou un obstacle. La seconde partie est consacrée à l'évolution des rapports des scientifiques avec la foi dans différentes sciences humaines et sociales ; une évolution qui va dans le sens d'une déconfessionnalisation, d'une mise à l'écart la plus grande possible de l'engagement confessionnel, mais non sans ambiguïté quelquefois, et pas toujours de manière très linéaire.

Dans la première partie, les intervenants se sont livrés à un travail difficile de réflexion sur eux-mêmes, sur leur propre travail, qui impose aussi de livrer publiquement une partie de leurs convictions personnelles. C'est pourquoi je ne peux que les remercier vivement d'avoir accepté de se prêter à cet exercice exigeant et, par honnêteté envers eux, il me faut moi aussi préciser à partir d'où je parle, me prêter, comme eux, à un peu d'introspection.

Historien du protestantisme des XVIe-XVIIIe siècles, je travaille sur une confession qui n'est pas la mienne, dans laquelle je n'ai pas été élevé. Je n'ai donc *a priori* pas de cause à défendre, pas de lien avec une Église protestante quelconque – pas d'hostilité non plus, il faut le préciser, car être contre ne garantit pas plus la neutralité qu'être pour ! Mon éducation, une culture et, sans doute, un *habitus* catholique, ne me lient pas pour autant le moins du monde à l'Église catholique. Mais cela m'a donné une certaine familiarité avec le religieux. Une familiarité cependant trompeuse : qu'a de commun le sentiment religieux tel qu'il pouvait être vécu dans le catholicisme de la deuxième moitié du XXe siècle avec celui des protestants du XVIIe siècle ? Cette familiarité me semble pourtant un élément sinon indispensable, du moins important, pour le chercheur, elle aide à prendre au sérieux certaines questions, elle porte le regard sur certaines problématiques ; il faut pourtant être conscient de la différence confessionnelle (un catholique n'est pas un protestant) et, pour un historien, temporelle, avec son objet d'étude. Cette distance temporelle est fondamentale : travaillant sur les XVIe-XVIIIe siècles, j'étudie des personnes qui ont vécu dans des conditions, dans un environnement très différents du mien, avec des sensibilités, des préoccupations, des manières de penser qui ont peu à voir avec les miennes. Si l'éducation et la culture religieuses peuvent être utiles, ce ne peut être que par analogie.

Cette prise de conscience empêche d'essentialiser la religion. Le travail de l'historien est de garder à l'esprit cette dimension temporelle, avec cette particularité que son objet d'étude ne peut être atteint que par les traces qu'a bien pu laisser le passé et qu'il faut être capable de trouver et d'interpréter. En ce sens la démarche de l'historien est forcément un peu différente de celle d'autres praticiens des sciences humaines et sociales, et mon exposé en sera inévitablement marqué.

ÊTRE CHRÉTIEN POUR ÉTUDIER LE CHRISTIANISME ?

Faut-il donc être chrétien pour étudier le christianisme ? Comme je l'ai déjà souligné, beaucoup seraient tentés de dire oui, alors que, du moins en France, bien des spécialistes répondraient par la négative. Encore faut-il argumenter, et se rendre compte que la situation en France n'est pas forcément la situation dominante en Europe ou dans le monde et que les Français n'ont pas nécessairement toujours raison contre tous les autres !

C'est justement d'outre-Atlantique que le débat a été relancé dernièrement, avec un article du sociologue des religions Michael Cantrell dans le *Journal of the American Academy of Religion*, dont le titre montre bien ce qui est en jeu : un chercheur dans les questions religieuses doit-il être méthodologiquement athée ou agnostique ? L'auteur entend répliquer à Peter L. Berger, pour qui l'athéisme méthodologique est indispensable[1]. Berger, également sociologue des religions, avait revendiqué cette posture dans *The Sacred Canopy*, en 1967, à un moment où la sociologie américaine était dominée par un certain positivisme. Bien qu'elle ait été depuis remise en cause, la normativité de l'athéisme méthodologique reste très forte. Pour Berger, l'expérience du sacré ne relève pas de l'expérience commune du monde. Le problème, objecte Cantrell, est que, pour le croyant, le sacré est présent dans le monde, c'est une qualité de ce monde. Autrement dit, on ne peut pas parler d'une expérience commune du monde qui exclurait le sacré. D'autres mondes ne sont certes pas analysables scientifiquement, mais, pour le croyant, le sacré n'est pas dans un autre monde, il est bien présent dans ce monde ci. L'athéisme méthodologique ne serait donc pas recevable pour lui. Pourrait-il cependant garantir une certaine neutralité ? Cela supposerait qu'exclure le surnaturel soit gage de neutralité et que l'incroyance soit le critère objectif d'une recherche sérieuse. Affirmer cela, c'est obliger le chercheur à adopter une forme particulière d'attitude envers la religion, un rejet du surnaturel qui n'est pas plus neutre que son acceptation. Refuser, dans une analyse sociologique, anthropologique ou historique, des êtres ou des forces surnaturels, c'est considérer qu'ils sont le produit d'une illusion, d'une aliénation, la résultante d'une construction humaine – un point-de-vue que l'on peut défendre, mais qui est une interprétation du sacré et non une condition d'étude objective du sacré. Que des expériences religieuses soient des constructions n'implique pas que toute forme d'expérience religieuse le soit, ni même qu'une expérience authentique ne puisse avoir les caractéristiques de constructions imaginaires, se modeler sur elles. Ne pas les analyser en lien avec le surnaturel, par athéisme méthodologique, reviendrait ainsi à douter de fait de la possibilité de leur existence.

Cantrell insiste sur les problèmes que pose l'athéisme méthodologique. Étudier le sacré en refusant de tenir compte du surnaturel, c'est s'obliger à étudier les phénomènes comme des projections socio-psychologiques,

---

1 Cantrell, Michael A., « Must a Scholar of Religion Be Methodologically Atheistic or Agnostic ? », *Journal of the American Academy of Religion*, 2015, p. 1-28.

donc à faire entrer les données de l'expérience dans un cadre préexistant mais extérieur à l'objet. C'est s'interdire de considérer un lien moral, existentiel, avec le sacré, l'acceptation de certaines valeurs, etc. Parler de socialisation, de conditionnement psychologique, est souvent insuffisant pour comprendre les choix individuels : pourquoi choisit-on une foi plutôt qu'une autre, surtout si elle semble ne pas être profitable humainement au croyant ?

Plutôt que de pratiquer un athéisme méthodologique, peut-on simplement suspendre son jugement sur la véracité des phénomènes, exercer un agnosticisme méthodologique ? En ce cas, le sacré n'est plus une projection, ce n'est plus rien ! Et cela peut cacher le libéralisme religieux des auteurs eux-mêmes. Finalement, sans nier l'intérêt que peuvent avoir l'athéisme ou l'agnosticisme méthodologiques, Cantrell refuse qu'ils apparaissent comme une norme. Un point-de-vue chrétien, acceptant la réalité du surnaturel, lui semble nécessaire pour une bonne compréhension du religieux chrétien.

Ses arguments ne sont pas à rejeter d'un revers de main. Il me semble cependant qu'ils portent une critique d'un état daté des sciences religieuses qui n'osaient pas aborder le religieux lui-même, mais faisaient une analyse sociale, culturelle ou économique du religieux. La sociologie du catholicisme classique des années 1950 et 1960, même faite par des croyants comme Gabriel Le Bras ou le chanoine Boulard, n'abordait la croyance qu'en comptant la participation aux actes rituels, pour ne pas franchir le « mur de la foi[2] ». En histoire, la liturgie, la prière, la spiritualité ont par exemple été longtemps délaissés au profit d'études sur les pratiques, au motif que l'historien ne peut pas s'ingérer dans les croyances intimes et doit s'abstenir de tout jugement sur les mystères de la foi. Ce n'est plus le cas aujourd'hui.

Plus profondément, la position de Cantrell pose problème. Dans son optique, il faut avoir la foi pour pouvoir l'étudier dans toutes ses dimensions. Comment en effet comprendre les croyants si on ne l'est pas soi-même ? Car la compréhension n'est pas qu'intellectuelle, il ne suffit pas d'assimiler la théologie – que, du reste, on ne pourrait bien comprendre, selon les théologiens, qu'avec la foi, car elle repose sur ce qu'il faut considérer comme Parole de Dieu – mais aussi saisir tout un

2 Poulat, Émile, « Trois problèmes pour la sociologie du catholicisme », *Social Compass. Revue internationale des études socio-religieuses*, 6/4, 1969, p. 471-483.

habitus croyant : la foi, en effet, n'est pas qu'un rapport individuel à Dieu – ce qu'un non-croyant, là encore, serait incapable de saisir réellement, mais aussi une vision du monde, une manière de vivre, de se comporter, même dans les moments les plus intimes, une sociabilité, des gestes particuliers, des goûts, des lectures, voire un type d'habillement ou de décoration de son logement, etc. Toutes sortes de choses qu'on ne peut comprendre si on n'est pas « de la tribu » et dont on ne peut pas comprendre les connexions.

Le problème, si l'on suit ce raisonnement, c'est que l'étude du catholicisme ne pourra être bien faite que par des catholiques, celle du protestantisme par des protestants, du judaïsme par des juifs, de l'islam par des musulmans… On aboutirait ainsi à une juxtaposition d'histoires non compatibles entre elles, d'histoires internes faites par des croyants pour des croyants, car s'il est impossible pour qui n'a pas la foi de comprendre une religion, il est sans doute tout aussi impossible pour le lecteur non-croyant de cette histoire de vraiment la comprendre. Si l'on suit bien Cantrell, seul un croyant peut comprendre le surnaturel comme du surnaturel, les autres n'y voyant que des projections ou des idéologies.

Pourrait-on aller plus loin, ne pas se contenter d'une histoire catholique du catholicisme, d'une histoire juive du judaïsme, etc., et avoir une étude globale des religions ? Dans la mesure où elle est écrite par un croyant d'une religion, qui, selon les prémisses qu'on vient d'indiquer, doit partir de sa manière de sentir, de comprendre sa religion, elle ne pourra présenter les autres religions que comme fausses. La seule solution serait une histoire à plusieurs voix, écrite par les croyants des différentes religions. Mais on se retrouverait ainsi avec des histoires concurrentes, juxtaposées, des visions catholiques, protestantes, juives, musulmanes, bouddhistes, etc., non compatibles entre elles et empêchant toute vision commune du passé comme du présent. L'athéisme ne fournirait pas non plus de solution car une science religieuse reposant sur des convictions athées ne pourrait que partir du principe que toute religion est erreur, hypocrisie ou duperie ; autrement dit, elle partirait de ce qui ne devrait être, au mieux, qu'une conclusion. Quelle serait alors la bonne lecture du religieux ? À partir du moment où une religion affirme une interprétation du réel qui lui est à la fois propre et exclusive, il lui faut un fondement susceptible de résister aux autres interprétations, de les réfuter. Mais on ne voit aucun fondement de ce type capable de faire sortir du conflit des interprétations : tout repose sur la foi, les convictions personnelles des tenants de cette religion, et d'eux seuls.

Une étude confessionnelle aboutit ainsi forcément à une impasse, dans l'optique du vivre ou du penser, du sentir ensemble. Mais elle confine aussi à l'absurde, si on pousse le raisonnement jusqu'au bout. Les religions de l'Antiquité nous seraient à jamais inaccessibles, puisque plus personne n'y croit. Et si l'on admet que seul un catholique peut comprendre le catholicisme, il faut aussi admettre, pour sortir du religieux, que seule une femme peut faire l'histoire des femmes (et les hommes celle de la masculinité), une personne homosexuelle faire l'histoire de l'homosexualité, un Français l'histoire de France, un communiste l'histoire du communisme ; peut-on aller jusqu'au bout de la provocation et affirmer qu'il faut être d'extrême-droite pour traiter correctement du nazisme ? On voit bien que la position est intenable. Si on considère que l'historien ne peut pas, ne doit pas, taire ses convictions, on doit alors admettre qu'il lui faut soit adhérer aux thèses de son sujet d'étude, quelles qu'elles soient, soit les refuser ; mais comment comprendre en profondeur des idées et des personnes contre lesquels on combat ? Inversement, comment analyser sérieusement ce à quoi on adhère profondément ?

De plus, toute approche confessionnelle masque des intérêts plus ou moins conscients. C'est la leçon, sans appel, qu'a délivrée Pierre Bourdieu dans un congrès de sociologues de la religion[3]. Il pose bien l'alternative dans laquelle se trouvent tous ceux qui étudient le religieux : « quand *on en est*, on participe de la croyance inhérente à l'appartenance à un champ quel qu'il soit (religieux, universitaire, etc.) [...] quand on n'en est pas, on risque premièrement d'inscrire la croyance dans le modèle, [...] deuxièmement d'être privé d'une partie de l'information utile[4] ». Précisons que la situation est un peu différente selon les sciences sociales ; pour les historiens travaillant sur des périodes anciennes, le fait de « ne pas en être » prive moins d'information, puisque les personnes étudiées sont mortes depuis longtemps ; tout au plus l'accès aux archives appartenant à des institutions religieuses risque-t-il d'être plus difficile. Mais les autres remarques de Bourdieu s'appliquent à tout le

3 Bourdieu, Pierre, « Sociologues de la croyance et croyances de sociologues », *Archives de sciences sociales des religions*, 63/1, 1987, p. 155-161.

4 *Ibid.*, p. 156. Les italiques sont dans le texte.

champ scientifique. Encore faut-il préciser ce que signifie « en être ». La question est moins celle de la foi, de la croyance en Dieu, que de l'investissement personnel dans le champ étudié. Pour citer encore une fois Bourdieu, « c'est un intérêt pour des objets dont l'existence et la persistance commandent directement ou indirectement mon existence et ma persistance sociale, mon identité et ma position sociales[5] », et ceci concerne évidemment aussi ceux qui ont rompu avec l'Église ou qui ont perdu la foi. L'intérêt, positif ou négatif, pour la religion, pose problème dès lors qu'il conditionne ce que je suis en profondeur.

Inversement, ne ressentir aucun intérêt existentiel pour son objet, qui est la croyance, être indifférent à ses enjeux, c'est courir le risque, dénoncé aujourd'hui par Cantrell, d'exclure la croyance de son analyse, de ne pas prendre en compte l'« expérience enchantée », comme dit Bourdieu, l'expérience de la foi, pour le sujet croyant, ce sentiment de communier avec le surnaturel, et de décrire le religieux d'une manière telle que les croyants ne peuvent pas s'y retrouver. D'autre part, et cela vaut sans doute surtout pour les sociologues, les anthropologues ou les historiens du très contemporains, « ne pas en être », c'est comme être en dehors d'une famille et ne pas en saisir les codes, ne pas comprendre l'importance d'objets familiers, de surnoms, d'attitudes corporelles, de manières de s'exprimer, voire de dictions particulières, etc., c'est ne pas comprendre les allusions, ne pas avoir la culture faite de multiples évènements en apparence triviaux mais ayant une importance particulière pour le groupe, ne pas connaître des lieux, des personnes, des associations, être étranger aux amitiés, aux rivalités, aux oppositions non explicitées, etc.

Le problème est que ce que nous décrit Bourdieu semble nous laisser désarmés. Il suggère cependant une solution, « une maîtrise consciente des *intérêts* liés à l'appartenance et à la non-appartenance[6] », c'est-à-dire une objectivation sans complaisance de la position du chercheur dans le champ qu'il étudie. C'est en sachant qu'on appartient à ce champ, fût-ce de manière négative, qu'on a le plus de chance de « maîtriser les effets de cette appartenance[7] ». L'objet de ce volume est en partie de réfléchir à la manière de « maîtriser les effets de cette appartenance »

5 *Ibid.*, p. 157.
6 *Ibid.*, p. 159.
7 *Ibid.*

et pas seulement, comme le propose Bourdieu, en recourant à une « objectivation participante[8] ».

Il faut en effet aller plus loin. Tout d'abord parce que ce sont l'ensemble des sciences sociales qui sont en jeu. Mais aussi parce que l'analyse de Bourdieu a une trentaine d'années et que le champ religieux a profondément évolué depuis. Lui-même s'adressait à « des producteurs qui participent à des degrés divers au champ religieux[9] ». Pour l'immense majorité des historiens du religieux de ma génération, et il en est sans doute de même dans les autres sciences sociales, la religion n'était pas chose indifférente. On y adhérait, avec des degrés d'engagement très variés, ou, plus rarement, on s'y opposait, mais on était bien participants du champ. C'est beaucoup moins vrai aujourd'hui. Une anecdote en témoigne. Le groupe de la Bussière a été fondé en 1957 par des historiens pour réfléchir à la manière d'écrire une histoire non confessionnelle du religieux ; mais ils étaient tous catholiques[10]. Il y a encore une vingtaine d'années, lorsqu'il y avait un dimanche dans les quatre jours de la rencontre annuelle du groupe, les travaux s'interrompaient à l'heure de la messe et la majorité du groupe y participait – et une messe quotidienne était dite tôt le matin, à laquelle assistaient plusieurs membres du groupe ; peu à peu, l'assistance à la messe dominicale est devenue le fait d'une minorité ; aujourd'hui, la messe quotidienne a disparu et les travaux ne s'interrompent plus le dimanche. Cela ne signifie évidemment pas que tous les membres de ce groupe n'ont plus d'intérêt, au sens défini par Bourdieu, dans la religion ; cela ne doit pas masquer non plus une certaine reconfessionnalisation des études religieuses, liée au tournant identitaire récent des religions, dénoncée dès ses débuts par Étienne Fouilloux[11]. Mais c'est le signe que les nouvelles générations ne ressemblent pas aux anciennes, que le religieux a été investi par des chercheurs n'ayant connu ni Vatican II ni la crise post-conciliaire, pour qui la religion n'est plus un objet de débats intense mais déjà un « lieu de mémoire » connu cependant de manière encore relativement intime. Guillaume Cuchet en est un bon représentant, qui se demande comment

8 *Ibid.*

9 *Ibid.*, p. 156.

10 Filippi, Bruna, « Le groupe La Bussière. Quelques étapes d'un parcours collectif », *Revue d'Histoire de l'Église de France*, t. 86, 2000, p. 735-745.

11 Fouilloux, Étienne, *Au cœur du* XX*e siècle religieux*, Paris, Éditions ouvrières, 1993, p. 12.

« faire de l'histoire religieuse dans une société sortie de la religion[12] ». Mais sa position n'est déjà plus celle d'un nombre croissant de jeunes chercheurs qui viennent à l'étude des religions sans appartenance religieuse, souvent même sans culture religieuse préalable, avec peut-être des interrogations personnelles – à eux de s'interroger et d'objectiver leur position – mais avec une démarche qui, en apparence, n'est pas différente de celle qu'ils auraient s'ils étudiaient les croyances égyptiennes antiques. Étant, pour certains, des « *outsiders* complets[13] » appartenant à des générations « post-religieuses » (peut-être vaudrait-il mieux dire post-religions institutionnalisées), seraient-ils incapables de comprendre réellement les phénomènes religieux ? C'est ce qui est souvent affirmé, mais n'est-ce pas pour discréditer toute connaissance externe, pour disqualifier *a priori* ceux qui, n'ayant pas d'intérêts religieux à défendre, pourraient être amenés à produire des analyses susceptibles de remettre en cause l'identité existentielle des croyants ? Plutôt que de se lancer dans de mauvais procès, il convient de supposer qu'une étude scientifique du religieux est possible, quels que soient les intérêts, quelles que soient les convictions (ou l'absence de convictions) personnelles du chercheur, et de se demander à quelles conditions elle est possible.

Des analyses qui précèdent, il apparaît clairement qu'il est nécessaire de prendre le religieux au sérieux, de ne pas en faire une analyse purement externe, mais d'accepter, au moins dans un premier temps, ce que disent les croyants de leur foi et des effets qu'elle produit sur leur vie. Il s'agit étudier le phénomène religieux de l'intérieur, dans les termes utilisés par les religions, avec la signification que lui donnent les consciences religieuses. Cela peut prendre des formes différentes suivant les disciplines, de la sociologie participative à l'analyse des discours, mais il faut supposer la sincérité des croyants – du moins tant qu'on n'aura pas réussi à montrer (et non à présupposer) leur duplicité, leur double jeu, et ceci sans préjudice d'autres intérêts (la reconnaissance sociale, le pouvoir, la légitimation de ses actes, etc.) que des analyses ultérieures pourraient mettre au jour. Mais il faut aussi porter un regard critique sur le phénomène religieux.

---

12 Cuchet, Guillaume, *Faire de l'histoire religieuse dans une société sortie de la religion*, Paris, Publications de la Sorbonne, 2013.

13 Lagrée, Michel, *Religion et modernité. France, XIXe-XXe siècles*, Rennes, PUR, 2003, p. 44.

SYMPATHIE, EMPATHIE, LA CONNAISSANCE COMME RELATION INTERPERSONNELLE

La bonne distance serait-elle exprimée par Renan : « il faut en quelque sorte ne plus y croire, mais il faut y avoir cru[14] », cumulant ainsi les avantages de la connaissance intime de la religion et l'absence d'intérêt dans le champ du religieux ? Mais, si on a ainsi l'avantage de connaître la foi et l'univers des croyants de l'intérieur, on part néanmoins du principe qu'ils sont dans l'erreur... Présentée ainsi sans plus de nuances, cette affirmation ne nous est finalement pas d'un grand secours. Il est plus utile de se demander comment comprendre de l'intérieur.

On touche ici la difficile question de ce qu'Henri-Irénée Marrou appelait la sympathie[15]. L'historien, explique-t-il, doit sortir de lui-même pour aller à la rencontre de l'autre ; mais cela peut s'appliquer évidemment à toute science humaine. Pris dans la « dialectique du même avec l'autre », il doit, pour comprendre, reconnaître, identifier, ramener au déjà connu, au même ; mais il doit le faire sur ce qui est irréductiblement autre et, pour les historiens, sur ce qui n'est plus. Pour y parvenir, il doit mettre en œuvre des mécanismes qui sont ceux de la connaissance interpersonnelle : l'autre est et reste fondamentalement autre, il est toujours sujet et non objet, mais on ne peut le comprendre qu'en le faisant même, qu'en l'objectivant. La comparaison avec la connaissance interpersonnelle n'est pas indue, dans la mesure où le chercheur est un être humain qui part à la rencontre, pour les comprendre, d'autres êtres humains. Or, comprendre l'autre suppose, toujours d'après Marrou, « l'existence d'une large base de communion fraternelle entre sujet et objet », une capacité d'être « connaturel à autrui », de « ressentir ses passions, de repenser ses idées sous la lumière même où il les vit ». Plus même qu'une sympathie, c'est une amitié qu'il doit y avoir, mais une amitié qui suppose la vérité, qui n'empêche pas l'esprit critique.

Faut-il garder ce terme de sympathie, n'est-il pas préférable de lui substituer celui d'empathie ? Car sur certains objets d'étude, on ne peut

---

14 Renan, Ernest, « Des religions de l'Antiquité et de leurs derniers historiens », *Revue des Deux Mondes*, nouvelle période, 2e série, t. 2, 1853, p. 833.

15 Marrou, Henri-Irénée, *De la Connaissance historique*, Paris, Seuil, 1954, p. 97 et suivantes.

pas « sympathiser », au sens courant du terme, avec ce que l'on étudie, il n'y a pas d'amitié possible entre sujet et objet. L'empathie, « c'est la volonté de comprendre l'autre de l'intérieur, tout en sachant qu'on n'y est pas » explique le psychologue Jacques Lecomte, l'empathie n'est pas la sympathie. Elle est encore moins la compassion ni la fusion émotionnelle[16]. Mais l'on peut s'efforcer de « souffrir avec », de « sentir avec », d'éprouver de l'empathie. Il s'agit de comprendre en profondeur une personne, un groupe, de comprendre comme lui, de saisir sa vision du monde, sa manière de sentir et d'analyser les choses, sans forcément accepter toutes ses valeurs. Mais jusqu'où peut-on aller dans cette empathie ?

Dans une première approximation, forcément assez impressionniste mais qu'on peut espérer suggestive, on peut recourir à la métaphore du couple, poursuivant ainsi en quelque sorte les réflexions de Marrou sur la connaissance comme relation interpersonnelle. Dans un couple, les deux partenaires, parce qu'ils vivent ensemble au quotidien, se comprennent de mieux en mieux, finissent pas prévoir les réactions de l'autre, à deviner ses sentiments, ils ont une connaissance intime l'un de l'autre. Mais les psychologues, les conseillers conjugaux expliquent que cela ne doit pas aller jusqu'à la négation des différences, jusqu'au couple fusionnel où l'on voudrait que l'autre ne soit plus qu'un autre soi-même ou, inversement, qu'on s'identifie totalement à lui. Quand plus rien de l'autre ne nous surprend, quand on est devenu semblable, le couple risque fort d'être fragilisé. Et, sans aller jusque-là, à trop se connaître, on risque quelquefois ne plus être totalement lucide sur l'autre ; on ne voit plus ses défauts, on s'y est habitué, on les excuse, on vit avec, par amour. Ainsi, paradoxalement, la connaissance intime que l'on pense avoir de l'autre amène à ne pas le voir tel qu'il est réellement et tel que des tiers, étrangers au couple, peuvent le voir. L'excès d'identification mène au manque de lucidité.

Cette métaphore est sans doute très imparfaite – et elle reflète une vision du couple qui n'est pas normative, et peut être critiquée. Elle vise cependant à faire comprendre ce que j'entends par empathie : aller le plus loin possible dans la connaissance intime de l'objet à étudier, jusqu'à être capable de saisir la vision du monde qu'il exprime, mais rester conscient de la différence qui m'en sépare : je ne suis pas celui que j'étudie, je n'ai pas à adhérer à ses idées, je dois garder mes propres

16 Lecomte, Jacques, *La bonté humaine*, Paris, Odile Jacob, 2012.

valeurs, mon propre jugement, ne pas m'aveugler sur ce qu'est l'autre – ne serait-ce que parce que je n'ai pas à vivre avec lui (c'est là la limite de la métaphore) mais qu'il reste un objet d'étude. D'une certaine manière, il faut bien pratiquer, sinon un athéisme, du moins un agnosticisme méthodologique ; non de la manière dont Cantrell le comprend, mais au sens où l'on accepte de prendre au sérieux ce que nous dit le sujet croyant, sans se prononcer sur la véracité des phénomènes décrits ; ce que Marrou préfère appeler une *epokhè*, une mise entre parenthèses de sa propre subjectivité pour mieux rencontrer celle de celui que l'on étudie[17]. En d'autres termes, et pour prendre un exemple : considérer qu'il croit véritablement à tel miracle, accepter que cette croyance puisse le transformer, sans accepter, ni nier, que le miracle en question relève du surnaturel ; bien entendu, le chercheur peut avoir un avis sur le sujet, mais il n'a pas à intervenir dans son analyse.

S'EXTRAIRE DE LA RELATION INTERPERSONNELLE

Pourtant, de même que dans un couple comme dans toute relation interpersonnelle, il est facile de s'aveugler sur l'autre, une analyse purement interne risque de conduire à un manque de lucidité. Comme l'explique Étienne Fouilloux, il est nécessaire de « sortir de l'auto-compréhension pour parvenir à une hétéro-compréhension, construite avec les concepts extérieurs aux mots de la tribu[18] », sans pour autant perdre le capital d'empathie que l'on a pour son objet. Un dépaysement est donc nécessaire. La capacité de repérer les « mots de la tribu » est donnée par la connaissance intime de l'objet. S'en détacher est plus complexe. Différents moyens existent pourtant. Il est possible de recourir à des grilles de lecture venues d'ailleurs, qui ne révèlent pas davantage la vérité sur l'objet étudié, mais qui le font voir autrement, sous une autre perspective, qui permettent quelquefois d'en faire voir des points aveugles, qui soulèvent des questions que ne se pose pas l'analyse interne, parce que l'évidence

17 Marrou, Henri Irénée, *De la Connaissance historique*, *op. cit.*, p. 89.
18 Fouilloux, Étienne, *Au cœur du XXe siècle religieux*, *op. cit.*, p. 10.

de la foi empêche de voir qu'ils peuvent être problématiques – ou, à tout le moins, qu'on peut les problématiser. Ainsi, la revue *Terrain* a livré en 1990 un numéro comportant des articles sur le culte de Claude François, sur les sorciers du Bocage normand, sur les soucoupes volantes, sur les anges et sur les apparitions mariales[19]. Le rapprochement de ces études permet de poser des questions inédites sur les modes du croyable et de l'incroyable et, en raison de la diversité maximale des points de vue adoptés, rend très difficile toute apologétique.

Une des possibilités est de recourir à une analyse comparative des religions. C'est ainsi que sont nées, dans la seconde moitié du XIXe siècle, les sciences des religions, en grande partie une œuvre du protestantisme libéral, où il s'agit de montrer la supériorité du christianisme au bout d'un processus d'évolution des religions[20]. Cette bonne conscience, cette affirmation naïve de sa supériorité, ont sans doute disparu (on peut du moins l'espérer) des sciences religieuses. Le comparatisme permet souvent de voir que ce qui est vécu comme une particularité révélatrice de la vérité de telle religion est souvent largement partagé par d'autres croyances, au moins sur le plan formel. Il permet aussi de mieux comprendre ce qu'est, ou ce que n'est pas, la religion, en voyant les formes qu'elle prend dans différentes parties du monde, ou qu'elle a revêtues à différentes époques ; nous saisissons ainsi mieux que ce que nous caractérisons comme religion (une croyance, une relation personnelle à Dieu dans un cadre institutionnalisé, avec une Église plus ou moins hiérarchisée, des rites précis, etc.), n'est qu'une forme possible du croire, et qu'on ne peut la projeter sans précaution sur des formes religieuses qui en sont éloignées dans le temps ou dans l'espace, et même sur certaines qui nous paraissent proches ; ainsi, christianisme et judaïsme ne relèvent sans doute pas complètement du même concept de religion. C'est, au passage, encore une des raisons qui font que l'appartenance personnelle à une religion peut apparaître comme un danger pour une bonne compréhension de l'objet étudié.

19 Numéro intitulé « L'incroyable et ses preuves » : Fouilloux, Étienne, *Au cœur du XXe siècle religieux*, *op. cit.*, p. 16.

20 De l'importante bibliographie sur le sujet, on peut retenir l'article très récent de Grosse, Christian, « Apologétique et science des religions. 1880, *Annus mirabilis* du processus d'institutionnalisation des sciences des religions », dir. J. Ehrenfreund et P. Gisel, *Mises en scène de l'humain. Sciences des religions, philosophie, théologie*, Paris, Beauchesne, 2014, p. 189-208.

L'interdisciplinarité peut également apparaître comme une solution. C'est ainsi, pour prendre un exemple, qu'une étude de la sainteté napolitaine a pu être renouvelée par une comparaison avec le chamanisme, les rituels de guérison étant analysés en termes de cure[21] ; elle a été publiée chez un grand éditeur dans une collection d'ethnologie par un historien voulant avoir une approche anthropologique de son sujet. De même, les historiens des guerres de religion ont profondément renouvelé notre compréhension de la violence du temps en les voyant comme des rites dont la fonction est de purifier la communauté et de permettre de rétablir une relation à Dieu, selon un schéma interprétatif inspiré de Durckheim[22]. L'histoire du protestantisme, une religion traditionnellement considérée comme spirituelle, déritualisée, ayant rejeté tout ce qu'il pourrait y avoir de superstitieux dans les pratiques, a beaucoup progressé à partir du moment où l'on a, sur elle aussi, porté un regard d'anthropologue, accepté de lire les pratiques, même en apparence très épurée, comme des rituels ou de considérer l'utilisation de la discipline comme un moyen de construire un corps social et religieux pur[23]. Pour la même confession, mais à l'époque contemporaine, un jeune chercheur, Arnaud Baubérot, a proposé un programme de recherche fondé sur un questionnement anthropologique : « Dès lors que l'on admet [...] l'universalité de certaines formes de croyances, la nécessité, pour toute culture, d'organiser l'espace du sacré par des interdits, de gérer les relations entre les hommes et l'ordre divin par un ensemble de gestes ou de formes de vénération et de prévoir des rites de purification propres à résoudre les situations d'anomie », le protestantisme doit être vu autrement. Il importe toujours d'en avoir une connaissance intime, d'être en empathie avec ses membres, mais certains lieux, certains objets, certains faits, certains comportements, en apparence sans intérêt ou sans signification religieuse, prennent un sens nouveau : l'attachement à la croix huguenote, la conservation pieuse des Bibles du temps de la persécution, la perpétuation des cimetières familiaux, les rassemblements

21 Salmann, Jean-Marie, *Naples et ses saints à l'âge baroque (1540-1750)*, Paris, PUF, 1994.

22 Davis, Natalie Zemon, « The Rites of Violence. Religious Riot in Sixteenth-Century France », *Past and Present*, 59 (1973), p. 51-91. Crouzet, Denis, *Les Guerriers de Dieu. La violence au temps des troubles de religion (vers 1525 – vers 1610)*, Seyssel, Champ Vallon, 1990.

23 Grosse, Christian, Chevalier, Françoise, Mentzer, Raymond A., Roussel, Bernard, « Anthropologie historique : les rituels réformés (XVIe-XVIIe siècles) », *Bulletin de la Société de l'Histoire du Protestantisme français*, 148 (2002), p. 979-1009.

annuels en Cévennes, la lutte des Églises protestantes non-conformistes, dès le XIXe siècle, en faveur des ligues de tempérance et des sociétés végétariennes, etc.[24]

On pourrait évidemment multiplier les exemples. L'important est de considérer les oppositions qu'il s'agit de concilier : le même et l'autre, les analyses interne et externe. Pour l'analyse externe, sa qualité dépendra souvent de la curiosité et de la culture du chercheur, de sa capacité aussi à effectuer des rapprochements féconds entre des phénomènes *a priori* très éloignés les uns des autres. L'analyse interne suppose une connivence très grande avec son objet, et nous avons vu qu'en partager la foi n'est pas forcément le meilleur atout qu'on puisse avoir, car il y a le risque de trop vite imaginer une identité de foi à travers le temps, l'espace, ou dans des contextes différents. Le chercheur peut-il alors, de manière temporaire, s'identifier au groupe religieux, partager son mode de vie, ses activités, ses croyances (c'est le principe de l'observation participative, mais on peut trouver des équivalents dans différentes sciences humaines), pour comprendre la foi de l'intérieur ? Y a-t-il une nécessité d'expérimenter le fonctionnement des institutions religieuses, les traditions, leur continuité et leur discontinuité dans le temps, la vie spirituelle des croyants, leurs attitudes, leurs rites, de ressentir ce que ressentent les croyants ? Mais ne s'illusionne-t-on pas quand on pense partager le vécu des croyants sans croire soi-même, ou en croyant, mais autrement (et sans forcément se rendre compte de cette différence) ? Comment en être sans en être ? Est-on capable de garder le recul critique nécessaire ? Et si l'on va trop loin dans l'identification, ne risque-t-on pas d'épouser les intérêts du groupe, de militer avec lui, ce qui fait tomber sous le coup des critiques de Bourdieu ? Et cela pose évidemment problème dès qu'on étudie des périodes anciennes, où le partage du vécu des croyants ne peut être que très indirect, par l'intermédiaire des traces documentaires qu'ils ont laissées et qu'on a pu retrouver, et où le risque est particulièrement grand pour les croyants d'aujourd'hui d'identifier leur foi à celle des croyants d'autrefois en niant la différence temporelle qui les sépare.

Autrement dit, il y a une inégalité entre les analyses interne et externe. Humainement, parce qu'on ne peut s'engager gratuitement dans une étude qui nous prend plusieurs années, voire toute une carrière, nous

24 Baubérot, Arnaud, « Quelle histoire pour le XXe siècle protestant ? Pérennité et limites du 'paradigme léonardien' », *Ibid.*, p. 1123-1136 (citation p. 1135-1136).

ne pouvons qu'avoir de l'empathie pour notre sujet ; mais il nous est impossible de sentir réellement avec lui. Inversement, poser un regard totalement extérieur n'est pas spontané, mais est finalement plus simple, au risque cependant d'être incapable de comprendre en profondeur. Tout l'équilibre, et la qualité du chercheur, tient à sa manière de concilier ces deux pôles.

La difficulté est de savoir interpréter. Analyses interne et externe nous donnent en effet des clés de compréhension du phénomène étudié. Mais ces clés sont multiples et pas toujours compatibles entre elles. Le chercheur détermine alors quelles sont les plus utiles pour lui, ce qui nous ramène à sa subjectivité. Dans un texte déjà ancien, Paul Ricœur avait attiré l'attention sur cette difficulté[25]. Reprenons son analyse. Dans un premier temps, le chercheur sélectionne ce qui lui paraît pertinent pour son étude ; il pratique un « jugement d'importance », qui ne repose sur aucun critère sûr, mais dépend de sa subjectivité. Il use ensuite d'une « conception vulgaire de la causalité », dans la mesure où le problème de la causalité est à peu près insoluble ; il faut se résigner à être précritique, à expliquer « par des conditions qui ne sont pas des déterminations, des motivations qui ne sont pas des causations, des causations qui ne sont que des champs d'influence, des facilitations, etc. », et cela parce que nous ne sommes pas dans le cas du physicien qui peut, à l'aide d'expériences, isoler les causes. L'interprétation dépend par conséquent de critères parfaitement subjectifs. C'est parce que l'objet d'études n'est pas un véritable objet, ce sont des hommes, et donc aussi des sujets, qui appartiennent à la même humanité que l'historien. La mise à distance absolue que peuvent exercer les sciences de la matière ou de la vie n'est pas possible pour les sciences humaines.

Cela ne signifie évidemment pas que, puisque tout est subjectif, toutes les explications se valent ; c'est plutôt qu'aucune n'est définitive, et c'est peut-être ce qui fait la spécificité des sciences humaines. Mais certaines ont une plus grande force explicative que d'autres et permettent de rendre compte de phénomènes plus nombreux de manière plus satisfaisante. Le chercheur qui réussit bien à concilier son empathie pour son objet, qu'elle soit le produit d'une foi réfléchie ou non, avec une mise à distance critique nourrie d'éléments externes, a de bonnes chances de parvenir à en produire. Et c'est la confrontation de ces explications

---

25 Ricœur, Paul, *Histoire et vérité*, Paris, Seuil, 1955, p. 28-30.

qui permet de progresser dans la connaissance. Comme le dit un historien de l'Antiquité chrétienne, « l'objectivité en histoire est le fruit d'intersubjectivités partagées, corrigées et rectifiées[26] ».

Le mouvement se prouve en marchant. Il importe de réfléchir à sa pratique et d'essayer de la théoriser. Mais on peut aussi observer la manière dont croyants et non croyants ont produit des sciences religieuses. Dans ma discipline, l'histoire, un collectif réuni autour de Jean Delumeau a produit, en 1996, un livre tout-à-fait original, intitulé *L'historien et la foi*[27]. Presque tous croyants, les auteurs de ce livre ont accepté de répondre à la question « Nos convictions religieuses ont-elles influencé notre pratique de l'histoire ? » Les réponses données ont évidemment été variées. Pour presque tous, la foi leur a donné une familiarité avec le religieux et a orienté le choix de leur objet d'études ; mais ils ont le sentiment que cela ne les a pas empêchés, au contraire, de produire une histoire se voulant la plus scientifique possible, certains d'entre eux ajoutant que la foi a pu quelquefois les desservir, en les empêchant de porter un regard neuf sur certains réalités. Se sont-ils faits des illusions sur leur propre pratique ? Il s'agit de la génération des historiens français qui ont déconfessionnalisé l'histoire religieuse, en ont fait un des secteurs les plus actifs de la recherche historique dont la qualité a été largement reconnue à l'étranger. Inversement, aujourd'hui, beaucoup de jeunes historiens n'affichent aucune appartenance religieuse. Leurs travaux n'en sont pas moins d'un niveau équivalent à ceux de leurs aînés.

On peut aussi jeter un coup d'œil sur ce qui se pratique en dehors de la France. Le débat ici posé est en effet très franco-français. Ailleurs, quand la question se pose du lien entre religion et pratique scientifique, c'est plutôt pour se demander si les sciences religieuses relèvent ou non de la théologie. Mais, surtout, ces sciences sont pratiquées aussi bien dans des universités confessionnelles que dans des universités laïques, sans que cela pose vraiment de problème. Les résultats produits sont évidemment de qualité inégale, mais aussi bien dans les unes que dans les autres. Il serait bien difficile, et très certainement injuste, de considérer

26 Faivre, Alexandre, « Des histoires en théologie : conflits de méthodes ou de croyances ? », dir. J. Delumeau, *L'historien et la foi*, Paris, Fayard, 1996, p. 112.

27 Delumeau, Jean (dir.), *L'historien et la foi*, *op. cit.*

que les travaux issus des unes sont globalement meilleures que celles qui proviennent des autres.

Ce constat est plutôt rassurant. Il signifie qu'empiriquement, ou à partir d'une véritable réflexion, ces chercheurs ont réussi à produire des analyses qui peuvent être reçues par ceux qui ne partagent pas leurs convictions. Cela signifie que la foi ou la non-foi, la subjectivité de chacun, ne peut pas être éliminée du travail scientifique, mais qu'elle n'empêche pas la constitution d'un savoir commun. Comment cela se fait-il ? Nous n'avons pas l'ambition de résoudre cette question. Mais les chapitres qui suivent donnent sans doute quelques éléments de réponse.

Yves Krumenacker
Université de Lyon (Jean Moulin)
UMR 5190 LARHRA

LA DIALECTIQUE VIVE DE LA CONVICTION ET DE LA CRITIQUE

> La foi [biblique] est l'attitude de celui qui se tient prêt à se laisser interpréter lui-même en interprétant le monde du texte. [...] Non que la foi ne soit pas originairement un acte qui ne se laisse pas lui-même réduire au langage. [...] Eu égard à ce trait pré-langagier et supra-langagier, la foi peut être désignée « comme souci ultime » sous-jacent à toutes mes décisions.
>
> Paul Ricœur[1]

Débutons par une impossible question. On peut calculer, c'est d'ailleurs devenu l'obsession « néolibérale » du moment, qui étend à tous les secteurs d'activités y compris universitaires les valeurs du marché (compétition, évaluation, quantification), le temps de travail d'un enseignant-chercheur. Même le travail intellectuel hautement qualifié connait aujourd'hui sa mécanisation, le chercheur devenant une « machine à publier ». Mais parvient-on à rendre compte en termes, non de productivité, mais de créativité personnelle et de créativité sociale, la dimension qualitative qui nourrit cette recherche ? Dans cet esprit, quels sont les temps et les périodes où le chercheur est le plus créatif ? La dimension convictionnelle de son existence – le plan des convictions – peut-elle être prise en compte pour rendre compte de ce qui, dans son activité professionnelle, se déploie sur le plan rationnel de l'argumentation et du

---

1 « La philosophie et la spécificité du langage religieux », *Revue d'histoire et de philosophie religieuse*, 55/1 : « Hommage à Pierre Burgelin », 1975, p. 13-26.

débat critique ? On voit bien que la définition d'un cadre horaire – les 35 heures de travail hebdomadaires définissant actuellement la durée légale du travail – ne parvient pas à faire l'affaire.

Si la créativité intellectuelle se nourrit, se cultive et s'enrichit de matières étrangères et selon un processus non mécanique et linéaire, le temps passé à la bibliothèque, aux archives ou sur le terrain ne peuvent être les seuls à devoir être comptabilisés. Mais faudra-t-il y intégrer le temps de loisir comme la marche ou la course à pieds ; la lecture d'un roman, un temps de méditation ou bien la participation à un office religieux pour rendre compte de ce qui nourrit et mobilise la créativité intellectuelle ? Si toutes ces questions se posent, cela tient à ce qu'un cadre légal et déontologique qui définit quantitativement un nombre d'heures consacrées à la recherche par la mise au jour de critères objectivables (lectures, travail d'enquêtes, fréquentation des bibliothèques et des laboratoires, participation à l'activité scientifique de sa communauté par des communications ou des publications régulières, indicateur de performance, facteur d'impact d'une publication dans une revue internationale de rang A, etc.), ne dit pas qualitativement ce qui habite et investit ces heures. Telle est la difficile discrimination entre ce qui est de l'ordre d'une nécessité externe à la production scientifique éventuellement formalisable et normalisable – le statut du chercheur publiant – et ce qui relève d'une nécessité interne attachée au processus de création intellectuelle – mobilisant un jeu libre de l'entendement, de l'attention et de l'imagination, y compris de l'imagination spirituelle. Créer n'est pas produire. Ce que l'on croit pouvoir nommer « la production intellectuelle » est formulable ou formatable en cadres légaux ou en critères d'objectivations. Certes, c'est ce qu'initient aujourd'hui les normes d'évaluation du travail scientifique, inspirées du *new management*, et qui transfèrent aux activités intellectuelles des méthodes rodées dans le champ industriel. Mais la création intellectuelle résiste à cette mécanisation, parce qu'elle mobilise la dimension de créativité et d'auto-normativité vive caractéristique du vivant. Dans cette perspective, il devient bien difficile d'identifier les éléments et les motivations intimes, y compris de foi, qui peuvent contribuer à l'enrichir.

Cette observation liminaire a son importance. En effet, comment alors, dans l'étude, s'articulent le chercheur de Dieu et le chercheur de la vérité scientifique ? Plus encore est-elle seulement possible lorsque cette recherche se déploie dans ce cadre herméneutique singulier qu'est l'université publique, laïque, au sein d'un État sécularisé, métaphysiquement neutre et dont il est un des fonctionnaires ?

UNE RECHERCHE SANS SÉPARATION NI CONFUSION : L'ATTENTION PROFONDE

Penser les relations entre foi et recherche en sciences humaines ne peut se contenter de deux facilités. Elles sont aussi deux façons d'abdiquer l'exigence, qui fait aussi l'honneur, de la recherche : la confusion ou la séparation. La facilité de la confusion fait de la recherche scientifique le prétexte pour des positions de foi qui auraient les réponses définitives au questionnement rationnel. La facilité de la séparation pense qu'une subjectivité pourrait, indubitablement et sans pertes, faire la part entre ses motivations convictionnelles profondes et ses intérêts scientifiques, entretenant un dualisme entre recherche scientifique et foi dans une sorte de « compatibilité double[2] ». Or, c'est moins un dilemme entre le chercheur de Dieu et le chercheur de la vérité, qu'une dialectique entre recherche spirituelle et recherche intellectuelle qu'il s'agit d'établir et d'expliciter.

À la croisée de leurs attentes, parce qu'on ne chercherait pas si on n'espérait pas trouver, l'espoir du chercheur interroge le chercheur selon l'espérance. Penser cette dialectique consiste à ne pas voir les relations de la conviction et de la critique sur le mode uniquement d'une nécessaire suspicion intransigeante – laquelle prémunit utilement et avec nécessité de l'obscurantisme, du fondamentalisme et du fanatisme – mais à se pencher sur leur fécondité. Il s'agit alors, moins de penser à une raison qui s'aliène, qu'à un désir d'être qui s'ouvre. Bien évidemment, il est donc question d'un exercice de la rationalité exigeant qui ne cesse d'épurer ses raisons et d'identifier en elle des raisons qui ne seraient pas des raisons ou d'élever au rang de raisons ce qui ne l'était pas. Mais alors, comment la recherche scientifique, dans sa double dimension théorique et existentielle, pour échapper au doute, à la méfiance voire au soupçon

2 Ganne, Pierre, *Quelques réflexions sur la foi à partir des œuvres de Pierre Teilhard de Chardin*, Lalouvesc, Revue Saint Régis et sa mission, Juillet 2016, p. 14.

qu'on pourrait lui faire d'avancer masquée, fait-elle preuve de créativité et d'imagination pour lever ce soupçon, et ce faisant enrichir la recherche scientifique ? Nous suggérons que l'on peut envisager la foi non pas comme ce qui contamine nécessairement l'autonomie de la raison, mais plutôt comme ce dont la raison, parce qu'elle sait qu'elle pourrait s'y soumettre, voire s'y aliéner, ne cesse de se confronter pour ne pas en dépendre. Elle inventerait des réponses, étant créatrice à l'égard de cette insistance de la foi, une fois celle-ci passée au crible des herméneutiques du soupçon (psychologique, idéologique, idiosyncrasique). La difficulté sera alors de se demander comment l'insistance de l'attestation de foi s'enrichit de la consistance critique de la contestation.

Se poser de telles questions paraitra intempestif eu égard à l'esprit du temps. En effet, pour ce dernier, le souci pragmatique de l'action paraît l'emporter sur la contemplation dans la manière de développer les savoirs. Nous pensons au statut de la recherche appliquée encourageant l'efficacité, la rentabilité, l'utilité et l'usage instrumental de savoirs ; mais également aux effets du *New management* sur le pilotage des établissements d'enseignements supérieurs et des universités. Aussi surprenant que cela puisse paraître, quoique sur des lignes de front fort distinctes, penser les relations foi et recherche intellectuelle rejoint à cet endroit une préoccupation de la théorie critique. Foi et art se trouvent associés, dans une réflexion générale sur la créativité de l'esprit, à une lutte contre ce qu'Adorno appelle un « vaste processus de rigidification de la vie humaine ». En effet, la première École de Francfort identifiait les effets du paradigme néolibéral naissant, en termes d'uniformisation et de rigidification de tous les domaines de la vie humaine, y compris universitaire.

> La hâte, la nervosité, l'instabilité, que l'on peut observer depuis que se développent les grandes villes, se répandent à la manière d'épidémies comme la peste et le choléra. [...] Chacun doit constamment avoir des projets. Il faut tirer le maximum des loisirs. On les planifie, on les utilise pour entreprendre quelque chose, on participe à toutes sortes de manifestations ou de déplacements aussi rapides que possible. L'ombre de tout cela se projette sur le travail intellectuel. On l'accomplit avec mauvaise conscience comme s'il avait été volé sur quelque préoccupation urgente, même si elle est purement imaginaire. Pour se justifier devant soi-même on se donne l'air d'une activité fiévreuse, exécutée sous une pression extrême et un temps insuffisant qui exclut toute réflexion, et, par conséquent, le travail même[3].

3 Adorno, Theodor, *Minima Moralia*, Paris, Payot, 1980, § 91, p. 131-133.

Cette colonisation administrative de toutes les dimensions du monde vécu place devant une urgence : prendre soin de la créativité intellectuelle. De la sorte, un enjeu académique majeur est de préserver la recherche désintéressée et l'attention profonde qui l'anime. La phénoménologie de l'attention rappelle combien cette dernière est une disponibilité originaire à l'égard de ce qui apparait et à ce qui noue, dans l'être-là. Or la recherche, qu'on place souvent sous la figure de l'étonnement, de la curiosité et de la concentration, est aussi une attention profonde, marque de sa dimension spirituelle au sens large. Bien que masquée sous nos activités de perception et de cognition qui font de la recherche parfois une activité fébrile ou du moins de vigilance, l'attention est une disponibilité fondamentale et une ouverture interne majeure. On ne saurait la restreindre à un état mental de concentration. Elle manifeste en nous une profonde disponibilité à ce qui se donne, unifiante. En cela elle exige le radical et le total. Elle relève de ce que d'un vieux mot, on appellera avec Paul Ricœur, une « philosophie du cœur[4] ». La rythmique du cœur, diastole et systole, manifeste une unité profonde entre réceptivité et ouverture à la présence vive. C'est pourquoi le paradoxe de l'attention renverra dos à dos l'idéalisme qui ne voit dans l'attention que de la réflexion, et le réalisme qui y trouve une modification de l'objet. « Le paradoxe est bien circonscrit : quand je fais attention, mon paysage change d'*aspect*, sans changer de *sens*[5] ». C'est en cela que l'attention révèle une dimension spirituelle de la recherche, allant au-delà de la vie de l'esprit animée par le questionnement et la surprise[6].

Il y a entre foi et recherche de la vérité une double dimension. Celle d'un creusement ou d'une intensification en termes d'intériorité, qui suit le mouvement d'une attention profonde. Celle d'une expansion en termes d'extériorité, qui suit le chemin ascétique de la critique. Du point de vue de l'expérience intérieure, la recherche de la vérité s'installe

4 Sur le thème de l'attention et d'une philosophie du cœur, voire d'une « cardio-phénoménologie » mettant au jour la dimension de pulsation vitale qui fait l'humain, on renverra au travail de Natalie Depraz. Voir notamment l'article « Attention et surprise. Paul Ricœur en débat et au-delà » dans *Revue Alter, Anthropologies philosophiques*, n° 23/2015, p. 257-273.

5 Ricœur, Paul, « L'attention » [1939], *Anthropologie philosophique, Essais et Conférences III*, Paris, Seuil, La couleur des idées, 2013, p. 61. L'auteur souligne.

6 Paul Ricœur dans la conférence « Le destinataire de la religion : l'homme capable » [1996], *Anthropologie philosophique*, *op. cit.*, p. 415-443, dit de l'attention qu'elle met en œuvre une « corrélation de la fragilité et de la capacité » (p. 421-422).

dans le grand temps de la recherche permettant un approfondissement mais également une forme de décantation de l'essentiel. Elle permet une forme de distanciation avec les contraintes et sollicitations quotidiennes qui font que la recherche est aussi une activité institutionnelle (réponse à des appels à projets, rythme des publications, organisation politique de la recherche scientifique).

L'attention redonne du rythme à l'être en projet dans l'appel, là où l'appel à projet impose sa cadence. Elle confronte la subjectivité chercheuse à sa créativité la plus vive et la plus intime. Car dans l'attention, « mon paysage change d'aspect ». Avec cette disponibilité intérieure, l'existence donne crédit. Elle donne son importance à ce qui se présente dans des signes dont elle osera dire qu'ils font signes. Dans un texte surprenant intitulé « Du bon usage des études scolaires en vue de l'amour de Dieu », la philosophe Simone Weil écrivait :

> Bien qu'aujourd'hui on semble l'ignorer, la formation de la faculté d'attention est le but véritable et presque l'unique intérêt des études. [...] La volonté [...] contrairement à ce que l'on croit d'ordinaire, n'a presque aucune place dans l'étude. L'intelligence ne peut être menée que par le désir. Pour qu'il y ait désir, il faut qu'il y ait plaisir et joie. L'intelligence ne grandit et ne porte de fruits que dans la joie[7].

Ceci exige de ne pas confondre attention et volonté. Or, cette disposition intérieure à se laisser joyeusement toucher est l'attention. Dimension pré-intentionnelle d'une co-émergence donnée dans l'être-là présent à ce qui se donne, elle est très proche de toute activité poétique ou artistique. Elle fera l'objet d'une première tentative de symbolisation. C'est aussi ce que les spiritualités disent lorsqu'elles invitent, à la façon d'un Ignace de Loyola, à « Voir Dieu en toute choses » ou qu'elles reconnaissent, comme c'est le cas dans le soufisme, une dimension à ce qu'Ibn Arabi appellera un imaginal. Cette attention, entre fragile disponibilité et première capacité à symboliser est source d'intense créativité, soutenant la créativité intellectuelle. Elle se fera accueil ou disponibilité originaire dans des composantes posturales (anthropologie du corps et du geste de l'orant[8]) ; identification

7 Weil, Simone, *Attente de Dieu*, Paris, La Colombe, 1950, p. 68, 72 (texte écrit en 1942).

8 Nous pensons à ce mot d'Etty Hillesum, loin (?) de celui de Pascal incitant à se mettre à genoux si on ne croit pas en Dieu. « Quelle étrange histoire, tout de même que la mienne, celle de la fille qui ne sait pas s'agenouiller. Ou – variante – de la fille qui a appris à prier. C'est mon geste le plus intime, plus intime encore que ceux que j'ai dans

de motions intérieures sur le mode des sentiments (la joie ou le bonheur d'expectation qui goûte le « ah des choses » comme disent les japonais) ; première verbalisation (le travail sur le souffle et sa traduction dans la méditation, le chant, la psalmodie, la prière) ; visualisation (de la vision dans l'imagination spirituelle à la représentation dans l'iconographie[9]). Cette disponibilité intérieure explique comment la créativité de l'esprit maintient sa consistance sous la production intellectuelle normée, sinon standardisée. La dimension spirituelle de la recherche est aussi ce qui prépare une forme de résistance intérieure à la recherche standardisée et protocolisée. Elle peut se donner dans le repos – Bachelard l'aurait appelé « droit de rêver » –, la méditation, la contemplation ou la prière. Mais on doit, à cet endroit, s'interroger. Comment, si cette question n'est pas que psychologique, se font les passages et les médiations contrôlées qui vont de la prière à la rédaction d'un article scientifique ou à la formulation d'un problème intellectuel ?

En extériorité, la foi est une réalité informée par la singularité d'une culture, à commencer par le langage. Elle est alors soumise à la critique et aux discussions sondant si elle ne serait pas « un asile de l'ignorance » pour parler comme Spinoza. La recherche, si elle est une disposition à la disponibilité, se métamorphose en dispositifs et en activités institutionnalisées. C'est ce qui préserve « l'autonomie de la recherche », qu'elle soit autonomie à l'égard du pouvoir politique, économique ou religieux. On discutera alors les effets « indésirables » de la foi sur la recherche. Cela vaut pour les sciences religieuses à commencer par l'herméneutique biblique, l'exégèse et la théologie. Cela s'est poursuivi par la reconnaissance d'une fonction critique de l'intelligence dans le fameux *fides quaerens intellectum* de saint Anselme. Cela a continué avec la longue séquence en Occident portant sur les voies menant à l'existence de Dieu jusqu'à la réflexion sur une dimension culturelle de la religion relative au statut de la pensée symbolique.

---

l'intimité d'un homme. » Hillesum, Etty, *Une vie bouleversée, Journal 1941-1943*, Seuil, 1985, p. 226. L'habitude ne doit pas faire oublier l'incroyable intimité de mise en présence, sinon l'insensée communion, que suppose le geste, s'il n'est pas dément ou irrationnel, de s'agenouiller pour prier.

9 Gibert, Pierre, *Quand les peintres lisaient la bible. Exégèse des peintres du Cinquecento*, Bayard, 2015. Ou bien sur ce paradoxe de l'image qui aide à contempler (*theoria*), voir encore Grosos, Philippe, *L'artiste et le philosophe*, Cerf, 2016, le chapitre sur Fra Angelico dont la tâche serait « d'aider le fidèle, visuellement, à s'extraire hors du visible ».

De ce mouvement, accompagné par toute l'histoire du théologico-politique et structuré par des institutions et leur éthique de la recherche, nous avons fini par faire culture avec la sécularisation. Pour penser les relations entre foi et recherche en sciences humaines, il s'ensuit deux séries de problèmes distincts quoique interrogeant ce qui en fait l'unité. Est-il possible d'introduire la foi dans le champ de la recherche en sciences humaines et en philosophie sans être suspect d'apologétique ou de cryptothéologie ? Est-il possible de faire abstraction de sa foi et de son appartenance communautaire à une tradition lorsqu'on est chercheur, et plus particulièrement, chercheur en sciences humaines ?

LA FOI ET L'OBJECTIVITÉ DU CHERCHEUR

Est-il possible d'introduire la foi dans le champ de la recherche en sciences humaines et en philosophie sans être suspect d'apologétique ou de cryptothéologie ? Cette question ne demande pas si la philosophie est la servante de la théologie. Elle mêle enjeu épistémologique concernant l'autonomie des disciplines et enjeux existentiels et métaphysiques concernant ce qui fait pour l'homme, et l'universitaire, la recherche de la vérité. La foi est une réalité distincte des religions qui lui donnent contenu dogmatique (la religion « dompte » la foi en l'informant). Mais la foi pure est difficilement saisissable indépendamment de ses formes et de ses symbolisations corporelles, affectives et culturelles.

En amont de sa formalisation religieuse ou théologique, la foi est ce qui donne forme à l'espérance, ce trait universel du temps humain[10]. La foi s'explicite et s'épèle dans une forme du discours, comme peut l'être une confession de foi ou Credo, mais aussi dans des formes pratiques. Pour ces « gens de cultures » que sont les universitaires, l'exercice rigoureux de la rationalité est devenu non seulement une manière de penser mais aussi un art de vivre. Et pour ceux qui, parmi eux, attestent d'une foi en un Dieu, la foi n'est pas pour eux qu'une foi nue, telle qu'en elle-même, objet de cette attention profonde et de disponibilité à la présence

10 Porée, Jérôme, « Justifier philosophiquement l'espérance », dir. P. Buhler, *Paul Ricœur : un philosophe lit la Bible*, Labor et Fides, Genève, 2011, p. 35.

évoquée ci-dessus. Elle est déjà une foi instruite, mise en forme par les grands monuments de la culture (la langue, la poésie, l'histoire, la géographie, les arts, les institutions, le droit et l'éthique). Elle est une foi déjà « pensée », élaborée par et dans ses expressions culturelles. Elle n'est pas une foi du charbonnier qui ne veut surtout pas chercher des raisons de croire. Elle n'est pas non plus une foi pure de toutes médiations culturelles qui trouverait dans cette inculturation une trahison. Elle est une foi qui reconnaît la possibilité d'une forte connivence entre foi et intelligence, dans ces longues traditions culturelles qui informent cette foi et que la communauté universitaire n'a de cesse d'examiner au moment même où elle les transmet.

Si la foi est l'espérance d'une espérance (on espère trouver lorsqu'on se lance dans la recherche), interroger sa place et sa part dans la recherche en sciences humaines, suscite un soupçon : celui de dissimuler ou de masquer en argument un acte de foi. Cela expliquera qu'en ces matières en effet, on puisse aisément s'interdire certaines recherches ou méthodes en se méfiant des biais liés à sa foi ; qu'on puisse parfois formuler des attentes et orienter ses intérêts scientifiques vers des objets d'études préférentiels ; manifester dans sa recherche un *a priori* non seulement bienveillant, mais favorable à la foi ou à une tradition religieuse. Le doute est alors toujours possible que le texte scientifique soit commandé par un sous-texte fidéiste d'adhésion ou de rejet. Une conviction de foi, mais on pourrait le dire aussi d'une option politique ou d'un athéisme militant, peut avoir des effets, en termes de motivations et de créativité sur l'intérêt ou la constance d'une attention à tel ou tel problème. Cette première question, d'ordre méthodologique et épistémologique, retrouve un *topos* classique de la déontologie scientifique : l'objectivité en sciences humaines dans ses relations aux motivations des chercheurs. Elle engage une analyse épistémologique de la constitution de soi dans l'identité scientifique de chercheur. L'importance reconnue à la critique au sein de la communauté scientifique dont on accepte les règles, le travail de la contestation par les pairs en même temps que la protestation éthique et morale qui monte de la clameur des peuples concernant l'existence d'un Dieu, l'emportent alors sur toute forme d'attestation. Pour le chercheur porteur d'une confession de soi, l'appartenance à une communauté scientifique est là pour le contraindre à porter au plan argumentatif et noétique ce qu'il confesse au plan existentiel et spirituel. Les relations du chercheur à l'institution scientifique sont donc majeures. Le chercheur n'y est plus « en tant que » membre d'une communauté religieuse ou à partir d'une épreuve de foi, mais en tant que membre d'une autre communauté de recherches, un laboratoire scientifique ou une société savante. La prise en compte de cette altérité institutionnelle accompagne et soutient le positionnement institutionnel de soi « en tant que chercheur ». Elle encourage une herméneutique de soi par le déplacement qu'occasionne la socialisation du soi dans une communauté de chercheurs. On résumera ce déplacement de la façon suivante : l'entre-nous d'une communauté de confession est passé au crible de la recherche rationnelle pour devenir un nous plus élargi à l'universel de la raison, lui-même inscrit dans un nous encore plus vaste qui relève de l'espérance de trouver animant l'humain.

Une des exigences épistémologiques qui présida à la naissance des « sciences de l'esprit » (Dilthey) au XIXe siècle, bientôt appelées sciences humaines, s'est concentrée sur le concept wébérien de neutralité axiologique. Il s'agissait de préciser les conditions de ce que peut être l'objectivité scientifique. L'enjeu de fond est celui de l'implication, et de la nature de l'implication du chercheur en sciences humaines relativement à son objet d'études. Il s'agit là d'une subjectivité impliquée, l'implication étant à la fois une condition et un obstacle pour cette recherche, raison pour laquelle cette implication sera médiatisée par les institutions de la recherche (du CNU[11] aux institutions des savoirs et des méthodes propres aux disciplines). On rappellera que toutes les sciences, et pas seulement les sciences humaines, sont faites *par des* hommes (avec leurs convictions et leurs croyances ce qui explique qu'en sciences de la nature des questions se posent également si l'on pense au débat sur le concordisme concernant les relations entre religion créationniste et théorie de l'évolution au XXe siècle) ; à propos des hommes d'hier ou d'aujourd'hui (avec leurs valeurs, leurs croyances, leurs convictions et leurs relations au divin qu'il s'agit de restituer pour elles-mêmes) ; et *pour des* hommes (la question de l'usage social des sciences humaines et sociales, de leurs destinataires et de leur fonction d'expertise est aujourd'hui un des enjeux puisqu'elles contribuent à construire l'intelligence du social et à orienter la décision publique). L'objectivité, à chacun de ces niveaux, pose des questions spécifiques que nous ne traiterons pas systématiquement.

11 Conseil National des Universités.

Par des hommes. Ici, on se demandera si et comment les croyances et les convictions des chercheurs en sciences humaines interviennent dans leurs activités de recherches. La question est massive et se concentre sur la neutralité axiologique. La neutralité n'est pas la totale distance à son objet. Elle est une neutralisation méthodologique et épistémologique des effets que peuvent avoir les convictions et les croyances sur le contenu des savoirs produits. En ce sens, l'objectivité en ces matières est plus une impartialité qu'une neutralité. L'importance de la dimension disciplinaire se tient là. Une discipline scientifique se définit par son contenu mais aussi par le fait qu'elle est une forme : une discipline de l'esprit. Il s'agit donc de ne pas confondre neutralité et neutralisation. La première est de l'ordre de la frontière juridique et déontologique qui délimite fermement et réglementairement une pratique par des procédures, des normes méthodiques rigoureuses validées par la communauté scientifique (établissement et critique des sources). La neutralisation éthique relève, quant à elle, d'un processus dynamique personnel, d'une intelligence liminale exigeant de l'inventivité et de la créativité pour, en permanence, arbitrer les effets de ses convictions au contact des matériaux sensibles étudiés. Par exemple, comment se fait le choix de l'objet d'étude par un chercheur en sciences humaines ? Quelle est la part de sa constellation personnelle biographique dans le choix d'étudier telle période de l'histoire, telle communauté religieuse, etc. ?

À propos d'hommes. Sur ce point on se demandera qui étudie de façon privilégiée qui et quoi dans l'humain. Cette question vaut aussi bien à propos du fait que les traditions religieuses étudiées le sont souvent par des membres d'une même tradition, même si universitairement ce critère n'est jamais retenu explicitement dans le recrutement des chercheurs. Par exemple, l'histoire du protestantisme, du judaïsme ou du catholicisme est souvent portée par des chercheurs issus de cette confession, etc. Cela concerne également la façon dont le questionnement est mené, et le type d'interrogations que l'on privilégiera (l'importance donnée aux valeurs, aux croyances comme motivations majeures, ou bien aux déterminismes cognitifs, psycho-sociaux, etc.) afin de déterminer et d'élucider ce que serait leur relation à Dieu.

Pour des hommes. Cet aspect prend en compte l'installation, dans le débat universitaire, d'intérêts auxquels il donne une reconnaissance et par là une légitimité. Il interroge, dans le même temps, la réception sociale et politique de cet intérêt savant. Il s'opère là un déplacement de la question de la militance première, qui est sanctionnée et disqualifiée comme étant de l'ordre de l'apologétique et ou de l'hagiographie, vers une forme de militance seconde : qu'est-ce qu'une tradition intellectuelle à l'université et qui en sont les destinataires ? Comment y fait-on exister des questions qui comptent en vue de quelle réception ? La prise en compte de la dimension d'une herméneutique de la réception n'est pas mineure. Prenons des exemples comme celui relatif à l'ouverture de recrutements de postes de chercheurs à l'Université. Lorsque l'on considère qu'un historien du catholicisme est important pour la période moderne mais que, pour l'époque contemporaine, il importerait plutôt de recruter des spécialistes de l'islam en raison des questions que pose l'islam de France, ne laisse-t-on pas penser que le catholicisme est une question d'hier tandis que la place de l'islam serait un enjeu pour aujourd'hui ? En philosophie, lors d'un recrutement d'un spécialiste de philosophie médiévale, on choisit entre un spécialiste de Thomas d'Aquin ou d'Anselme de Canterbury ou bien un spécialiste du monde arabo-musulman, là aussi entre en jeu, implicitement, une interrogation sur les destinataires de la recherche. Institutionnellement de tels choix de recrutements explicitent la contribution de la recherche à faire exister, en raison de l'acculturation et de la dimension culturelle du cultuel et de la foi, des expressions culturelles. Celles-ci influent ou modifient les formes qui traduisent une exigence de foi, à commencer l'utilisation des sciences humaines dans et au sein des sciences dites religieuses (psychanalyse et foi ; méthodes historico-critiques et analyses des genres littéraires appliquées au corpus des livres religieux, etc.) mais également dans l'orientation culturelle de la foi (mise au jour de la finesse de la réflexion et de la nuance du débat théologique ; critique du dogmatisme, du fanatisme, du fidéisme, du fondamentalisme, des orthodoxies ignorantes et des orthopraxies intransigeantes ; exploration de l'inventivité cultuelle et culturelle dans les arts plastiques, etc.).

On le voit, la dimension déontologique structure la recherche académique et universitaire qui porte le nom d'*universitas*. Cet appel à l'universel donne de revisiter la fondation médiévale de l'université, puis sa refondation par les penseurs des Lumières, qui ont renforcé l'idée d'une institution émancipée de toutes formes de tutelles et d'autorités. Le milieu académique occidental est porteur d'une tradition de la critique des traditions dont la philosophie kantienne est le concentré, dans un plaidoyer pour la liberté de conscience. Kant, dans son *Conflit des Facultés*[12] refusait que l'Université soit régie par l'une des trois facultés dites supérieures à l'époque (le droit, la théologie, la médecine), toutes trois dépendantes d'un rapport particulier au public. Il attendait de la faculté de philosophie qu'elle soit la recherche du vrai au service de l'universel dans une totale liberté critique à l'égard de tout préjugé, tout dogme ou toute autorité la mettant sous tutelle qu'elle soit politique, morale, religieuse ou économique[13]. Dans ce cadre, c'est la foi explicitée en religion – car de la foi pure on peut difficilement dire grand-chose – qui fait l'objet de craintes car on y voit moins ce qui mobilise les ressources de la raison critique que ce qui l'aliène. En France, elle a trouvé avec la laïcité un cadre herméneutique structurant. Cette herméneutique de soi engagée au cœur du cadre herméneutique culturel et institutionnel que construit la laïcité n'est pas négligeable dans ses effets sur le type de profilages des identités intellectuelles en France. Elle encourage une dissociation des engagements, des publications, jusqu'à une forme d'invisibilisation sans que pour autant cela signifie avancer masqués. Notons d'ailleurs que la récente irruption du concept anglo-saxon concernant une déclaration de conflits d'intérêts dans le cadre de la publication des recherches en sciences humaines réveille le problème. Répondre à la question « qu'est-ce qu'un conflit d'intérêts ? » en sciences, exige au préalable de ne pas négliger que, dans ce champ, ce qui n'a pas de prix ou n'est pas monnayable n'est pas pour autant sans valeurs ou « sans intérêts », loin de là ! Un conflit d'intérêts n'est pas uniquement d'ordre marchand ou économique entre recherche et monde socioéconomique, puisqu'il peut être aussi convictionnel, confessionnel, éthique. Un conflit d'intérêts déclaré dans une procédure de publication ou d'« appel d'offres » – étrange mot dans le champ du savoir – peut aussi être un silence sur d'autres conflits d'intérêts que l'on taira. On peut avoir « intérêt » à la science ou à la recherche de la vérité pour des motivations fort diverses.

12 Kant, Emmanuel, *Le conflit des facultés en trois sections* [1798], Traduction de l'allemand avec introductions et notes de J Gibelin, Vrin, 1997 (cinquième édition).

13 Lequan, Mai, « Raison pure pratique et foi historique doctrinale dans trois lettres de Kant de 1792-1793 : vers une définition criticiste de l'Université » dir. M. Lequan, *La religion philosophique des Lumières, Revue Éthique, politique, religions*, Classiques Garnier, n° 8, 2016.

Dans notre moment culturel, il va en tous cas désormais de soi que discours de foi et discours de science se situent sur des plans discursifs séparés. Nous avons appris à séparer recherche de foi et recherche intellectuelle. Cela est extrêmement libérant dans la mesure où la césure entre le temps primordial du divin et le temps historique où évolue la recherche est un gage de probité et d'hygiène intellectuelle. Cela est pour une autre part extrêmement épuisant dans la mesure où il y a là un phénomène de régression infinie entre les deux registres de discours qui questionnent le point de savoir s'il est possible qu'ils se rencontrent. Cette dimension psychiquement épuisante – nous ne dirons pas schizophrène – pose une question incisive : qu'est-ce qui conduit le chercheur en sciences humaines, formé à la plus haute et exigeante rigueur intellectuelle, à maintenir un intérêt pour les enjeux de foi et la lecture des textes religieux ou bibliques ?

LA RECHERCHE INTELLECTUELLE : UNE RECHERCHE SPIRITUELLE ?

L'interrogation sur laquelle nous venons de finir en appelle une seconde, d'ordre existentiel et ontologique. Est-il possible de faire abstraction de sa foi et de son appartenance communautaire à une tradition confessante lorsqu'on est chercheur, et plus particulièrement, chercheur en sciences humaines ? Cette question examine la façon dont la foi nourrit, enrichit la recherche scientifique sur le plan des motivations profondes et pas seulement la parasite. Elle vise autre chose que la question théorique relative aux relations de la foi et de la raison. Elle n'est pas non plus qu'une question déontologique portant sur les conditions *a priori* d'une recherche valide, falsifiable et légitime.

Demander s'il est possible de faire abstraction de sa foi dans le champ des sciences humaines touche plus en profondeur, la dimension existentielle de la recherche de « la » vérité, la quête de sens et l'exigence de vérité. Jean Nabert plaçait cela sous l'idée du désir de Dieu, le sujet humain se définissant par son aspiration à être et par la quête d'une coïncidence possible de cette aspiration avec ce qui pourrait la combler. « Il est bien vrai que le désir de Dieu ne fait qu'un avec le désir d'une compréhension de soi[14] ». Cette aspiration révèle la dimension du désir qui investit la recherche. Il est une dynamique du désir. « Mon âme a soif de Toi » dit le psalmiste. Platon parle de l'*eros* philosophe. Freud identifiera dans l'étude une sublimation des pulsions. Ce désir met en mouvement en vue de chercher et de trouver. Cette dynamique se dédouble sans pour autant qu'elle ne se scinde. Il y a d'un côté un désir qui cherche la surabondance qui pourrait le combler. Il y a, de l'autre, une recherche intellectuelle, traduction dans le champ du connaissable, via des médiations langagières, culturelles et méthodologiques, de cette aspiration.

Si toute recherche est portée par un désir, la recherche scientifique est ainsi placée, pour le croyant, dans l'orbe plus général du désir de Dieu. Cela n'est pas une mise sous tutelle mais fait apparaitre la dimension mobilisatrice et motivante de l'énergie spirituelle. Dans cet esprit, ce qui est séparé et dissocié dans l'ordre de l'argumentation rationnelle est uni et unifié dans l'ordre de l'aspiration existentielle et spirituelle. La proposition de foi ne prétend pas seulement être sensée mais être « vraie ». Cela exige alors que soient précisés les critères grâce auxquels déterminer sa valeur de vérité. La vérité ne s'entend pas ici en termes d'adéquation – la vérité-correspondance qui associe la vérité d'un énoncé à un référent objectif dans le monde matériel : « Dieu personne ne l'a jamais vu » – mais en termes d'expression ou de manifestation. La foi se comprend alors comme la capacité d'ouvrir un champ possible de significations élargies. Elles sont ouvertes et non immédiatement installées dans une intentionnalité (une religion avec sa dogmatique par exemple), faisant effraction dans le monde quotidien. Cette vérité, qui est aussi un appel, dynamise la recherche vers toujours plus d'ouverture.

Pour le chercheur l'enjeu est de parvenir à conjuguer, sans les confondre, redisons-le, le plan de l'attestation et celui de l'argumentation. « Dieu tu es mon Dieu, je te cherche dès l'aube » dit le psalmiste dans ses mots. Le chercheur universitaire peut les reprendre à son compte, lui qui, chaque jour, revient à sa table de travail, que Bachelard, philosophe très peu religieux mais très spirituel, dans *La Flamme d'une chandelle*, appelait « sa table d'existence ». Penser le point de jonction entre désir et recherche supposerait une réflexion sur la nature du discours symbolique – tentative d'articulation et de réglage culturel d'une expérience spirituelle – que

14 Nabert, Jean, « le divin et Dieu », *Les Études philosophiques*, 14-3 (1959), p. 325.

nous ne mènerons pas ici. La difficulté à propos de la foi tient à ce qu'il y a du donné avant du conceptualisé. L'ascèse du concept caractérisant la recherche scientifique épurera ce donné, là où l'attention comme disponibilité originaire fera résonner ce donné comme une puissance d'ouverture. L'ascèse du concept présente ce donné sur le mode de l'argumenté.

Mais ce que l'on entend par ascèse du concept mérite d'être précisé. Elle manifeste le caractère instable, fragile et provisoire mais aussi vivant et créatif de l'articulation du chercheur en sciences humaines qui se trouve être l'homme de sa recherche puisque cette recherche est par un homme qui peut confesser sa foi (par qui ?) ; à propos de l'homme et éventuellement des relations de l'homme et de son Dieu (à propos de quoi, de qui ?) ; et pour des hommes posant la question de la destination finale de la recherche en sciences humaine (pour qui ?). Cette ascèse du concept que scrute notre rencontre, le geste intellectuel de Saint Anselme de Cantorbéry l'a inauguré. La longue séquence historique du débat foi-raison a inauguré la manière occidentale de traiter la question de Dieu à partir du thème de l'argumentation et des preuves de l'existence de Dieu. Mais la pointe de notre analyse se situe en amont de cet enjeu. Il ne s'agit pas d'opposer *preuves de* à *preuves contre* l'existence de Dieu. En amont de cette grande dialectique de la raison qui va d'Anselme à Kant, est en discussion le dialogue de la raison avec d'autres sources mobilisatrices qu'elle-même. L'interrogation porte sur la façon dont se noue, ou pas, le désir de la recherche avec le désir de Dieu. Or si on ouvre le *Proslogion* d'Anselme, on lira : « Aussi, Seigneur, Toi qui donnes l'intelligence de la foi, donne-moi, autant que Tu le trouves bon, de reconnaître que Tu es comme nous le croyons, et que Tu es ce que nous croyons[15] ». Aucun texte universitaire contemporain n'oserait débuter ainsi, tant le cadre herméneutique au sein duquel se déploie la recherche a changé. La Chrétienté n'est pas la sécularisation que nous connaissons, laquelle sépare au moins éthiquement et déontologiquement, ce qu'en d'autres temps on installait dans un même mouvement. Nos institutions, nous l'avons dit, stylisent et profilent la façon de poser les questions de la foi et de la recherche en inaugurant des types d'identités intellectuelles.

15 Anselme de Cantorbéry, *Proslogion*, dans Œuvres tome 1, introduction, traduction et notes par M. Corbin s. j., Paris, Cerf, 1986, p. 245. Je dis ici ma dette à l'égard de Ricœur, Paul, « Fides quaerens intellectum : antécédents bibliques ? » [1990] repris dans *Lectures 3, Aux frontières de la philosophie*, Point/Seuil, 1994, p. 327-354.

Pourtant, il y a dans le propos d'Anselme, trois éléments qui précisent ce que peut être l'ascèse du concept pour le chercheur confessant sa foi et qui valent encore pour nous. Il y a là une *invocation*, l'épreuve d'une *contestation* et une attente d'*unification*. L'invocation qui ouvre cette phrase resitue la dynamique de la recherche intellectuelle et savante dans le plein de l'énergie spirituelle qui la mobilise et la motive. L'invocation est la manifestation d'une épreuve du désir qui appelle le langage de la preuve et de l'argumentation, ce dernier n'en étant pas encore séparé. L'argumentation, sur le plan des mobiles profonds, reste encore attachée à l'invocation de foi. Mais c'est parce qu'il y a contestation, incrédulité et soupçon qu'il importe de séparer ce qui est profondément uni, laissant à la discussion critique et à l'enchainement des arguments leur autonomie et leur itinéraire singulier. La foi doit avoir le courage, c'est ce qui fera aussi son humilité et son honneur, d'articuler à son épopée, le moment de la contestation critique et du doute. Enfin, ce n'est qu'une fois cette course menée, je ne dis pas achevée, avivée par l'interruption vive du doute, du scepticisme et de la critique, qu'on peut chercher à (et espérer) voir réuni ce que la critique a séparé dans l'aspiration à une unification intérieure de second niveau.

L'ascèse du concept n'est donc pas qu'une neutralisation des mobiles. Elle est aussi ce qui travaille à unifier ce que la critique arrache, sépare ou démembre, en vue d'une unification intérieure de deuxième type. L'ascèse du concept signifie alors, sur le plan méthodologique, intégrer les méthodes de sa communauté de chercheurs et de la science normale. Sur le plan épistémologique, et c'est ce qui fait la différence entre le théologique et le philosophique, ce dernier ne peut pas aller jusqu'à la nomination de Dieu, de sorte qu'entre fidéisme et athéisme sa position ne peut être que celle d'un agnosticisme. Sur le plan existentiel, cette ascèse engage une reconfiguration intérieure psychiquement épuisante. Elle ne peut se satisfaire d'une synthèse facile ou superficielle entre foi et intelligence. Elle accepte de vivre comme une brèche, sinon un gouffre, une foi à l'épreuve du doute ; et de tenir une position aporétique ou du moins de suspens dans la conclusion concernant l'attestation s'il y a ou non Dieu. Enfin, cette ascèse a aussi un coût spirituel que l'on pourrait appeler une « expérience du désert » : épeler le plus profond de son aspiration à être comme un horizon d'attente, cherchant à y identifier une excédance du sens, tout en se plaçant sous le contrôle exigeant de la présidence du vrai.

En examinant ces relations entre le chercheur en sciences humaines, la religion et la foi, nous terminerons par deux remarques. La première porte sur ce que les penseurs du XVIIe siècle, je pense ici à Malebranche, appelaient « la recherche de la vérité » et l'unité de cette recherche. Dit autrement comment le chercheur en science et le chercheur de Dieu parviennent-ils à réunir ou à unifier ces deux aspirations ? Y-a-t-il une affinité entre ces deux registres ; entre la recherche du croyant ou chercheur de Dieu et la recherche du savant, chercheur de la vérité, entre la recherche spirituelle et la recherche intellectuelle ? Comment passe-t-on du plan des motivations au plan des arguments ? L'unité du vrai, ou l'unification intérieure de la recherche du sens et de la recherche du vrai, qui pourrait être l'horizon d'attente de toute étude, est peut être une tâche interminable. Est engagée ici au niveau existentiel une dynamique profonde de recherche relative au désir de vérité, à l'aspiration à l'unité et au sens de ce qui se donne à l'intelligence humaine, qu'on l'appelle curiosité ou attention. Après quoi, le chercheur est-il parti à la recherche ? Qu'est-ce qui motive profondément, sur le plan des motivations et des convictions, l'*eros* du chercheur ? Cette question difficile se situe au-delà de la narcissique demande de reconnaissance, et en amont de la nécessaire et légitime spécialisation des savoirs qu'appelle la structuration institutionnelle des disciplines de la recherche et qui distinguera entre historien, géographe, ethnologue ou psychologue. Elle se situe également en amont de ce qui est presque devenu une question académique, à savoir la dialectique de la foi et de la raison, à laquelle Paul Ricœur préférait substituer la dialectique de la critique et de la conviction[16]. Elle place au cœur de l'activité d'argumentation la dimension motrice de raisons de penser et d'agir qui ne sont pas toutes des raisons, renouant avec la dimension d'existential attachée à l'acte d'être qui consiste à chercher.

Car, en effet, pourquoi place-t-on la recherche de la vérité au centre de son existence ? Quelle décision présida au fait qu'une existence mette la recherche scientifique au cœur de sa vie et en fasse profession ? Pour un existant (*cf.* Henri Maldiney) sont en jeu, là, les relations de la recherche et du projet. La recherche comme projet existentiel trouve à se traduire en « projets de recherches ». Or, pour cet existant qu'est le chercheur, c'est l'être en projet qui justifie la réponse à des projets. L'appel à projet ne

16 Ricœur, Paul, *La critique et la conviction*. Entretiens avec François Azouvi et Marc de Launay, Paris, Calmann-Lévy, 1995.

cesse d'être questionné par le projet de l'appel. Le chercheur en sciences humaines a cette chance de voir l'institution académique, du moins dans les pays démocratiques, lui donner la possibilité de déployer et de poursuivre son aspiration à la vérité et au sens, au sein d'une activité professionnelle structurée, identifiée et spécialisée. S'y articulent la recherche de la vérité dans ce qu'elle a de plus universel, d'intemporel et d'impersonnel puisqu'une enquête de chercheur poursuit la longue lignée des prédécesseurs et annonce des successeurs via les laboratoires, les écoles, les traditions intellectuelles ; et la recherche de la vérité dans ce qu'elle a de plus personnel, d'intime en tant que tourment intérieur. Dans un langage aux connotations religieuses, c'est la « vocation » de chercheur qui fait de la recherche, plus qu'un métier, le lieu où se déploie une aspiration à être…

> La recherche de la vérité – pour parler très simplement – est elle-même tendue entre deux pôles : d'une part une situation personnelle, d'autre part une visée sur l'être. D'une part, j'ai quelque chose à découvrir en propre, quelque chose que nul autre que moi n'a la tâche de découvrir ; si mon existence a un sens, si elle n'est pas vaine, j'ai une position dans l'être qui est une invitation à poser une question que nul ne peut poser à ma place […] la perspective finie de ma vocation de vérité. Et pourtant, d'autre part, chercher la vérité veut dire que j'aspire à dire une parole valable pour tous, qui s'enlève sur le fond de ma situation comme un universel ; je ne veux pas inventer, dire ce qui me plaît, mais ce qui est. Du fond de ma situation, j'aspire à être lié par l'être. Que l'être se pense en moi, tel est mon vœu de vérité. Ainsi la recherche de la vérité est-elle tendue entre la « finitude » de mon questionner et « l'ouverture » de l'être[17].

Toute recherche, philosophique de surcroît, est contraction sur le plus singulier et intime du tourment intérieur ou de la blessure du cœur, et dilatation sur l'ouverture à l'universel de l'humain. En ce sens, toute enquête intellectuelle est aussi une quête spirituelle.

Jean-Philippe PIERRON
Université de Lyon (Jean Moulin)
IRPhiL (EA 4187)

17 Ricœur, Paul, « L'histoire de la philosophie et l'unité du vrai » [1953] *Histoire et vérité*, Points/Seuil, 2001, p. 62.

LE SAVOIR ET L'APPARTENANCE

« Pour parler de religion, il faut soi-même être croyant ».

C'est une affirmation que l'on entendait beaucoup autrefois (et que l'on peut déceler encore aujourd'hui sous des formes plus nuancées), avec des justifications diverses : celui qui n'a pas la foi parle de ce qu'il ne connaît pas ; il considère de l'extérieur des expériences qui sont inaccessibles à un non-croyant. On peut entendre cette affirmation – qui est en fait un interdit – sous plusieurs formes : soit directe et brutale (la religion ne peut se soumettre à une approche scientifique) ; soit indirecte et particulariste (seuls peuvent étudier le phénomène religieux ceux qui ont eux-mêmes la foi : l'incroyant n'a rien à dire sur un sujet qui serait une sorte de propriété privée : il apparaît alors comme un intrus, qui vient braconner sur les terres d'autrui) ; soit enfin (version plus moderne) « phénoménologique », par référence à l'empathie qu'il faudrait avoir avec son sujet de recherches.

ÊTRE CROYANT POUR PARLER DE RELIGION ?

La première version consistait, à l'âge classique, à refuser de soumettre la parole de Dieu à une analyse humaine ; ainsi Spinoza résume-t-il les reproches que les théologiens pourront lui adresser pour avoir soumis l'Écriture sainte à une analyse textuelle et philologique :

> Ceux qui considèrent la Bible, telle qu'elle est, comme une lettre envoyée par Dieu du Ciel aux hommes, crieront sans doute que j'ai commis un péché contre l'Esprit saint pour avoir jugé que la parole de Dieu est fautive, tronquée,

> déformée et incohérente, que nous n'en avons que des fragments, et, pour finir, que le texte original du pacte conclu par Dieu avec les Juifs a disparu[1].

Une telle position n'est pas illogique ; elle a sa logique propre : elle suppose que la transcendance divine crée un tel hiatus entre les phénomènes religieux et le regard scientifique que le second est inapte à analyser les premiers. On se trouve sur un terrain qui n'est sans doute pas la seule composante de l'esprit religieux, mais qui a imprégné, à différents degrés, certaines de ses variantes. Elle consiste à valoriser, dans l'expérience humaine, contre l'investigation rationnelle, scientifique ou philosophique, supposée pousser l'homme à se surévaluer, ce qui au contraire met l'homme en rapport plus direct avec une instance qui seule lui confère de la valeur. On pourrait l'illustrer par la formule paulinienne : « La science enfle alors que la charité édifie[2] ». Dans cette perspective, la foi, les manifestations de la divinité, les textes sacrés sont irréductibles à la réflexion ou à une approche qui est censée ne pas en respecter la supériorité. Une telle positon ne condamne pas forcément la réflexion théorique avec violence : elle peut se contenter de la laisser dans l'ombre de l'indifférence, parce que l'essentiel n'est pas là. « Ayons n'importe quelle philosophie, aussi peu profonde soit-elle, pourvu qu'elle nous laisse dans la possession tranquille de l'Évangile », disait le conservateur James Waddel Alexander lors de la controverse transcendantaliste[3].

Cette position est claire et radicale, mais elle a le grave inconvénient d'interdire la recherche non seulement aux incroyants, mais aux croyants aussi (Richard Simon, par exemple, en a su quelque chose). Elle n'est plus guère tenable devant l'épreuve des faits : une science des textes s'est développée, qui étudie non seulement les textes sacrés[4] mais aussi l'ensemble des écrits liés aux religions, y compris les philosophies qui se

---

1 Spinoza, Baruch, *Traité théologico-politique* (1677), ch. XII, § 1, texte édité par F. Akkerman, traduction J. Lagrée et P.-F. Moreau, Paris, Puf, 1999, p. 429.

2 Paul, Première Épître aux Corinthiens, 8, 1.

3 « *Let us have any philosophy, however shallow, which leaves us in quiet possession of the Gospel* », *Biblical Repertory and Princeton Review*, t. 11, 1839, p. 81 (repris dans le volume *Theological Essays*, Wiley and Putnam, 1846, p. 644). La suite de la phrase oppose cette position à la *deep philosophy* de Victor Cousin. Je dois cette citation à Sabine Remanofsky.

4 Voir par exemple Laplanche, François, *L'Écriture, le sacré et l'histoire. Érudits et politiques protestants devant la Bible en France au XVIIe siècle*, Amsterdam-Maarsen, APA Holland UP, 1986 ; Id., *La Bible en France entre mythe et critique. XVIe-XIXe siècle*, Paris, Albin Michel, 1994.

réclament d'elles ou qu'elles ont influencées ; en outre, plus récemment se sont développés aussi des secteurs entiers des sciences sociales qui ont scruté l'histoire, les institutions, les pratiques des religions. Et ce qui est le plus important, c'est que ces travaux ont parfois été effectués par des croyants, qui n'ont pas l'impression d'avoir abjuré leur foi pour autant. Il existe en effet, concernant les religions, des travaux produits par des chercheurs ayant eux-mêmes une religion, et qui utilisent les mêmes méthodes que les chercheurs non-religieux : la recherche des sources documentaires, l'explication philologique et textuelle, l'analyse sociologique des comportements, la biographie (y compris la biographie intellectuelle), l'étude de la réception – on pourrait en citer bien d'autres encore. Il devient donc difficile de rejeter la connaissance scientifique du religieux en tant que telle.

Mais une fois que l'on a accepté la possibilité d'une recherche profane sur la foi et les religions, encore faut-il décider qui possède la légitimité pour la poursuivre. On peut alors rencontrer une deuxième version de l'interdit, que le XIXe siècle a bien connue. Dans cette deuxième version, ce n'est pas la connaissance scientifique du religieux qui est refusée ; c'est le droit de chacun à la mettre en œuvre. Les chercheurs non-religieux sont soupçonnés de mauvaises intentions : c'est sans doute par anticléricalisme qu'ils s'intéressent à la religion ; leurs travaux sont donc des actes militants qui visent à dénigrer la foi ou à conférer un semblant de justification aux politiques antireligieuses. On peut ainsi soupçonner les discussions sur la mosaïcité du Pentateuque de chercher à jeter le trouble sur l'authenticité du message biblique, ou les biographies consacrées aux personnages de l'histoire ecclésiastique d'être conçues dans le but de les déconsidérer ; quant à l'histoire des dogmes, ne vise-t-elle pas à révéler le caractère humain de leurs variations ? Réciproquement, d'ailleurs, les chercheurs non-religieux ont pu accuser leurs adversaires d'un militantisme symétrique, qui aurait pour souci de protéger la croyance et l'institution plus que d'établir la vérité[5] : à défaut de cacher les faits gênants pour leur croyance, ne cherchent-ils pas à en minimiser l'importance ? ne risquent-ils pas d'abdiquer leur

5 Un exemple entre mille : le médiéviste Max Lejbowicz remarque, à propos de l'édition léonine de Thomas d'Aquin : « Cette entreprise a souffert au départ de travailler à partir de recommandations pontificales d'inspiration plus idéologique que scientifique », « Retour sur l'affaire Gouguenheim », *Methodos*, 13, 2013.

sens critique face à des phénomènes irrationnels ? En fin de compte, ce qui, historiquement, a permis aux travaux sur les religions d'échapper à ces clivages fut la mise au point de méthodes partagées relevant de la démonstration et de la vérification.

Par exemple le Moyen Âge en philosophie fut longtemps la chasse gardée des catholiques, et c'est sans doute l'introduction des études techniques sur l'histoire de la logique médiévale qui a changé les choses (parce que les questions de logique formelle sont à la fois clairement « neutres » axiologiquement et suffisamment éloignées des questions proprement religieuses – même si elles peuvent avoir parfois des enjeux théologiques).

De nos jours, il semble que les uns et les autres travaillent avec les mêmes méthodes, soient formés par les mêmes traditions scolaires, et confrontent leurs résultats. Ce qui n'est évidemment possible que lorsque l'on a affaire à une institution religieuse qui a, au moins en partie, accepté la modernité, qui ne se pose plus d'un bloc comme son adversaire et qui tolère que l'on sépare la démarche scientifique et les convictions intimes du chercheur – donc qui a elle-même renoncé à la possession exclusive de la vérité, que ce soit par une évolution interne ou sous la pression d'une évolution des mentalités. Autrement dit, cet apaisement de la recherche historique est lui-même historiquement déterminé.

C'est alors que l'on peut se trouver face à une troisième version de l'interdit – et c'est probablement celle qui est la plus répandue aujourd'hui. Il ne porte plus ni sur le savoir lui-même, ni sur la démarche ou les intentions, mais sur la subjectivité même du chercheur.

Dans cette version plus subtile, on dira que la foi, comme d'autres phénomènes humains, comporte une part de subjectivité que l'on ne peut réduire à des lois extérieures : les sentiments, l'adhésion, la pratique, les caractères de la personnalité, l'identité s'y mêlent de façon inextricable et un regard externe ne peut qu'effacer ces spécificités ; l'analyse des conduites et des discours, conduite de l'extérieur, risque de laisser échapper ce qui est au cœur de ces discours et de ces conduites, qui est plus essentiel qu'eux et leur confère leur sens.

Dans une telle perspective, le chercheur a beau être le plus objectif possible, cela ne suffit pas, ne suffira jamais ; ou plutôt : c'est son objectivité même qu'on lui reprochera, en la qualifiant d'objectivisme, parce qu'elle ramène un phénomène vivant, intérieur, irréductible, à ses simples manifestations externes. On peut mesurer des comportements, éditer des textes, étudier des itinéraires biographiques ; mais ce qui donne leur signification aux textes, aux comportements, aux évolutions individuelles, cela échappe définitivement à l'analyse. Le chercheur qui s'en tient aux faits extérieurs manque inéluctablement un vécu qu'il ne partage pas ; il demeure étranger à une histoire qui définitivement n'est pas la sienne : tous ses efforts pour cerner les contours d'un phénomène intérieur qui lui échappe resteront vains devant la porte close de la subjectivité. Cette troisième version de l'argument est encore très présente, y compris sous sa forme inversée : celle qui consiste à supposer *a priori* que quelqu'un qui écrit sur telle ou telle confession y est forcément affilié (que ce soit pour l'en louer, ou pour le lui reprocher, ou simplement pour considérer, sans même l'expliciter, que cela va de soi) : on voit souvent apparaître cette assignation d'appartenance en marge de la discussion d'un livre ou d'une conférence.

On pourrait objecter que, comme il existe de fait plusieurs religions, un tel principe interdit leur étude non seulement aux athées et aux agnostiques mais encore à chaque chercheur concernant la religion des autres. Ce qui rend alors totalement impossible l'étude des religions disparues (qui croit encore aux dieux des Grecs ou des Égyptiens ? – donc : qui partage le sentiment de ceux qui les adorèrent ?) et bien entendu toute tentative de théorie générale ou comparée des religions ; on pourrait aussi, à l'inverse, à l'intérieur d'une unique religion, suspecter celui qui ne fait pas partie de tel ou tel sous-groupe (un jésuite peut-il vraiment comprendre la spiritualité franciscaine ?). La réponse la plus simple est encore qu'avec un raisonnement comme celui-là, on peut aussi interdire aux physiciens et aux biologistes de parler des neutrons ou des bactéries puisqu'ils ne sont pas eux-mêmes des neutrons ou des bactéries. On ne peut échapper à une telle réponse que si l'on s'imagine qu'il y a une différence fondamentale entre les sciences de la nature et les sciences de l'homme – et la croyance à une telle différence est sans doute elle-même un reliquat des préjugés religieux : celui qui consiste, au-delà des différences nécessaires de critères, de méthode ou d'objet, à estimer qu'il y a dans l'homme un noyau définitivement rebelle à la connaissance[6]. Chaque avancée des sciences humaines tend au contraire à un double

6 C'est ce qui a occasionné, depuis Dilthey, toutes les discussions sur « expliquer et comprendre ».

résultat : mettre au jour les lois spécifiques d'un domaine du réel ; et montrer par là même que ce domaine est connaissable. L'irréductible subjectivité, c'est l'asile de l'ignorance.

Puisque l'on a commencé en citant Spinoza, on peut continuer en rappelant les conditions qu'il indiquait pour construire une science politique fondée sur la connaissance des comportements humains, donc des affects :

> Pour porter dans cet ordre de recherches la même liberté d'esprit dont on use en mathématiques, je me suis soigneusement abstenu de tourner en dérision les actions humaines, de les prendre en pitié ou en haine ; je n'ai voulu que les comprendre. En face des passions, telles que l'amour, la haine, la colère, l'envie, la vanité, la miséricorde, et autres mouvements de l'âme, j'y ai vu non des vices, mais des propriétés, qui dépendent de la nature humaine, comme dépendent de la nature de l'air le chaud, le froid, les tempêtes, le tonnerre, et autres phénomènes de cette espèce, lesquels sont nécessaires, quoique incommodes, et se produisent en vertu de causes déterminées par lesquelles nous nous efforçons de les comprendre[7].

Quelles que soient les nuances que l'on apporte à ce débat, le problème proprement dit de la possibilité de l'étude du fait religieux par un observateur non religieux est donc pour l'essentiel résolu. Mais cela suffit-il à rendre compte de la position du problème ?

L'APPARTENANCE COMME CONDITION DU DISCOURS

Avec de telles réponses à cette affirmation de la spécificité irréductible du phénomène religieux, on n'a peut-être pas épuisé la question. En effet, l'affirmation elle-même mérite d'être étudiée : elle peut à son tour devenir un objet de connaissance et de comparaison. Car, pour qui a un peu l'expérience de l'histoire des idées, elle n'apparaît pas du tout comme isolée. Elle ne peut que rappeler d'autres discours similaires : celui du psychanalyste qui conteste à qui n'a pas l'expérience du divan le droit de parler de la théorie freudienne ; celui des versions

7 Spinoza, Baruch, *Traité politique* (1677), ch. I, § 4, trad. Émile Saisset.

ouvriéristes du marxisme qui énoncent que seul le prolétariat peut comprendre réellement ce que c'est que l'exploitation ; et l'on pourrait ajouter certaines interprétations du féminisme, de l'anticolonialisme, de la défense des identités sexuelles ou des minorités nationales qui refusent qu'une analyse de leur situation puisse être produite par quelqu'un qui ne sort pas de leurs rangs ou n'a pas l'expérience de leur oppression. On pourrait retrouver la même tonalité discursive récemment dans les revendications des malades face aux médecins – la volonté de faire entendre la parole du malade, parce qu'il a une expérience irréductible de la souffrance, que le discours médical néglige. Autrement dit, le discours qui considère comme illégitime le regard non-religieux sur la religion n'est pas autonome : c'est au contraire une structure générale que l'on voit se spécifier ici sur la question de la religion. Pour le dire de la façon la plus générale : autant d'énoncés normatifs *qui font de l'appartenance la condition du discours*. Avec plusieurs variantes : appartenance subjective personnelle (« ma » maladie) ou collective (« notre » religion). Dans tous ces cas, il s'agit d'une revendication épistémologique que l'on pourrait formuler ainsi : pour connaître authentiquement ce qui concerne un groupe humain, il faut lui appartenir. L'authenticité implique une identité entre le sujet et l'objet. C'est elle qui justifie la protestation contre une connaissance objective par laquelle on se sent réduit, sous le couvert d'énoncés universels, à ce qui précisément est le plus extérieur à soi.

On remarquera aussi que pour beaucoup de ces revendications, on observe la même assignation d'appartenance que dans le cas des religions : qui tient le discours est supposé immédiatement faire partie du groupe ; et de qui fait partie du groupe, on s'étonne s'il n'en tient pas le discours.

Comment considérer cette revendication ? On peut distinguer deux niveaux : la question de la familiarité et celle de la subjectivité. Leurs frontières sont différentes selon les groupes dont il s'agit – suivant qu'ils sont liés par un même choix, ou par une même oppression, ou par des traits positifs liés à la formation ou à la tradition[8]. Le premier niveau est la familiarité originaire : quelqu'un qui a été élevé dans un certain

8 Par « groupe », il faut entendre ici non seulement les groupes constitués (une Église, un parti) mais aussi des groupes auxquels on ne reconnaît son appartenance qu'après coup, parce que l'on se rend compte que l'on a, sans le savoir, vécu des expériences semblables, l'isolement dans lequel on les a vécus faisant partie de l'expérience elle-même, et de son

milieu, ou dans certaines conditions, ou a suivi une certaine formation en a gardé, à mi-chemin entre la mémoire et l'expérience, de nombreux signes de reconnaissance, plaisanteries internes, allusions comprises rapidement – des mots qui incurvent la langue commune dans le sens de certaines associations, des gestes, des références, qui n'appartiennent pas à la mémoire collective mais marquent au contraire la mémoire d'un groupe – et qui souvent se sont enracinés en chacun sans impliquer la connaissance de leurs causes (on sait telle expression, sans savoir d'où elle vient ; on a telle méfiance instinctive, mais l'on ne sait plus pourquoi) ; mais aussi des expériences répétitives, des situations (d'adhésion, de reconnaissance, de mépris, de discrimination,) qui engendrent elles aussi une mémoire, parfois héroïque, parfois douloureuse[9].

Le second niveau, celui de la subjectivité, est l'interpellation de l'individu en sujet par les circonstances ou l'institution – quelle que soit la forme qu'elle prend : la foi, la reconnaissance, la reconnaissance négative qu'est l'expérience du mépris ou du rejet, la participation à un sentiment collectif. Ce qui est en cause ici, c'est quelque chose de plus que les faits : l'identité, l'intériorité de celui qui y participe ou les subit. Avant de les vivre comme une occurrence parmi d'autres d'un fait général, il les vit comme lui arrivant à lui, dans sa singularité – ou dans la communion de cette singularité avec celle d'autrui ; et ce sont d'ailleurs de telles incidences qui lui donnent le sentiment de sa singularité et la lui font concevoir soit comme incommunicable, soit comme communicable à ceux seulement qui ont la même expérience (donc en fait n'ont pas besoin qu'on la leur communique). Dans ce mouvement l'expérience constitue son sujet, lui fournit les grilles par lesquelles il déchiffrera son monde. Constitution qu'il se représente la plupart du temps comme originaire, sous la forme d'une intériorité alors qu'elle est produite, comme est produite l'ignorance de cette production : car un des effets les plus sûrs de la constitution de l'intériorité est la production de son propre effacement. Cela nous renvoie à l'idée qu'il n'existe pas (ou si peu) d'expérience humaine en général, mais que celle-ci est toujours

aspect traumatisant (on peut penser ici aux jeunes se découvrant homosexuels dans des milieux hostiles à l'homosexualité).

9 On peut aussi se demander dans quelle mesure ce niveau de l'appartenance est détachable : qui a quitté un groupe – une Église, une secte, un parti – peut en garder des traces de familiarité, des affects, des comportements, séparés de la conviction à laquelle ils étaient attachés.

encadrée, reconduite, reproduite dans des institutions, des affiliations, des régularités séquentielles.

Familiarité et subjectivité : il n'est pas toujours facile de distinguer ces deux niveaux, et certains traits peuvent être à cheval entre eux : les liens familiaux par exemple – qui impliquent à la fois la transmission de procédures de familiarité et l'élaboration de motifs d'adhésion et de contre-adhésion.

Il faut se demander si les traits qui sont ainsi décrits, et se trouvent au cœur de ces épistémologies de l'appartenance, posent de véritables problèmes à l'analyse rationnelle, au point d'en rendre difficile, voire impossible, la complète mise en œuvre.

Pour ce qui relève de la familiarité, il est indéniable qu'elle marque le lieu d'un problème d'apprentissage – et le chercheur naïf risque effectivement de passer à côté d'une grande partie des caractères de son objet s'il croit que celui-ci se limite à ses composantes les plus spectaculaires, et s'il ne prend pas la précaution de s'initier aussi aux autres dimensions, plus subtiles, plus allusives, plus proches du quotidien. Mais représente-t-elle un problème impossible à résoudre ? Dans le travail de l'historien ou du sociologue, la familiarisation peut surmonter ces obstacles – il s'agit en quelque sorte de construire une familiarité acquise qui vienne compenser la familiarité « innée ». Par exemple, pour les religions antiques, la connaissance de la littérature dans toute sa diversité devrait permettre de démonter les allusions, de comprendre comment l'on vivait les pratiques, de ressentir les décalages parfois entre les aspects officiels d'un phénomène et ses dimensions vécues. Pour les modernes, les témoignages, la participation à des rites, l'attention aux réactions quotidiennes et interindividuelles et non pas seulement aux objets de plus grande envergure joue un rôle analogue. Donc au total, une difficulté mais non une impossibilité.

Qu'en est-il du second niveau – l'intériorité ? Constitue-t-il l'ultime rempart de l'appartenance face à une volonté de connaissance objective et universelle ?

Bien entendu, un phénomène vivant et vécu de l'intérieur ne se réduit pas à ses manifestations externes, aux comportements et aux discours explicites. Mais l'intériorité ou ce qui en tient lieu, l'imaginaire et l'identité, sont tout autant susceptibles d'être analysés objectivement que l'extériorité. C'est même le rôle de l'histoire des idées et des représentations. Les différentes formes du vécu, les différentes façons de se rapporter à un Absolu, à autrui, à l'image que l'on se fait de soi-même, de ses propres certitudes et de ses propres déchirements, tout cela relève d'une analyse des textures imaginaires et de leurs formes de composition : on peut discerner ainsi les structures d'adhésion, de déni, de repliement, de scission intérieure – et le moyen de le faire de façon efficace consiste justement non pas dans la fixation sur un individu (auquel cas on risque de répéter ses propres représentations), mais dans la comparaison sérielle d'attitudes repérables par exemple par les (auto) biographies, les journaux intimes, les correspondances.

Elle peut être effectuée de façon grossière ou de façon rigoureuse : à elle d'opérer les choix méthodologiques nécessaires ; mais, bien construite, elle ne laisse rien en dehors de son domaine. On peut estimer par exemple que l'« histoire des mentalités » qui a eu sa vogue il y a quelques décennies opérait avec des instruments trop lourds ; on peut avoir des doutes sur la façon dont Lucien Febvre démontrait, presque *a priori*, que l'incroyance était impossible au XVIe siècle[10] ; mais il reste, à ceux qui le critiquent, à construire des instruments plus raffinés, plus précis, pour saisir l'éventail des positions de l'humanisme de la Renaissance en matière de foi.

En somme, rien n'est ineffable, même s'il y a du plus ou moins facilement dicible : mais les degrés du dicible tiennent aux constructions objectives de l'imaginaire, et aux défilés du regard qui les parcourt. Il est très possible que, depuis telle ou telle position, certaines choses ne soient pas dicibles – ou audibles. Il faut alors changer de position. Mais la position n'est pas l'appartenance.

Il n'y a donc rien qui subsiste, qui empêcherait – quant au contenu, une fois celui-ci déterminé – l'analyse des religions par un regard non-religieux, ni des autres procédures d'appartenance par qui se tient en dehors de celle-ci. Rien n'échappe donc en droit à l'analyse rationnelle, et aucune spécificité ne peut lui barrer le chemin. Toute tentative de chercher quelque chose de plus intérieur verse dans l'irrationalité.

10 Febvre, Lucien, *Le problème de l'incroyance au XVIe siècle. La religion de Rabelais*, Paris, Albin Michel, « L'évolution de l'humanité », 1942.

LA RÉVOLTE DES DOMINÉS

Cependant, de nouveau, une telle réponse n'est pas totalement satisfaisante. Parce qu'elle néglige le fait que derrière les revendications appartenantistes, il y a souvent la protestation d'une culture ou d'une position dominée. La constatation d'une dissymétrie de situation, qui implique une dissymétrie discursive : le champ du savoir n'est pas lisse, et le discours reçu, le discours officiel représente parfois justement non pas l'universalité scientifique abstraite, comme il tient à le faire croire, mais plutôt la légitimation de la position des dominants – qu'il s'agisse d'une domination sociale, ou de celle qui tient à un savoir spécialisé, ou simplement d'un pouvoir bureaucratique. Ainsi tout est fait pour que la domination paraisse naturelle et que le langage des autres ne soit pas entendu, soit qu'il soit purement et simplement réprimé, soit qu'il soit considéré comme un discours inférieur, irrationnel, un bavardage ou le ressassement d'une plainte.

En revendiquant une légitimité pour cet autre discours, on contribue à dénaturaliser le discours dominant. Et on favorise effectivement l'apparition ou la réapparition (c'est-à-dire la recherche active, car elles n'apparaissent pas toutes seules) d'histoires, de mémoires, de situations oubliées parce qu'elles avaient été jugées secondaires ou inaudibles. Du coup c'est l'ancien discours dominant qui à son tour paraît irrationnel : non pas parce qu'il ne parlait pas de la raison, mais parce qu'il identifiait celle-ci à sa propre naturalité – à celle qu'il affirmait et où il se reconnaissait.

Dès lors, il ne s'agit plus d'appartenance, mais de position et de point de vue. Il ne s'agit pas d'affirmer une irréductible subjectivité, mais de prendre la position des dominés comme fil conducteur pour faire apparaître certains aspects de la réalité que le discours officiel masquait. Non pas de défendre l'obscurité mais d'étendre le champ du visible.

On remarquera qu'il ne s'agit plus vraiment d'un discours identitaire : il ne s'agit pas de l'apologie des dominés (qui a le goût rance d'un retour à... et est le symétrique du discours dominant) mais d'une histoire reconstruite.

En somme le sentiment d'appartenance n'est pas lui-même trompeur ; la revendication épistémologique qui en est issue s'appuie sur la formulation imaginaire d'une constatation objective : le refoulement, par un discours exclusif, d'une particularisation. Ce discours exclusif opère par un rationalisme restreint : il enchaîne des énoncés exacts à partir d'un matériau préalablement épuré. On peut attendre d'un rationalisme généralisé (ce que l'on a pu appeler, à propos de Spinoza, un « rationalisme absolu ») qu'il raisonne au contraire sur l'ensemble des matériaux possibles.

En ce sens la revendication appartenantiste est un bon indicateur, même si elle ne fournit pas de connaissances en tant que telles. Elle permet de troubler le discours de la raison installée, de déranger des évidences, de construire un panorama plus complet que celui qui se donnait pour le seul possible.

ÊTRE ATTENTIF À LA VARIÉTÉ DES FORMES DU CROIRE

Revenons à la foi et aux religions.

Quelle place leur assigner dans tout cela ? La religion est-elle dominée ? minoritaire ? Longtemps elle fut au contraire massivement dominante ; mais il est vrai qu'elle tend progressivement à devenir minoritaire dans l'Occident où elle n'est plus le principal appareil idéologique d'État, même si elle garde des positions non négligeables ; mais surtout on peut discerner même dans les époques où elle est dominante des zones ou des séquences de minorité.

1. elle a toujours eu des formes minoritaires : les hétérodoxes, les hérétiques, les dissidents. Et ces formes minoritaires, d'une part, ont fait preuve souvent de plus de vivacité, d'implication individuelle, de productivité affective que la forme dominante ; d'autre part elles ont produit des idées et des thématiques qui sont par la suite, pour certaines d'entre elles au moins, devenues à leur tour incontestées – ce qui produit un effet de mémoire illusoire (les Européens actuels nourrissent facilement l'illusion selon laquelle

ils partagent un héritage de tolérance, d'égalité des hommes et des femmes, de refus de l'autoritarisme religieux – comme si ces notions avaient été dominantes dans l'Europe de leurs ancêtres, alors qu'elles ne furent inventées et défendues que par des minorités combattues par les confessions dominantes). Il est donc souhaitable que celui qui étudie les phénomènes religieux s'arrache à cet effet de mémoire reconstituée et qu'il sache distinguer l'inégal développement des différentes formes de la croyance.

2. elle est en un sens toujours minoritaire au sein de ses propres institutions, parce qu'elle est vécue subjectivement – ce qui peut rendre le croyant en fait aveugle aux points communs aux diverses pratiques et attitudes religieuses. Même hors des dénonciations et polémiques, la foi fait vivre le rapport aux institutions religieuses comme une pratique personnelle et ancrée dans l'individu.
   Or pour construire une anthropologie philosophique des religions, il faut être attentif précisément à ce qui les rapproche, c'est-à-dire à des structures transversales aux religions et à leur instanciation dans les individus : il faut donc penser des notions comme conversion, crise, orthodoxie et hétérodoxie, texte sacré et exégèse, salut, clergé, exclusion, en les dépouillant de ce qui fait leur spécificité aux yeux de ceux qui les vivent (et qui reviennent régulièrement dans les protestations des croyants dès qu'ils sentent que l'on assimile « leur » religion à un schéma qu'ils considèrent ne valoir que pour les autres) mais néanmoins être attentif à l'implantation singulière de ces structures transversales chez les croyants, colorée par les formes propres de la religiosité.
3. le caractère massif d'une religion ne doit pas faire oublier les niveaux ou variantes de croyance qui ont pu être très divers dans certaines situations. Or aussi bien les croyants que les incroyants ont parfois tendance à projeter dans le passé les catégories que nous connaissons aujourd'hui et à les opposer brutalement. On en arrive ainsi, par exemple, à se demander si les Juifs convertis et leurs descendants persécutés par l'Inquisition dans la péninsule ibérique étaient véritablement devenus chrétiens ou s'ils dissimulaient – comme si sincérité totale et dissimulation étaient les deux seules options d'un vécu religieux, alors que les formes de la conscience représentent tout un éventail de positions dont la diversité relève

> d'une véritable psychologie historique ; et ce qui vaut pour les « marranes » vaut pour les « nicodémites » et pour tous ceux qui ont cherché singulièrement leur chemin dans des temps troublés. C'est ici que s'impose une étude des variations de la conscience historique, qui tienne compte de cette multiplicité de configurations et ne les aplatisse pas dans des oppositions trop simples.

L'approche rationnelle des faits religieux peut ainsi rendre compte complètement de ses objets, à condition d'être attentive à leurs variations, aux différentes formes des rapports des individus à l'institution, aux différences de développement. Paradoxalement peut-être, le risque pour elle ne vient pas de la possibilité de « rater » la croyance : il consisterait plutôt à trop se laisser guider par les formes dominantes de celle-ci et par l'image qu'elles donnent et se donnent, et à négliger alors la variété effective des formes du croire, où les formes dominées, marginales, hérétiques contribuent à façonner la figure majoritaire elle-même puisqu'elles lui dictent ses champs d'opposition et d'intervention. Sans hétérodoxie à combattre, l'orthodoxie n'a pas de contenu à développer.

A-t-on fait le tour du problème ? Il reste encore une remarque à formuler.

Pour un regard providentialiste, les grands événements de l'histoire religieuse ont un sens. Pour un regard naturaliste, ils n'ont pas ce sens-là. Mais n'en ont-ils aucun ?

Il ne suffit pas de ne pas croire – il faut aussi ne pas croire non plus au hasard et aux accidents historiques. En ce sens il faut se poser la question du sens historique de ces faits comme on peut se poser celle de la Renaissance, de la Révolution française ou de la Révolution d'Octobre. Si ce n'est pas réductible à des effets contingents, qu'est-ce que cela signifie – objectivement ?

Si les événements de l'histoire religieuse ne sont pas une simple suite de hasards et de choix individuels, si l'on peut discerner des tendances lourdes ou des conflits significatifs, il reste à se demander ce qui les détermine. Quand on voit le rôle massif joué par les controverses sur la Trinité et sur l'Incarnation dans les premiers siècles de l'Église chrétienne, on peut s'interroger, par-delà les rivalités entre tel ou tel théologien, les interventions des autorités temporelles, les luttes d'influences entre sièges épiscopaux, sur la question de la signification de ces gigantomachies intellectuelles. Si l'on ne croit plus qu'elles représentent le développement d'une Vérité initiale sous la conduite de l'Esprit Saint, alors comment rendre compte de leur cohérence et de leur ténacité ? Il reste donc à construire une théorie naturaliste de la signification historique.

Pierre-François MOREAU
CERPHI (IHRIM)
ENS de Lyon

HISTOIRE CONFESSIONNELLE ET HISTOIRE SCIENTIFIQUE

Enjeux et jalons autour du protestantisme

Travaillant sur l'histoire du protestantisme depuis une vingtaine d'années, je m'attacherai dans cet article à comprendre la manière dont le rapport à la foi protestante des historiens peut jouer dans l'appréhension de l'histoire de cette minorité religieuse en France. Cette interrogation prend un sens supplémentaire si j'ajoute immédiatement que je suis protestante. C'est bien la première fois que, dans une réflexion scientifique, ce détail prend une quelconque place mais telle était la commande de lier itinéraire personnel et parcours scientifique. Toutefois, il ne sera pas uniquement question de mon expérience puisque d'autres « protestants-historiens », passés et actuels, m'occuperont et je tâcherai donc, à travers certaines trajectoires et diverses écritures historiques, de voir les interactions entre foi protestante et récit de l'histoire protestante en me limitant toutefois à l'histoire des huguenots et aux historiens français.

Quels sont donc les liens entre foi protestante des historiens et écriture de l'histoire de cette minorité ? Quelles interférences entre l'une et l'autre peuvent se produire ? Comment y remédier dans une approche scientifique de l'histoire religieuse ? Ces interrogations croisent divers axes : celui des enjeux d'une écriture historique, celui d'une scientifisation d'une narration du passé et celui de l'appartenance confessionnelle des historiens.

Pour répondre à ces questions, il s'agira tout d'abord de voir qu'effectivement dans le protestantisme, l'écriture de l'histoire a signifié défense de la foi protestante, elle s'est même construite sur ce principe. Mais, depuis quelques décennies, cette idée ne vaut plus et des universitaires catholiques, athées, tout comme protestants écrivent une histoire scientifique de la Réformation française. De fait, on pourra s'interroger sur les questions et les réponses méthodologiques que quelques historiens protestants du protestantisme ont pu se poser et ont mis en œuvre pour leur travail et leur production.

ÉCRIRE L'HISTOIRE D'UNE MINORITÉ, DÉFENDRE SA FOI

Dans le cadre du protestantisme, il a en effet semblé difficile de dissocier foi et travail de l'historien protestant. Les premiers travaux sur l'histoire de la Réforme l'ont été par des huguenots qui avaient pour tâche d'exalter l'histoire de leur communauté et leur foi, ou par des catholiques dont l'objectif était de démontrer les dangers que représentaient les protestants pour la France. Aucune place à la neutralité n'était alors de mise dans les premières histoires de la Réforme du royaume : revendication ou diabolisation demeuraient les maîtres mots de ces écritures historiennes. Il faut dire que, dans bien des cas, c'est la polémique théologique qui était le support de ces productions. Pour les historiens protestants, la défense de la religion de leurs pères représentait le moteur premier qui les poussait à écrire. Ainsi, *L'histoire de l'édit de Nantes* du pasteur, théologien et historien français Élie Benoist (1640-1728) publiée après son exil en Hollande, de 1693 à 1695, l'est « pour démontrer la légitimité de l'Édit, l'iniquité de son abrogation et la nature des persécutions subies par les huguenots[1] ». Le livre regorge de descriptions sur les atrocités commises contre les protestants après la révocation de l'édit de Nantes avec pour objectif de montrer la barbarie catholique et l'importance à revenir sur un statut législatif reconnaissant les huguenots, injustement réprimés. De fait, « l'histoire est un procès où, même vaincus, les protestants peuvent se voir rendre justice si l'on établit l'irrévocabilité du statut dont ils bénéficiaient[2] ».

1 Bost, Hubert, « Élie Benoist et l'historiographie de l'édit de Nantes », dir. M. Grandjean et B. Roussel, *Coexister dans l'intolérance. L'édit de Nantes (1598)*, Genève-Paris, Labor et Fides, 1998 [*Bulletin de la Société de l'histoire du protestantisme français* 144 (1998), étude reprise également dans Bost, Hubert, *Ces Messieurs de la R.P.R.*, Paris, H. Champion, 2001], p. 371.

2 *Idem.*

À l'inverse, l'histoire de la Réforme a été pour les catholiques l'occasion de révéler les effets pervers de cette minorité religieuse. Tel est par exemple le cas du volumineux ouvrage attribué à Nicolas Sourdat de Troyes, paru en 1797, *Les Véritables auteurs de la Révolution française*, dont l'objectif principal était de montrer le complot protestant et maçonnique qui se tramait derrière la Révolution qui venait de secouer le pays[3]. Durant cette période de l'époque moderne donc, le recul et la distance, osons les mots d'objectivité et de neutralité, restent impossibles pour ceux qui prennent la plume autour de l'histoire protestante : la foi des historiens oriente pleinement leur manière d'écrire l'histoire de la Réforme. Il y a une réelle confessionnalisation de l'écriture de l'histoire dans une instrumentalisation de la narration historique qui sert des Églises chrétiennes qui ne peuvent alors se penser qu'en termes de rivalités réciproques.

Pour ce qui regarde le protestantisme, il faut ajouter d'ailleurs que depuis Jacques Basnage de Beauval (1653-1723) au XVIIe siècle, Élie Benoist (1640-1728) ou encore Antoine Court (1695-1760), les historiens de la Réforme sont souvent des pasteurs[4]. Et cette caractéristique n'a pas été infléchie avec la reconnaissance du protestantisme par l'Empire napoléonien. Parmi les noms qui reviennent souvent dans la production historienne de la Réforme française, on peut citer pour le XIXe et le premier XXe siècle d'autres noms de ministres-historiens comme Charles Dardier (1820-1893[5]), Napoléon Peyrat (1809-1881[6]),

---

3 Beaurepaire, Pierre-Yves, « Les véritables auteurs de la Révolution française de 1789 démasqués. Discours de persécution et crimes d'indifférenciation chez F.N. Sourdat de Troyes », *Dix-huitième Siècle*, 2000, volume 32, numéro 1, p. 403-421.

4 Parmi les productions historiennes de Jacques Basnage on peut citer : *Histoire de la religion des Églises Réformées, depuis Jésus-Christ, jusqu'à présent. Dans laquelle on voit la perpétuité de la Foi, la succession de l'Église, l'Établissement de la Réforme. Avec une histoire de l'origine et du progrès des erreurs de l'Église Romaine*, Rotterdam & La Haye, Abraham Acher & Pierre Husson, 1725. Pour Antoine Court, on retiendra les titres suivants : *Le Patriote français et impartial*, Villefranche, P. Chrétien, 1753, et *Histoire des troubles des Cévennes ou de la guerre des camisards sous le règne de Louis le grand*, Villefranche, P. Chrétien, 1760.

5 De ce pasteur-historien, on peut citer *Ésaie Gasc, citoyen de Genève : sa politique et sa théologie : Genève-Constance-Montauban 1748-1813*, Paris, Sandoz et Fischbacher, 1876 ; *La Vie des étudiants au désert d'après la correspondance de l'un d'eux : Simon Lombard (1756-1763)*, Genève, Schira, 1893.

6 Parmi son œuvre on retiendra *Histoire des pasteurs du désert : depuis la révocation de l'Édit de Nantes jusqu'à la révolution*, Paris, M. Aurel, 1842 ; *Les réformateurs de la France et de l'Italie au douzième siècle*, Paris, Meyrueis, 1860 ; *Histoire des Albigeois : les Albigeois et l'Inquisition*, Paris, Librairie Internationale, 1872.

Athanase Coquerel fils (1820-1875[7]), Eugène Arnaud (1826-1905[8]) ou bien encore Frank Puaux (1844-1922[9]). De fait, jusqu'aux années 1950, l'historiographie protestante a été largement marquée par des productions érudites mais souvent confessionnelles dans lesquelles dominait l'exaltation des phases « héroïques » de l'histoire protestante et de ses grands personnages. Le chartiste et directeur d'études à l'École pratique des hautes études, Émile-Guillaume Léonard (1891-1961), par ses divers travaux dans les années 1950, avait le premier œuvré pour une histoire française protestante « universitaire », tout en conservant parfois des élans enthousiastes en écrivant le passé huguenot[10].

L'accélération des productions de ce type a été portée par trois commémorations importantes dans les années 1980, celle du tricentenaire de la révocation de l'édit de Nantes, en 1985, celle du bicentenaire de l'édit de Fontainebleau, en 1987 et enfin, celle du bicentenaire de la Révolution française, en 1989, qui bien que dépassant largement la sphère réformée a été l'occasion de revenir sur certains aspects de l'histoire huguenote pendant la période révolutionnaire[11]. Au début des années 1980, Jean Baubérot affirmait déjà que l'historiographie protestante était passée « d'une auto-histoire de type célébratif et prédicatif à une hétéro-histoire de type universitaire

---

7 *La Saint-Barthélemy*, Paris, Hachette, 1859 ; *Précis de l'histoire de l'Église réformée de Paris*, Paris/ Strasbourg, Aux Librairies Protestantes/Treuttel et Wurtz, 1862.

8 Ce pasteur-historien a particulièrement travaillé sur les communautés du sud-est de la France : *Histoire de l'Académie protestante de Die, en Dauphiné au XVIIe siècle*, 1873 ; *Histoire des protestants du Dauphiné, au XVIe, XVIIe, et XVIIIe siècle*, 1875-1876 ; *Histoire des Églises réformées de la vallée de Bourdeaux, en Dauphiné*, 1876 ; *Histoire des protestants de Provence, du Comtat Venaissin et de la principauté d'Orange*, 1884 ; *Émigrés protestants dauphinois secourus par la Bourse française de Genève de 1680 à 1710*, 1885 ; *Histoire des protestants du Vivarais et du Velay*, 1888 ; *Histoire des protestants d'Annonay*, 1891.

9 Parmi ses travaux on peut retenir : *Les précurseurs français de la tolérance au XVIIe siècle*, Paris, G. Fischbacher, 1881 ; *Histoire de l'établissement des protestants français en Suède*, Paris, G. Fischbacher, 1891 ; *Les œuvres du protestantisme français au XIXe siècle, Exposition universelle de Chicago*, Paris, comité protestant français, 1893.

10 Il a notamment écrit : *Histoire du protestantisme*, coll. Que sais-je ?, n° 427, Paris, PUF, 1950 ; *Le Protestant Français*, Paris, P.U.F, 1953 ; *Histoire générale du protestantisme*, coll. Quadrige, Paris, PUF, 1961.

11 Je pense notamment aux ouvrages suivants : *Les Protestants et la Révolution française*, *Bulletin de la Société de l'Histoire du Protestantisme Français* (135), 1989 ; Galtier, Jacques, *Protestants en Révolution*, Genève, Labor et Fides, 1989 ; Peronnet, Michel, *Protestantisme et Révolution*, Montpellier, Sauramps, 1990 ; Viallaneix, Paul *et alii*, *Réforme et Révolution : aux origines de la démocratie moderne*, Paris-Montpellier, Réforme-Presses du Languedoc, 1990.

et scientifique[12] » et ces trois commémorations ont achevé ce mouvement : l'écriture de l'histoire protestante universitaire a rompu définitivement avec l'écriture partisane[13]. On l'a vu encore dans la commémoration de l'édit de Nantes, en 1998, ou bien avec « L'année Calvin » qu'a représentée 2009. Cela signifie-t-il pour autant que cette histoire n'est plus produite par des membres de la communauté protestante et qu'elle reste étanche à une quelconque foi protestante des historiens ?

HISTORIENNES ET HISTORIENS DU PROTESTANTISME

Cette scientifisation du discours historique ne signifie pas, qu'aujourd'hui, les historiens du protestantisme sont tous éloignés de la foi calviniste ou luthérienne. Un certain nombre d'historiens des protestantismes modernes et contemporains sont protestants, certains mêmes sont pasteurs. D'autres sont catholiques, d'autres encore sont athées, agnostiques ou indifférents. En partant de la liste proposée par le Groupe de recherche sur l'histoire du protestantisme[14] et en ne retenant que les historiennes et historiens en poste à ce jour dans les établissements de l'enseignement supérieur français, on peut estimer qu'un quart environ des historiens du protestantisme sont eux-mêmes protestants. Proportion bien supérieure à ce que sont les huguenots dans la société française mais chiffre qui, au final, signifie tout de même que l'histoire protestante n'est plus écrite par les protestants eux-mêmes. Et aussi que des historiens protestants écrivent sur autre chose que sur l'histoire du protestantisme. On pourrait d'ailleurs se demander si ces historiens protestants – tels Maurice Agulhon[15] – qui travaillent sur

12 Baubérot, Jean, « Le protestantisme français et son historiographie », *Archives des sciences sociales des religions* 58/2 (1984), p. 179.

13 Voir Venard, Marc, « L'histoire du protestantisme français au XXe siècle : une historiographie déconfessionnalisée ? », dir. P. Benedict, H. Daussy et P.-O. Lechot, *L'Identité huguenote. Faire mémoire et écrire l'histoire (XVIe – XXIe siècle)*, Genève, Droz, 2014, p. 581-590.

14 Voir http://grhp.hypotheses.org/membres-2.

15 Cabanel, Patrick., « La République aux Cévennes », *La France démocratique. Mélanges offerts à M. Agulhon*, Paris, Publications de la Sorbonne, 1998, p. 359-369.

d'autres sujets que l'histoire religieuse ne sont pas aussi marqués par leur foi ou leur origine protestante.

La religion protestante de ces historiennes et historiens qui écrivent sur l'histoire de leur Église est-elle un problème d'affichage pour eux ou, autrement formulé, la cachent-ils ? Quand on travaille sur l'histoire religieuse, la question de l'appartenance confessionnelle est communément posée dès que l'on « entre » dans la profession. Elle l'est d'ailleurs par les non historiens à l'occasion de discussions informelles comme par les historiens eux-mêmes. J'ai le souvenir qu'on me l'avait posée, pour la première fois, alors que j'étais en thèse, à l'occasion d'un repas de colloque : « et toi, tu es protestante ? » Les historiens du protestantisme sont-ils à l'aise avec cette question car, après tout, elle relève aujourd'hui en France de ce que l'on qualifie volontiers de la sphère privée ? La première idée qui vient à l'esprit face à cette question – si l'on écarte bien entendu la curiosité de l'interlocuteur – est « pourquoi me demande-t-on cela ? » Puis, « ai-je dit ou écrit quelque chose dans ma manière d'aborder l'histoire protestante qui le supposerait ? » Et donc, enfin, « ai-je commis un crime de lèse-scientificité dans ma façon de rendre compte du passé protestant ? »

Nous reviendrons sur cette interrogation mais, pour poursuivre sur la question de l'affichage de la foi protestante, certains chercheurs n'en laissent rien paraître, certains même cultivent un certain flou, d'autres l'affichent ouvertement. Personnellement, j'appartiens à cette dernière catégorie et j'ai consacré, dans mon mémoire « d'ego-histoire » d'Habilitation à diriger les recherches, une page sur mon protestantisme ou plutôt sur ma conversion au protestantisme[16]. Je ne m'en cache pas parce que cette question de l'appartenance à la Réforme, qui m'a amusée au début, est devenue à force lassante, autant donc faire en sorte qu'elle ne soit plus posée.

D'autres historiens évoquent leur appartenance au protestantisme à l'occasion de leur production scientifique, telle Janine Garrisson qui, dans son ouvrage sur la révocation de l'édit de Nantes, a écrit : « je me dois d'avertir le lecteur que j'appartiens à une lignée de protestants et que cette histoire est donc aussi celle de mes ancêtres[17] ». On peut

16 Dossier d'Habilitation à diriger les recherches « Le protestant et le sauvage : modalités de vie commune et paroles publiques », sous la direction de Philippe Boutry, Paris I Panthéon Sorbonne, 2015 : volume 1 : *Rapport de synthèse*, p. 31.

17 Garrisson, Janine., *L'Édit de Nantes et sa révocation. Histoire d'une intolérance*, Paris, Seuil, 1985, p. 8.

également considérer que les universitaires qui ont accepté d'avoir une notice dans le *Dictionnaire des protestants* dont le premier tome a été publié l'an dernier par Patrick Cabanel et André Encrevé font également partie de ce genre-là. Tout comme les universitaires qui sont membres du Comité de la Société de l'histoire du protestantisme français : l'ancien *Bulletin de la Société* devenu, depuis janvier 2016, la *Revue de l'histoire du protestantisme*, publie la liste des membres du Comité, elle est donc facilement accessible à tous. On peut enfin considérer dans cette catégorie, les historiens en poste dans des établissements du supérieur comme les Instituts protestants de théologie, à Paris, à Montpellier mais aussi, à la Faculté de théologie protestante de Strasbourg. Afficher ou non sa foi, est un choix personnel, sans doute aux motivations variées : volonté de dire d'où l'on parle, désir de se placer dans une tradition familiale, fierté d'appartenance à une histoire particulière... tout est sans doute possiblement admissible. Est-ce alors un avantage ou un inconvénient pour écrire l'histoire du protestantisme ?

DE L'USAGE DE SA FOI POUR L'HISTORIEN DU PROTESTANTISME

Comment ces historiennes et historiens protestants qui travaillent sur le protestantisme vivent-ils leur rapport à la foi dans leur travail ? J'ai mené une petite enquête auprès de quelques collègues. Le premier élément à remarquer est que, pour ceux qui m'ont répondu, ils ne sont pas venus à l'histoire du protestantisme parce qu'ils étaient protestants. Mais, comme souvent dans un parcours de recherche, cela a pu résulter d'une rencontre avec un professeur d'université avec lequel ils souhaitaient travailler, ou bien cela a pu être la continuité évidente d'études antérieures comme celles de théologie ou encore, simplement, le choix de faire de l'histoire d'un moment ou d'un groupe. Pour certains, cela résultait de la volonté de travailler sur l'histoire d'une minorité religieuse. Tel était mon cas, et cela aurait pu être l'histoire du judaïsme mais, à l'université d'Aix-en-Provence où je m'étais inscrite en maîtrise, le professeur Moulinas venait d'être nommé à l'université d'Avignon et Gabriel Audisio m'a proposé de travailler sur la communauté protestante de La Roque d'Anthéron[18]. Parfois même, c'est « par hasard » qu'une collègue s'est mise à faire de l'histoire du protestantisme : on lui a demandé d'écrire sur différentes thématiques touchant les protestants et elle a donc développé un pan de sa recherche dans ce domaine. Au final, nous retrouvons ici les raisons classiques qui font que l'on choisit un sujet de thèse, que l'on infléchit parfois son sujet initial d'études au cours de sa carrière. Rien de particulier ni de spécifique donc chez ces historiens protestants dans les motivations du choix d'écrire sur l'histoire protestante. Je note toutefois que, pour une réponse, on m'a indiqué « comme j'étais protestant, [le directeur avec lequel je voulais travailler] m'a conseillé de m'orienter dans cette direction ». Cette formulation est intéressante car elle révèle que c'est donc de l'extérieur du protestantisme, plus que des protestants eux-mêmes, que cette « filiation naturelle » entre appartenance au protestantisme et faire de l'histoire du protestantisme se crée. Évidemment, pour les personnes qui se sont converties comme moi, cette question ne vaut pas vraiment, et je dirai avec d'autres de mes collègues dans le même cas, que ce sont mes premiers travaux sur le protestantisme qui m'ont amené vers le calvinisme et non l'inverse. L'histoire que j'écris, contrairement à Janine Garrisson, n'est donc pas celle de mes ancêtres, tous catholiques et italiens.

Si on ne fait pas de l'histoire du protestantisme parce qu'on est protestant, est-ce qu'être protestant est un avantage pour travailler sur le protestantisme ? Un collègue m'a répondu que « c'était une motivation supplémentaire » mais en précisant qu'il s'agissait de « mieux comprendre la confession à laquelle on appartient ». Mais pour la plupart, il n'y a aucun avantage. Quel pourrait-il être d'ailleurs ? Un meilleur accès aux sources ? Je n'en vois pas et la Bibliothèque (privée) de la Société de l'histoire du protestantisme français facilite l'accès aux chercheurs, sans tenir compte – et c'est heureux ! – de savoir s'ils sont catholiques ou protestants. Autre avantage supposé : un protestant comprendrait mieux les choses car il se trouve « à l'intérieur » de la communauté d'étude. C'est évidemment méconnaître la distance qui sépare un protestant du XXIe siècle de ce qu'était le protestantisme du XVIe siècle

18 Borello, Céline, « Les Protestants de La Roque-d'Anthéron de la Révocation à la Révolution : un siècle de résistance (1685-1790) », *Bulletin de la Société de l'Histoire du Protestantisme Français*, 142 (1996), p. 441-474.

par exemple. De ce point de vue, un protestant actuel se retrouve « à égalité » pour appréhender cette histoire avec un autre historien non protestant ou sans aucune conviction religieuse. Il y a une fausse proximité de compréhension dans le fait d'appartenir au protestantisme et tout historien en a conscience.

Le seul avantage que je vois – et il est partagé par certains de mes collègues – est que cela pousse à une vigilance accrue dans l'écriture de l'histoire. Une universitaire m'a ainsi répondu que cette vigilance valait « en matière d'approche des sources et d'appréhension des données » mais aussi dans une volonté « d'intégrer un comparatisme ». C'est-à-dire de voir également ce qui se passe chez les catholiques au même moment. Je me retrouve assez dans cela mais plus particulièrement pour les enseignements. Car être historien du protestantisme ce n'est pas qu'écrire l'histoire de cette minorité c'est aussi l'enseigner à des étudiants, la divulguer à un public qui n'est pas toujours universitaire à l'occasion de conférences notamment. Et c'est dans ces cas précis que la volonté de comparer pour moi est la plus forte. Par exemple, je suis toujours attentive dans ma manière d'aborder les affrontements religieux du XVIe siècle de parler des violences à l'égard des protestants *et* des catholiques ; quand j'évoque l'intransigeance théologique de l'Église catholique de l'époque moderne, j'explique assez volontiers que les réformateurs protestants tels Luther ou Calvin n'étaient pas plus tolérants en matière de dogme et de pratiques. Il y a bien sûr ici une volonté de tout historien de montrer la complexité de son objet d'étude mais aussi un souci de ne rien montrer de ce qui pourrait être une « sympathie » à l'égard d'une Église par ce que c'est à cette Église que j'appartiens.

Car la question de la « proximité » pour son sujet d'étude se pose bien entendu. Mais suis-je plus réellement en « sympathie » avec mon sujet quand je travaille sur les protestants parce que je suis protestante qu'un.e collègue athée ou catholique ? Sont-ils si nombreux les historiens à travailler sur un sujet pour lesquels ils n'éprouveraient qu'antipathie et rejet et non envie (Jean-Philippe Pierron, dans un des chapitres précédents, a utilisé le mot de « désir ») ? Je ne le crois pas. Mais cette « sympathie » pour mon sujet, n'empêche nullement l'impératif de neutralité et de scientificité du discours historique dont j'ai parlé précédemment. Elle l'accompagne, elle la rend vivante en permanence car je n'oublie pas que je suis protestante et que, justement, aux yeux de ceux qui me lisent ou m'écoutent, cette appartenance peut créer de la confusion. Être protestant quand on écrit sur l'histoire huguenote pousse à être attentif à ce que l'on écrit ou dit. Mais tous mes collègues disent en substance dans leur réponse, lorsqu'elle a aussi été celle-là, que cette attention à la vigilance dans le traitement des sources et des données est, au final, l'impératif sur lequel repose le travail de tout historien, et qu'il n'y a rien ici de spécifiquement « protestant ». Et je les rejoins parfaitement sur ce point.

Il n'est pas question de penser que les historiens non protestants ou agnostiques du protestantisme ne sont pas attentifs à la méthode scientifique que doit avoir tout universitaire mais mon appartenance au protestantisme fait que je suis plus sensible – à force peut-être d'avoir entendu cette question « es-tu protestante ? » – à être attentive à ce qui pourrait le laisser penser. L'impératif de neutralité s'exprime sans doute plus fortement dans ma manière d'enseigner et d'écrire l'histoire du protestantisme. Parfois aussi, je me suis attardée à déconstruire – avec d'autres – ce qui trop longtemps a été la manière de penser une forme de protestantisme « héroïque » à travers le temps. Par exemple, l'idée que les protestants de l'époque moderne sont majoritairement des urbains, lettrés, et appartiennent à une élite sociale ou à certains corps de métier comme a pu l'écrire Emmanuel Le Roy Ladurie par sa célèbre phrase, contredite depuis, « cardeurs huguenots, laboureurs papistes[19] ». Dans ma thèse sur les protestants de Provence au XVIIe siècle, j'ai notamment montré qu'ils étaient aussi paysans et loin d'être particulièrement lettrés[20]. De la même manière, l'idée que les protestants sont par essence républicains, cette pensée que l'on retrouve sous l'Ancien Régime et même durant « tout le XIXe siècle français, de la majorité des protestants à leurs amis et à leurs pires adversaire[21] », est une idée qui est largement réfutable et je l'ai montré notamment dans mes récents travaux sur la prédication protestante des XVIIIe et XIXe siècles[22]. En cela, je crois faire œuvre d'historienne, comme d'autres universitaires, quelle que soit leur foi – ou leur absence de foi d'ailleurs – en revisitant sans cesse le passé protestant que l'on croit établi.

---

19 Le Roy Ladurie, Émile, *Les paysans du Languedoc*, Paris, Flammarion, 1969, p. 178.

20 Borello, Céline., *Les protestants de Provence au XVIIe siècle*, Paris, H. Champion, 2004.

21 Cabanel, Patrick, *Les Protestants et la République de 1870 à nos jours*, Paris, Éditions Complexe, 2000, p. 34.

22 Borello, Céline, *La république en chaire protestante XVIIIe-XIXe siècles*, Rennes, PUR, 2017.

Bien sûr, j'espère le faire de la manière la plus scientifique possible, et comme l'a dit un de mes collègues à la question que je lui posais, « pensez-vous être 'neutre' dans vos travaux sur le protestantisme ? », ce sont avant tout « les prochaines générations d'historiens [qui] y répondront quand ils liront nos travaux… ».

Céline BORELLO
Université du Maine
CERHIO (CNRS, FRE 2004)

DE LA SYMPATHIE À L'ÉTUDE

Faire l'histoire religieuse des individus[1]

La posture de l'historien.ne croyant.e a été, dans la deuxième moitié du XXe siècle, un objet de questionnement important : que l'on pense par exemple aux écrits de l'historien jésuite Michel de Certeau[2] ou au recueil de témoignages dirigé par Jean Delumeau en 1996, *L'historien et la foi*[3], dans lequel vingt-cinq historiens et historiennes chrétiens s'étaient prêtés au jeu de répondre à deux questions : « vos convictions religieuses influencent-elles votre pratique historienne ? » et « votre familiarité avec l'histoire religieuse influence-t-elle vos prises de position en tant que croyants ? » Dans son ego-histoire publiée en 2013 sous le titre *Faire de l'histoire religieuse dans une société sortie de la religion*, Guillaume Cuchet constate encore que les « outsiders complets sont rares dans le milieu » de l'histoire religieuse, même s'ils tendent à s'y multiplier[4]. C'est d'ailleurs ce que concluent Matthieu Brejon de Lavergnée et Sara Teinturier, lorsqu'ils recensent et analysent les thèses portant sur l'histoire du fait religieux en France entre 2002 et 2013[5]. Cette tendance est le résultat du processus de laïcisation de l'histoire religieuse entamé depuis la fin du XIXe siècle avec l'avènement de sciences sociales comme la sociologie l'ethnologie puis l'anthropologie, et la poursuite d'une nouvelle objectivité en histoire[6].

1 Je remercie Étienne Bourdon et Caroline Muller pour leurs conseils avisés lors de la rédaction de ce papier.

2 Et notamment à Certeau, Michel de, *L'écriture de l'histoire*, Paris, Gallimard, 1975.

3 Delumeau, Jean, *L'Historien et la foi*, Paris, Fayard, 1996.

4 Cuchet, Guillaume, *Faire de l'histoire religieuse dans une société sortie de la religion*, Paris, Publications de la Sorbonne, 2013, p. 34.

5 Brejon de Lavergnée, Matthieu et Teinturier, Sara, « La production académique d'un savoir sur le religieux : une étude des thèses en cours en France et au Québec », *Mélanges de l'École Française de Rome-Italie et Méditerranée*, 129/1, 2017 [en ligne : URL : http://mefrim.revues.org/3389 ; consulté le 20 octobre 2017].

6 Foa, Jérémie, « Histoire du religieux », dir. C. Delacroix *et al.*, *Historiographies, I, Concepts et Débats*, Paris, Gallimard, 2010, p. 272-277.

Doctorante en histoire moderne, mon inscription dans l'histoire religieuse et ses problématiques est relativement récente. Élevée dans un milieu athée où la tradition catholique n'existe qu'à l'état résiduel, c'est le hasard des programmes de concours qui a provoqué ma rencontre avec le protestantisme moderne, éveillant une curiosité nouvelle qui m'a poussée à m'intéresser aux protestants français du XVIIe siècle en master 1[7]. Puis, j'ai orienté mes recherches vers un cas particulier de protestantisme hétérodoxe, celui du savant suisse Nicolas Fatio de Duillier (1664-1753), et c'est le sujet qui continue à m'occuper aujourd'hui en doctorat. L'histoire religieuse, et en particulier celle du protestantisme, dans ses expressions tant orthodoxes qu'hétérodoxes, fait donc partie intégrante de mon parcours de jeune historienne. Que l'on définisse le christianisme comme une culture, composée de pratiques identitaires et de références collectives, comme un culte ou comme une foi, je me trouve face au protestantisme en position « d'outsider complet ».

Partant de cette situation d'extériorité confessionnelle, je propose de retracer quelques jalons de mon parcours, qui révèlent la manière dont s'est peu à peu construite ma posture scientifique pour appréhender des objets historiques très imprégnés de religieux. Cette élaboration est très fortement chevillée à ma fréquentation des sources historiques : les registres des consistoires protestants français au XVIIe siècle d'une part et d'autre part la correspondance et les imprimés produits par et sur un exalté religieux à l'aube du XVIIIe siècle.

TRAVAILLER SUR LES CONSISTOIRES RÉFORMÉS : L'IMPRÉGNATION AU SEIN D'UNE CULTURE RELIGIEUSE

N'étant protestante ni de foi, ni de culture, cette extériorité m'a paru être, dans un premier temps, un atout, dans la mesure où sur ces sujets, je n'étais pas confrontée à des enjeux intimes ni identitaires. Toutefois, l'absence d'implication personnelle directe ne signifie pas une absence de préjugés. Il était donc nécessaire de questionner mes motivations,

7 Recous, Noémie, *Les Femmes face au consistoire : pouvoirs, identités et négociations dans la province synodale de Bourgogne, 1598-1685*, mémoire de master soutenu à l'ENS de Lyon, 2011.

sachant que l'individu n'est jamais neutre quand il aborde la religion[8], quel que soit son rapport à la foi, celui de fidèle ou d'athée, d'agnostique, de pratiquant par tradition, de spiritualiste, etc. Où qu'il se situe sur ce prisme, l'individu possède en outre des sympathies et des antipathies, héritées ou acquises, qui ne sont pas nécessairement conscientisées et pas forcément en lien direct avec la religion elle-même, mais qui peuvent influer sur le regard qu'il porte sur les religions, et *a fortiori* sur un objet d'étude religieux. L'exploration intérieure, doublée d'un processus de dissociation entre l'individu et son activité de recherche sont donc essentiels pour endosser une identité de chercheur.se. Car comme le rappelait Antoine Prost dans ses leçons d'histoire, « les historiens non-engagés, qui se prétendent de purs scientifiques, sont peut-être ici plus menacés de manquer de lucidité sur leurs propres partis pris, car ils ne ressentent pas la même nécessité de se dire à eux-mêmes quelle motivation les pousse[9]. » La prise de conscience de ses propres *a priori* constitue donc un moment important de l'enquête historique, qu'il se situe en amont ou au cours de celle-ci. En ce qui me concerne, il apparaît que ma sympathie spontanée à l'égard des protestants des XVI e et XVIIe siècles relève davantage d'une sensibilité intime à la question des minorités persécutées et aux processus d'imposition d'une norme dominante, que d'un attachement à une culture ou un dogme particulier. Une fois révélé et mis à distance, ce préjugé positif devient plus aisément identifiable, et peut ainsi être traqué à chaque étape du travail de recherche. Si une bienveillance spontanée envers les minorités en tant que telles doit être systématiquement déconstruite et questionnée, la focalisation sur les processus constitutifs des groupes minoritaires et leurs dynamiques, du point de vue de l'identité et du rapport à la majorité notamment, constitue un débouché scientifiquement pertinent au préjugé initial. La curiosité se transforme alors en motivation sur le temps long de la recherche. C'est d'ailleurs dans le choix des sujets et objets que Michel de Certeau identifie, dès 1975, le lieu d'expression d'un engagement religieux ou d'une foi, considérant que si l'on ne peut plus faire d'histoire religieuse « en chrétien[10] », on peut en faire parce que chrétien. Cette vision est partagée par un grand

8 Prudhomme, Claude, « Donner la priorité à l'historicité du christianisme », dir. J. Delumeau, *L'Historien et la foi*, *op. cit.* p. 245.

9 Prost, Antoine, *Douze leçons sur l'histoire*, Paris, Seuil, 1996, p. 97.

10 Certeau, Michel de, *L'Écriture de l'histoire*, *op. cit.* p. 149.

nombre d'historiens et historiennes interrogés par Jean Delumeau dans son enquête, et par Guillaume Cuchet, qui souligne la « permanence d'une confessionnalité discrète, marquée par le choix des sujets, ou la finalité secondaire des études[11]. » Au même titre que la sympathie spontanée ou la croyance, les effets de familiarité que l'historienne peut ressentir face à son objet, quelles qu'en soient les causes, doivent être déconstruits. Même dans le cas des périodes relativement récentes, la distance temporelle et les changements de contextes introduisent des différences dans les représentations et les pratiques, qui peuvent parfois être dissimulées par l'emploi d'un même terme sur la durée.

Face au protestantisme, j'étais démunie. Il m'a fallu me plonger dans un mode de vie et de figuration du monde dont je ne connaissais ni le fonctionnement ni les valeurs. Pour ce faire, deux principes théoriques m'ont été très utiles : ne pas juger des croyances examinées, et prendre au sérieux l'ensemble des enjeux exprimés dans mes sources. Ces choix relèvent de deux postures proches l'une de l'autre : l'empathie et l'agnosticisme méthodologique. Si la sympathie spontanée, au sens d'un *a priori* positif immédiat ressenti envers l'objet d'étude, doit être écartée, l'empathie, définie comme « la capacité de s'immerger dans le monde subjectif d'autrui [...] de capter la signification personnelle des paroles de l'autre [...] d'une réceptivité aux réactions d'autrui [...] tout en demeurant émotionnellement indépendant[12] » s'avère porteuse. Dans la tradition historique française[13], on trouve plutôt le concept de « sympathie », présenté comme la capacité à se projeter auprès d'autrui, et exigeant d'admettre, à titre d'hypothèse, les croyances des individus étudiés et leur sincérité[14], pour les « comprendre de l'intérieur[15] ». Les deux concepts semblent donc recouvrir un positionnement similaire.

L'agnosticisme méthodologique constitue aujourd'hui la norme du travail académique en histoire religieuse[16]. Quelles que soient ses

---

11 Cuchet, Guillaume, *Faire de l'histoire religieuse*, *op. cit.* p. 34.

12 Mucchielli, Alex (dir.), *Dictionnaire des méthodes qualitatives en sciences humaines et sociales*, Paris, Armand Colin, 1996, p. 55-56.

13 Dans la continuité des travaux d'Henri-Irénée Marrou, notamment de Marrou, Henri-Irénée, *De la connaissance historique*, Paris, le Seuil, 1954.

14 Bernos, Marcel, « Historien et chrétien », dir. J. Delumeau, *L'Historien et la foi*, *op. cit.* p. 11.

15 Prudhomme, Claude, « Donner la priorité à l'historicité du christianisme », art. cité, p. 245.

16 Le concept a d'abord été utilisé en sociologie des religions, à partir des travaux du philosophe britannique Ninian Smart, mais s'est largement développé dans les études historiques du fait religieux.

convictions personnelles, l'historien.ne suspend son jugement sur le sens (par exemple providentiel ou positiviste) qu'il ou elle peut par ailleurs percevoir dans l'histoire, et ne considère aucune cause initiale comme porteuse de valeur explicative. Il ou elle n'appréhende pas non plus les croyances du point de vue du vrai et du faux, mais en cherche les ressorts, collectifs ou individuels, et les contextualise. C'est bien ce que suggère Marc Lienhard quand il définit l'histoire comme le récit d'une réalité humaine, dont l'objet n'est pas Dieu lui-même mais les hommes qui ont cru et croient en lui[17]. Partant de là, que l'on ait la foi ou pas, il est nécessaire de reconnaître que l'idée de Dieu est une réalité historique qui a eu, et a encore, des conséquences concrètes sur les hommes et les femmes qui y croient, et sur ceux et celles qui n'y croient pas. Le corollaire de ce positionnement est de permettre à tout historien.ne, croyant.e ou non, de pouvoir porter une parole légitime sur l'histoire religieuse, et de sortir des histoires internalistes (au sens de produites uniquement par des membres des communautés ou groupes religieux) et des chasses gardées, contraires à la démarche scientifique contemporaine.

Une fois posés ces principes, la lecture a été le moyen d'entrer dans le vif du sujet. Les productions des historiens et historiennes m'ont permis de comprendre les enjeux liés à l'étude de certains objets dans leurs contextes, de formuler des questionnements pertinents et de découvrir les types de sources qui pouvaient être utiles à mon investigation. Mais d'autres lectures, notamment de droit et d'histoire de la théologie m'ont aussi été nécessaires, afin de comprendre l'univers mental et légal dans lequel je me situais. Se focaliser sur des groupes dont l'identité sociale comporte une dimension religieuse dominante implique de connaître les contenus des croyances et les enjeux qui y sont liés, en particulier dans le contexte confessionnel spécifique de la France de l'Édit de Nantes. Mais en choisissant comme objets les communautés de fidèles et non les théologiens ou les juristes, il convient d'avoir conscience du décalage qui existe entre les préceptes dogmatiques tels qu'ils sont énoncés par les théologiens et les synodes, la manière dont les pasteurs et les consistoires se les approprient et les transmettent, et celle dont les fidèles les reçoivent et les vivent. Il faut donc être très attentif à la manière

17 Lienhard, Marc, « Du chantier historique à l'engagement aujourd'hui », dir. J. Delumeau, *L'Historien et la foi*, *op. cit.* p. 173.

dont chacun des acteurs figurant dans les sources parle du dogme, de ses pratiques, de sa croyance et de son Dieu. Mes principales sources ont été les registres consistoriaux, documents enregistrant le déroulement des séances du consistoire (composé de pasteurs et d'anciens), et notamment les comparutions des membres de la communauté. Volontaires ou imposées, ces comparutions avaient pour but de résoudre une situation problématique entre plusieurs membres de la communauté, de procéder à une conversion, d'admonester voire de punir un membre de la communauté contrevenant aux règles établies. Il était par exemple interdit aux protestants de se rendre à la messe catholique, mais aussi d'aller danser au bal ou d'assister à des représentations théâtrales ; lorsqu'ils désobéissaient, les contrevenants et contrevenantes étaient convoqués devant le consistoire pour y subir admonestations et remontrances.

Mon traitement de ces sources a été fortement marqué par l'intérêt renouvelé à partir de la décennie 1990 pour les institutions religieuses. Dans ces années, les historien.ne.s ont entrepris d'analyser précisément leur fonctionnement interne, les acteurs les composant, ainsi que leurs interactions avec les populations, notamment les entreprises d'imposition de normes de comportement. L'un des concepts clefs de cette historiographie, qui a apporté un éclairage stimulant à ma recherche, est celui de « confessionnalisation[18] ». Il renvoie à un processus d'affirmation des identités confessionnelles, passant par la codification et la diffusion de normes sociales et de normes de comportement strictes, tant du côté catholique que du côté protestant. Son élaboration résulte de la sortie d'approches purement confessionnelles, pour entrer dans des perspectives comparatistes fructueuses. Ainsi, l'interdiction protestante d'aller au bal relève non seulement d'une volonté de limiter les interactions avec le voisinage catholique, mais aussi de valoriser une humilité définie comme protestante, en opposition à une exubérance identifiée comme catholique. Si ce concept a depuis été critiqué, il a été une grille de lecture efficace pour décrire les tentatives des consistoires de régler la vie quotidienne de leurs fidèles, dans le contexte spécifique de la France du XVIIe siècle.

L'ouverture du champ des études du fait religieux à d'autres historiographies contribue aujourd'hui à la formulation de nouvelles problématiques. L'histoire des femmes et du genre contribue de manière

18 Pour un bilan historiographique sur ce concept, voir Duhamelle, Christophe, « Confession, confessionnalisation », *Histoire, monde et culture religieuse*, n° 26, 2013/2, p. 59-74.

significative à ce renouveau[19]. Utilisant des outils d'analyse venus de ce champ, j'ai pu poser la question des relations des femmes aux autorités consistoriales (incarnées par des hommes), tant du point de vue de leur capacité d'action et de résistance aux injonctions, que de celui de la place qui était la leur au sein des communautés protestantes dans leur ensemble.

Au cours de cette investigation, un cas m'a particulièrement interpellée : celui des conversions de catholiques au protestantisme. Les motifs de la conversion ne sont que rarement mentionnés dans les registres. Certains éléments justifient néanmoins d'énoncer des hypothèses : un projet de mariage, ou encore une prise en charge par la communauté dans des conditions d'extrême vulnérabilité (les femmes enceintes non-mariées par exemple). Du point de vue méthodologique, il est difficile de considérer ces explications matérielles comme des causes suffisantes, même si certaines conversions ont pu être tout à fait pragmatiques. D'autant plus que certaines résistent à ces interprétations sociales, et le contexte de minorité et de difficultés matérielles des communautés réformées ne rend que plus intrigantes ces conversions sans intérêts matériels apparents. La seule issue possible me paraît être de reconnaître que l'on a atteint un point limite à l'historicisation[20] : la foi individuelle non-verbalisée. Confrontée à des individualités, et limitées par mes sources, j'ai donc admis que des motivations spirituelles profondes étaient tout aussi recevables et efficaces que des motifs matériels pour expliquer une conversion. Les sources ne permettant pas d'en savoir ni d'en dire davantage, je me suis contentée de fournir des hypothèses multiples. Ce renoncement positif rappelle à l'historien.ne qu'il ou elle est avant tout tributaire des sources.

Ce premier travail a ainsi été pour moi l'occasion d'entrer dans l'histoire religieuse par une approche sociale et culturelle, de m'approprier des outils d'analyses spécifiques pour pénétrer dans un monde face auquel j'étais en situation d'extranéité totale.

---

19 Brejon de Lavergnée, Matthieu et Della Sudda, Magali (dir.) *Genre et christianisme. Plaidoyers pour une histoire croisée*, Paris Beauchesne, 2015.

20 Par rapport aux sources dont on dispose. Le sentiment religieux peut cependant être historicisé par le recours à d'autres sources, et à d'autres sciences sociales comme l'anthropologie religieuse.

L'HISTORIENNE FACE À L'INDIVIDU

Mes recherches actuelles portent sur un individu, le mathématicien suisse Nicolas Fatio de Duillier, qui a vécu la majeure partie de sa vie à Londres et a été un fervent défenseur des *French Prophets*, un groupe de cévenols réfugiés qui prophétisaient à Londres. Fatio devint très vite le secrétaire de leurs inspirations, les transcrivant et publiant à ses frais, ce qui lui valut de nombreuses attaques lorsque peu de temps après le début de leurs activités, les prophètes furent victimes de la vindicte populaire. L'historiographie de la fin du XVIIIe siècle jusqu'au XXe siècle a jugé de manière négative l'engagement de Fatio auprès des prophètes, le regardant comme fou, ou manipulateur, considérant qu'il avait abandonné une carrière savante prometteuse pour se livrer à des excentricités. Ces jugements ne présentent pas d'intérêt historique, si ce n'est sur les périodes à laquelle ils ont été portés. Il est plus fécond de se pencher sur les ressorts et moyens d'expression de l'engagement religieux d'un savant, membre de la prestigieuse *Royal Society* de Londres, au début du XVIIIe siècle. Le corpus de sources portant sur Fatio est constitué de sa correspondance, dans laquelle il a parfois exprimé la force de sa conviction, et de pamphlets imprimés (partisans ou pamphlétaires) relatant les actions des prophètes dans lesquelles fut engagé Fatio, et dont certains l'évoquent nominalement.

Comment comprendre l'expérience de Fatio parmi les prophètes sans en donner une vision caricaturale ou réductrice ? Comme avec les protestants du XVIIe siècle, j'ai commencé par postuler sa bonne foi, écoutant sérieusement ce qu'il exprime dans sa correspondance à propos de son rapport à Dieu et de ses « instruments », les prophètes, suspendant mon jugement en vertu de mon empathie pour lui et de l'agnosticisme méthodologique. Il ressort de cela que Fatio affirme une croyance forte et entière en la vérité de l'inspiration des prophètes, s'identifiant à un martyr pour la foi, au moment le plus intense du scandale. Mais une fois cela décrit, comment aller plus loin ? La nature profonde de l'expérience religieuse de Fatio est inaccessible. Comme le formule Guillaume Cuchet, pour une période plus récente, « quand on en arrivait aux destins individuels dans ce qu'ils avaient de plus singulier, la matière résistait à l'historicisation[21] ».

Mais cette irréductible singularité des individus et de leur expérience religieuse intime n'empêche pas une démarche empathique, visant à cerner le sens et les enjeux liés à cette religion vécue. La familiarisation avec les références culturelles de Fatio et son « univers mental » permet ainsi de suivre des pistes et formuler des hypothèses sur les éléments qui ont pu jouer un rôle dans sa réception favorable des prophètes. De ce point de vue, les apports de l'histoire des mentalités sont importants. Développé à partir des années 1970, sous l'influence de l'anthropologie, ce courant historiographique a orienté les recherches vers le sacré et le surnaturel, par-delà la religion des institutions et des dogmes. Les croyances du plus grand nombre sont devenues les objets d'étude des historien.ne.s, au travers de grandes thématiques comme la peur, ou le Paradis, pour citer les ouvrages désormais classiques de Jean Delumeau[22]. Cette entrée par les croyances a permis d'ouvrir l'histoire religieuse à celle des hérésies, du surnaturel, de la magie, de la sorcellerie, des sectes[23]. Croyances et foi ont été dénaturalisées pour devenir des objets historiques. L'ouvrage de Jean Delumeau sur le paradis m'a particulièrement intéressée, dans la mesure où il traite dans la longue durée du phénomène du millénarisme, cette croyance en l'avènement d'une période de mille ans de bonheur précédant le Jugement Dernier, une croyance formulée par Fatio au début du XVIIIe siècle. Cette analyse sur la longue durée m'a permis de réinscrire Fatio dans une histoire plus générale des croyances, et de prendre conscience de la force des traditions et héritages, par-delà les seuls dogmes. Une autre lecture s'est révélée très inspirante : celle du livre de Carlo Ginzburg sur le meunier frioulan Menocchio. En travaillant sur Menocchio, Ginzburg avait pour ambition de contribuer à l'exploration par les marges d'une culture conçue comme « un horizon de possibilités latentes – une cage flexible et invisible dans laquelle exercer sa propre liberté conditionnelle[24] ». À travers les

21 Cuchet, Guillaume, *Faire de l'histoire religieuse*, *op. cit.* p. 38.

22 Delumeau, Jean, *La Peur en Occident (XVIe-XVIIIe siècles)*, Paris, Fayard, 1978 ; *Une histoire du paradis*, t. I : *Le Jardin des délices*, t. II : *Mille ans de bonheur*, t. III : *Que reste-t-il du paradis ?*, Paris, Fayard, 1992, 1995, 2000.

23 Foa, Jérémie, « Histoire du religieux », *op. cit.* p. 277.

24 Ginzburg, Carlo, *Le Fromage et les vers. L'univers d'un meunier du XVIe siècle*, Paris, Flammarion, 1980, p. 16.

références mobilisées par le meunier, l'historien souhaitait donner un inventaire des éléments culturels qui avaient contribué à l'élaboration de sa cosmologie particulière, et de souligner ainsi la variété des possibilités d'expressions d'un regard sur le monde au sein d'une culture donnée. Je suis donc partie en quête des lectures et références de Fatio, afin de tenter de reconstituer son « horizon de possibilités latentes ».

Pour enrichir l'interprétation de l'expérience religieuse de Fatio, les formes d'expression choisies pour la rendre manifeste constituent une piste à explorer. Cette approche m'a été inspirée par la « biographie en contexte » du jeune inspiré néerlandais du XVIIe siècle Willemsz Evert dit Bogardus, écrite par l'historien néerlandais Willem Frijhoff[25]. Ce dernier examine un succès : il explique la transformation par un jeune homme d'une expérience personnelle intérieure – mystique en l'occurrence – en élément structurant de son identité sociale, et garant d'une forme de reconnaissance sociale et de prestige. L'historien analyse les mises en discours opérées par le jeune homme, les registres et références mobilisés pour qualifier son expérience et les stratégies de publicisation de celle-ci, notamment sous la forme imprimée. Cette méthode entraîne la formulation d'une nouvelle série de questions à poser à mes sources : quels termes Fatio emploie-t-il pour parler de Dieu, de sa croyance ? Pour qualifier son expérience ? Quelles références mobilise-t-il ? Comment se positionne-t-il dans la société, et face aux institutions religieuses ? Dans quels contextes parle-t-il de Dieu ? Sur quels supports ?

Dans le cas de Fatio, on peut se demander plus spécifiquement ce qui a fait qu'à ce moment de son parcours, le prophétisme des camisards lui a paru la forme la plus adéquate pour exprimer un regard sur le monde, et la plus vraie pour exprimer un rapport à Dieu. Pour alimenter cette réflexion, deux courants historiographiques fournissent des éléments précieux : les travaux sur sciences et religion, venus du monde anglophone, et l'histoire des savoirs. Depuis les années 1990, l'historiographie anglaise remet en cause l'idée de la Révolution scientifique, non seulement en tant que phénomène unifié[26], mais aussi comme moment de triomphe de la science sur la religion, soulignant que les termes mêmes de « science » et

25 Frijhoff, Willem, *Fulfilling God's mission : the two worlds of Dominie Everardus Bogardus, 1607-1647*, Leyde, Brill, 2007.

26 Lindberg, David C. et Westman, Robert S. (éd.), *Reappraisals of the scientific revolution*, Cambridge, Cambridge University Press, 1990.

« religion » constituent des anachronismes pour l'époque moderne, et que ces deux registres de discours sur le monde sont en réalité intrinsèquement liés[27]. L'histoire des savoirs propose, elle, une interprétation englobante de la notion de savoirs, qui fait entrer les croyances dans ce domaine, puisque du point de vue de ceux qui les vivent, elles sont porteuses d'une valeur cognitive[28]. Également venue du monde anglophone, elle invite à explorer les interactions entre les discours savants et les discours religieux, leur rivalité ou leur complémentarité dans l'expression d'une vision du monde. Ces deux démarches sont pertinentes pour aborder le cas de Fatio, celui-ci ayant une activité savante toute sa vie, notamment en astronomie et en mathématiques. Elles permettent d'aborder la religion comme un discours sur le monde à valeur cognitive, ce qui est particulièrement adapté pour l'étude des sciences à l'époque moderne. En effet, jusqu'au milieu du XVIIIe siècle, l'inscription de la philosophie naturelle dans un cadre chrétien est un enjeu fondamental pour les savants, incarné dans la théologie naturelle, la théologie physique, ou encore la métaphysique[29]. Dans la pensée de Fatio, son travail savant et sa personne sont des instruments privilégiés de la Providence, choisis pour révéler des secrets dissimulés de la nature[30]. Pour saisir le sens de ses travaux savants, il faut donc s'intéresser au rôle qu'il attribue à Dieu et à la Providence dans le monde.

Ces différentes démarches méthodologiques permettent ainsi une contextualisation très précise et un décryptage des croyances de Fatio, envisagées dans leur relation avec la culture de son époque. Je propose d'analyser sa religion sous différentes facettes[31] : à la fois comme une

27 Voir notamment Brooke, John Hedley, *Science and religion : some historical perspectives*, Cambridge, Cambridge University Press, 1991 ; Dixon, Thomas, Cantor, Geoffrey et Pumfrey, Stephen (dir.), *Science and religion : new historical perspectives*, Cambridge Cambridge University Press, 2010 ; Harrison Peter (dir.), *The Cambridge companion to science and religion*, Cambridge, Cambridge University Press, 2010.

28 Pour une synthèse stimulante sur l'histoire des savoirs, voir Burke, Peter, *What is the history of knowledge ?*, Cambridge, Polity Press, 2016.

29 Ces différentes articulations entre philosophie naturelle et religion sont particulièrement bien étudiées par la nouvelle histoire intellectuelle anglophone, une des formes de l'histoire des savoirs, et notamment Gaukroger, Stephen, *The Collapse of Mechanism and the Rise of Sensibility : Science and the Shaping of Modernity, 1680-1760*, Oxford, Oxford University Press, 2011.

30 Si la Providence avait fait son entrée dans la vision du monde de Fatio dès la décennie 1690, sa rencontre avec les prophètes en 1706 a renforcé son rôle, et elle a continué à s'affirmer jusqu'à la fin de sa vie.

31 Ce découpage en différents éléments relève du travail d'analyse de l'historien.ne : ils coexistent au sein de l'individu et ne sont pas vécus de manière distincte.

expérience collective du monde dans le temps et l'espace (inscription dans une tradition de croyants et dans une fraternité contemporaine), comme un discours sur le monde porteur de sens et de connaissances en liens étroits avec des pratiques savantes, et enfin comme une expérience intime, partiellement mise en mots grâce à un répertoire culturel disponible, mais dont on ne peut pas toucher la nature profonde. Ce dernier aspect constitue la limite de ce que l'historien.ne peut prétendre discuter et analyser, et cela n'a pas de lien avec un sentiment religieux personnel ou une extranéité confessionnelle. Apprivoiser cette frontière garantit de rester dans le domaine de l'histoire scientifique.

CONCLUSION

Une situation d'extériorité confessionnelle et culturelle n'est pas un handicap dans la pratique de l'histoire religieuse. Elle n'empêche pas la construction d'un regard scientifique permettant d'appréhender les phénomènes religieux sous toutes leurs formes. Les évolutions de l'histoire du fait religieux dans la deuxième moitié du XXe siècle, et son ouverture actuelle aux autres champs historiographiques et aux sciences sociales participent à un renouvellement très riche des questions, l'élaboration de nouveaux outils d'analyse, et la diversification des intérêts des historien.ne.s quel que soit leur rapport personnel à la religion et à la foi.

La posture historienne a pour attribut principal la distance : la distance temporelle tout d'abord, qui existe entre l'historien.ne et son objet, distance génératrice de décalage et d'étrangeté, particulièrement pour des périodes éloignées comme celle de l'époque moderne. Reconnaître l'effet de cette distance temporelle et déconstruire les effets de familiarité que l'on peut parfois ressentir face aux sources anciennes sont des moyens de se prémunir contre les discours généalogiques faciles, et le primat d'une mémoire affective et idéologique sur l'histoire dans la sphère publique. Mais la distance est également celle de l'historien.ne face à lui-même, produite par une élucidation de ses propres présupposés, préjugés et engagements. Ce travail est d'autant plus nécessaire qu'en sciences humaines et sociales, les objets d'études entretiennent toujours un lien avec la personnalité du chercheur, que ce soit du point de vue des engagements, des sympathies ou même du rejet et du détachement[32]. Cette double-distance n'est jamais acquise, même en situation d'extériorité confessionnelle totale : elle est toujours à construire et à dire.

Noémie Recous
Université de Lyon (Jean Moulin)
UMR 5190 LARHRA

32 Prost, Antoine, *Douze leçons sur l'histoire*, *op. cit.*, p. 92.

ÉTUDE DES FAITS ISLAMIQUES ET COMBAT CONTRE L'ISLAMISME ET L'ISLAMOPHOBIE

Mon parcours d'enseignant-chercheur en islamologie et en science politique doit énormément à mes engagements politiques qui ont connu un net infléchissement avec les images de la révolution islamique en Iran et du retour triomphal de Khomeiny à Téhéran le 1er février 1979. J'étais en prison, à Borj Erroumi, près de Bizerte, en Tunisie où nous avions obtenu, deux ans auparavant, le droit de regarder la télévision. Je n'ai pas vu dans les images de la foule en délire accueillant ce théocrate d'un autre âge « la volonté générale du peuple en marche » à l'instar de ce que Michel Foucault y a perçu, mais la montée d'un péril obscurantiste qui sonnait la fin du rêve d'un « avenir radieux ». Je ne sais pas si mes camarades ont éprouvé le même sentiment que moi. Nous étions quelque quarante détenus politiques condamnés pour appartenance à la même organisation de l'extrême gauche tunisienne, *Perspectives-le Travailleur Tunisien*, devenue une organisation maoïste entre 1968 et 1974, avec des divergences et des scissions qui n'étaient pas sans rapport avec les évolutions qui ont conduit à la marginalisation des idéologies de gauche et à la montée de l'islam politique[1]. Nous étions tellement divisés et las de nos querelles idéologiques que nous n'avons pas discuté de cet évènement qui a marqué un tournant dans l'histoire des mondes de l'islam. À partir de ce moment, j'ai pris conscience de l'importance de la laïcité et des droits humains dans les combats à venir que la gauche, telle que je la rêvais, aurait à livrer. C'est alors que j'ai commencé à m'intéresser aux rapports entre « Religion, État et droits humains[2] »,

---

1 J'ai analysé cette expérience dans un récit autobiographique paru en 2015 : *Prison et liberté*, Tunis, Mots passants, 2015.

2 « Al-dîn w'al-dawla wa huqûq al-insân » (Religion, État et droits humains), dans la revue *'UTRÛHÂT*, Tunis, 1983.

titre d'un premier article de réflexion que j'ai publié en arabe dans une revue de gauche paraissant en Tunisie au début des années 1980, article qui m'a valu la haine des islamistes et des ripostes virulentes de la part de mes camarades de gauche encore attachés à la « dictature du prolétariat », aux critiques marxistes de la « démocratie formelle » et au dédain à l'égard des « droits de l'homme bourgeois ». Mon mémoire de DEA et ma thèse en science politique, réalisés entre 1985 et 1989, portaient le même titre[3].

Jusqu'en 1984, j'étais en Tunisie où j'ai enseigné, dans le secondaire, le français et la philosophie et où j'ai participé à la fondation de la section tunisienne d'Amnesty International tout en poursuivant le combat pour l'unification de la gauche sur la base de la double démarcation avec le régime autoritaire en place et avec l'islam politique revigoré par l'avènement de la République islamique en Iran, pour une alternative démocratique, laïque et socialement progressiste. La lecture de la thèse latine de Jean Jaurès[4], *Les origines du socialisme allemand*, a été décisive dans la maturation d'une démarche plaçant la morale et les droits humains au cœur de l'action politique en rupture avec une expérience ancrée dans le rejet de ces droits. Par ailleurs, les rudiments que j'ai gardés de ma fréquentation de l'école coranique avant l'intégration tardive de l'école primaire, et ma connaissance précoce, dès le collège, des débats théologiques et des controverses entre philosophes et théologiens dans le monde musulman, les cours d'islamologie de Mohamed Arkoun et d'Ali Mérad à l'université de Lyon au début des années 1970, me donnaient des armes que nous étions peu à pouvoir manier dans l'affrontement avec les islamistes qui préféraient débattre avec des adversaires qui ne connaissaient rien à la culture et à la pensée musulmanes. Cependant, la tonalité générale de l'argumentation déployée à l'encontre de l'islam politique ne faisait pas la distinction entre l'islam comme religion et son instrumentalisation idéologique par les islamistes, d'une part, et,

3 *Laïcité et droits de l'Homme dans lapensée politique arabe contemporaine* : Le mémoire de DEA fut soutenu à l'IEP de Lyon en septembre 1986 et la thèse a été présentée à l'IEP-Université Lyon2 en octobre 1989 (les deux sous la direction de Luc Ferry). La thèse donna lieu à une publication : *Islamisme, laïcité et droits de l'Homme*, Paris, L'Harmattan, 1991, réédition actualisée en 2012 en Tunisie par Amal Éditions sous le titre *Islamisme, laïcité et droits humains*.

4 Jaurès, Jean, *Les origines du socialisme allemand*, trad. Adrien Veber, Paris, Les Écrivains Réunis et F. Maspéro, 1927.

d'autre part, par l'islamophobie dont on n'avait pas assez conscience à l'époque, notamment dans la rive sud de la Méditerranée où nous étions obsédés par la montée de la menace islamiste. C'est le retour en France, en 1984, et la reprise des études universitaires qui ont transformé ce qui était une cible au centre de mes engagements politiques en objet de recherche : l'islam politique est devenu, en effet, depuis 1985-1986, une partie des matières que j'ai enseignées en islamologie et histoire des idées politiques et religieuses au Département d'Études Arabes, en Formation Continue et à l'Université Tous Âges (UTA) à l'Université Lyon 2, et en Science politique à l'IEP de Lyon. Il est aussi un objet central de ma recherche et de mes communications dans les colloques et rencontres scientifiques, de mes publications et de mes interventions médiatiques tout en continuant à faire partie de mes préoccupations politiques. L'objet de cette réflexion est de voir dans quelle mesure cela n'a pas biaisé mon regard de chercheur ! Je dis tout de suite que j'ai toujours assumé cette imbrication dont j'étais conscient, que je n'ai jamais cherché à cacher en sachant que les sciences sociales et humaines sont toujours exposées aux effets des fidélités éthiques, philosophiques, spirituelles, politiques, sociales et culturelles de celles et ceux qui s'y adonnent : le chercheur n'est pas un être désincarné, sans convictions, et il n'a pas à l'être. Il peut crier sur tous les toits la « neutralité » et l'« objectivité » de son regard et de sa démarche. Plus il le crie, moins il est crédible. Il vaut mieux être conscient du poids de nos partis-pris et en tenir compte pour en limiter les effets que prétendre qu'on n'en a pas. Ce qui compte ce ne sont pas les professions de foi mais les résultats. La scientificité exigée est de satisfaire à l'exigence de produire un « discours falsifiable », au sens de Karl Popper, c'est-à-dire un discours donnant la possibilité à la communauté scientifique d'en discuter la démarche, les outils et les résultats que ce soit pour les réfuter ou pour les confirmer. L'esprit scientifique consiste précisément en cette attitude considérant les théories que l'on défend comme des « vérités provisoires » qu'on est prêt à réinterroger et remettre en cause dès lors que la discussion scientifique démontre leurs limites ou leur caractère erroné.

DE « L'ISLAMOLOGIE CLASSIQUE » À « L'ISLAMOLOGIE APPLIQUÉE » DE MOHAMED ARKOUN

Dans les années 1980, en France, mes premiers travaux dans le domaine de la recherche étaient marqués, comme ceux de la plupart des chercheurs, par la montée de la vague de l'islamisme, ou de l'islam politique, à la suite de l'avènement de la République islamique en Iran. C'est dans ces années que Bernard Lewis a publié *Le retour de l'islam*[5], *Les Assassins*[6] et *Le langage politique de l'islam*[7] où il a développé la thèse de « l'exception islamique », reprise par beaucoup de chercheurs en France et même dans le monde arabe. Mes premières interrogations concernaient l'affirmation, très partagée aussi bien par les islamistes et les orientalistes que par des auteurs musulmans, selon laquelle il n'y aurait pas en islam l'équivalent de « rendre à Dieu ce qui revient à Dieu et à César ce qui revient à César » qui aurait été la clef de séparation entre le politique et le religieux dans les espaces de la chrétienté. Je ne remettais pas en cause cette affirmation constitutive de la *doxa* relative aux faits religieux et je n'avais pas, du reste, les moyens de l'infirmer ou de la confirmer. L'unique question que je me posais concernait la longue imbrication du politique et du religieux et la solidarité entre l'État et l'Église durant plusieurs siècles en Europe, avant la séparation expliquée par le fameux « rendre à Dieu » ce qui lui revient et « rendre à César » ce qui lui revient ; mais cette interrogation n'était pas le centre de mon questionnement qui portait sur les faits islamiques et le développement des mouvements islamistes.

Dès le début de mon investigation, je me suis intéressé aux critiques de Mohamed Arkoun dont j'ai suivi le cours d'islamologie en première année de philosophie à l'Université de Lyon en 1970-1971. Ce qui me séduisait dans sa démarche c'est qu'elle prenait à contre-pied aussi bien l'esprit apologétique qui a toujours dominé le discours que la plupart des musulmans ont sur leur culture, et en particulier sur la religion,

5 Lewis, Bernard, *Le Retour de l'Islam*, Paris, Gallimard, 1985.

6 Lewis, Bernard, *Les Assassins*, Bruxelles, Éditions Complexe, 2001 [1982].

7 Lewis, Bernard, *Le Langage politique de l'Islam*, Paris, Gallimard, 1988.

que ce qu'il appelle l'islamologie classique dont il conteste l'approche « descriptiviste » sacrifiant « l'analyse critique des discours » au « souci de transposer en langues européennes les idées et les systèmes développés par les auteurs musulmans[8] ». Il reproche aux uns et aux autres leur parti pris privilégiant « l'implacable solidarité entre l'État, l'écriture, la culture savante et la religion officielle[9] » aux dépens de la prise en compte des faits religieux dans leur complexité et leur diversité.

Je partageais cette volonté visant la « déconstruction », la « démythologisation », et la « démystification » de tout ce qui a été sacralisé depuis des siècles, avec l'institution des orthodoxies propres aux différentes obédiences se disputant le *credo* de l'islam. Placée dans le contexte musulman, une telle démarche implique des ruptures traumatisantes pour des consciences encore engourdies par les pesanteurs d'orthodoxies qui se sont imposées comme seuls cadres de référence à toutes pensées et actions religieusement légitimes. Les réformes et les révolutions entreprises depuis deux siècles n'ont pas réussi à en briser le carcan. Chaque fois que les musulmans croient en être sortis, de nouveaux développements viennent les y replonger. Le spectacle qu'offrent aujourd'hui les sociétés musulmanes après les lueurs éphémères des indépendances, des constructions nationales, montrent l'importance des obstacles qui continuent à entraver les efforts du monde musulman pour sortir de son « ancien régime ». L'entreprise de M. Arkoun, dans ce contexte, prend les dimensions d'une subversion insupportable. Elle l'exposait aux foudres des « gardiens des orthodoxies », des anciens et des nouveaux « barbus » et/ou « enturbannés », ainsi qu'à l'incompréhension de beaucoup de « modernistes » et de progressistes sacrifiant l'esprit critique et l'autonomie de la recherche aux ambitions politiques et aux sirènes des idéologies. L'interdiction de la plupart de ses livres traduits en arabe par les autorités d'Al-Azhar montre à quel point sa démarche gêne « l'ordre établi » dans le carcan duquel on cherche – par tous les moyens – à maintenir la pensée et les sociétés musulmanes. Ces autorités semblent vouloir rivaliser avec les courants islamistes les plus intégristes… sur le terrain de l'inquisition ! Ceux-ci l'ont déjà condamné et l'un de leurs ténors, M. Ghazali, est allé jusqu'à lui interdire de prendre la parole

---

8 Arkoun, Mohamed, *Pour une critique de la raison islamique*, Paris, Maisonneuve-Larose, 1984, p. 7.

9 *Ibid.*, p. 44.

dans son propre pays, l'Algérie, exigeant de lui qu'il prononce d'abord, devant « sa sainteté », la profession de foi qui lui permettrait, peut-être, de réintégrer la « communauté » ! Mais les « manipulateurs du sacré », que sont les « gardiens des orthodoxies » et les islamistes, ne sont pas les seuls, dans le monde musulman, à s'inquiéter des effets d'une démarche comme celle de M. Arkoun. Les « politiques » et les « idéologues » populistes qui cherchent dans le sacré un moyen de combler leur « déficit de légitimité », sont eux aussi très méfiants à l'égard d'une démarche dont l'un des objectifs déclarés est précisément la désacralisation de l'idéologie et du politique.

M. Arkoun déplorait les confusions engendrées par l'utilisation du « terme islam et de ses dérivés (islamique, musulman) » « dans des expressions aussi diverses que monde, État, pays islamique (ou musulman) ; pensée, théologie, philosophie, droit, art musulman, etc.[10] » Dans le même sens, il s'élevait contre « les arbitraires, les confusions, les amalgames qu'entraîne la désignation par un même vocable, l'islam, de réalités massives et extrêmement différenciées[11] ». Il attirait l'attention sur « l'inadéquation de ce terme (islam) pour désigner des transformations historiques, des pratiques politiques, économiques, culturelles non seulement séculières, mais empruntées à l'Occident capitaliste et libéral[12] ». Pour lui, « ce laxisme, générateur de confusions, est le signe d'un retard affligeant de la discipline pratiquée sous le nom d'islamologie[13] ». Ce qui était plus grave à ses yeux, c'est que cette confusion n'est pas seulement le fait de « l'islamologie » des orientalistes, mais aussi et avant tout des musulmans eux-mêmes. Depuis des siècles, sous l'effet de l'ignorance et de l'instrumentalisation de la religion pour en faire un moyen de légitimation de toute prise de position sur n'importe quel problème, de toute pratique dans quelque domaine que ce soit, on a assisté à une extension du champ du sacré au point qu'on en est venu à accoler le qualificatif islamique (ou musulman) à des objets matériels autant qu'à la pensée, l'art, les techniques, la connaissance, la morale, la loi, l'organisation politique, la manière d'agir, de penser et de se comporter, individuellement et collectivement, dans toute situation,

10 *Ibid.*, p. 138.

11 Arkoun, Mohamed, *Islam, morale et politique*, Paris, Desclée de Brouwer, 1985, p. 61.

12 *Ibid.* p. 62.

13 Arkoun, Mohamed, *L'islam, hier-demain*, Paris, Buchet/Chastel, 1978, p. 138.

dans la vie privée comme dans la vie publique. Pour imposer n'importe quoi, pour faire admettre n'importe quel point de vue sur n'importe quelle question, on n'a qu'à l'affubler du qualificatif « islamique ». On est dans cette dérive jusqu'à parler, aujourd'hui, d'habits, de foulards, de « management », de médecine, de banques, de chèques, etc., islamiques. On peut se demander jusqu'où le ridicule sera poussé ; mais y a-t-il une limite aux rêves totalitaires de ceux pour qui la religion n'est qu'un moyen, parmi d'autres, pour rendre le monde conforme à leur « projet » ? Cette extension du champ du sacré a engendré inévitablement des querelles : chacun revendique l'exclusivité du « label islamique » et jette l'anathème sur ceux qui veulent le lui disputer. L'observateur non averti ne sait plus « à quel saint se vouer » pour savoir où est l'islam dans tout cela ; comment et au nom de quoi attribuer ou refuser le qualificatif islamique aux différentes réalités, attitudes, façon de penser et de faire qu'on désigne comme telles ?

Pour dépasser cette confusion M. Arkoun a introduit la distinction entre « des niveaux de significations » qu'il désigne par les notions de « fait islamique » et de « fait coranique » comme « homologue(s) arabe(s) (transposable(s) et d'ailleurs transposés dans d'autres langues[14]) » de « fait juif » et « fait biblique », « fait chrétien » et « fait évangélique ». De même, il distingue les notions de « religion-forces », « religion-formes » et « religion individuelle ». Quelle est la signification de ces distinctions ? Quelles correspondances peut-on établir entre la première distinction – « fait coranique » (biblique ou évangélique) et « fait islamique » (juif ou chrétien) – et la seconde : « religion-forces », « religion-formes » et « religion individuelle » ? Dans quelle mesure ces catégories peuvent-elles aider à l'approche d'autres faits religieux que les monothéismes sémitiques référant à la Bible, aux Évangiles et au Coran[15] ?

Il semble, d'après l'étude des écrits de M. Arkoun, que la distinction entre « fait coranique » et « fait islamique » – et son équivalent pour les deux autres monothéismes sémitiques – est antérieure à la distinction « religion-forces », « religion-formes » et « religion individuelle ». Elle

14 *Ibid.*, p. 141.

15 Contrairement à un préjugé dominant, que les travaux de M. Arkoun ne relèvent pas, ces religions ne sont pas les seules à être monothéistes et n'ont pas l'exclusivité d'être des religions de Livre, c'est pourquoi, je préfère parler de monothéismes sémitiques référant à des « écritures saintes » plutôt que des « religions DU Livre » ou de monothéismes sans précision.

est, par ailleurs, plus simple et plus facile à saisir puisqu'elle oppose le fait-livre (Coran, Évangile, Bible) aux réalités multiples et diverses (pratiques, institutions, doctrines, etc.) qui se sont constituées à travers l'histoire par référence à l'esprit, à la lettre, ou aux deux à la fois, des Livres en question. Nous avons d'un côté les « Livres », les « Écritures Saintes », à l'état « brut » si l'on peut dire, non interprétés ; et, de l'autre, les interprétations, les lectures que leurs adeptes en font, les réalités sociales, politiques, culturelles, etc., qui s'y réfèrent ou qui s'en réclament.

La deuxième distinction est plus complexe. D'une part c'est une distinction en trois termes, alors que la première est binaire ; d'autre part, elle se pose en termes « universaux ». Il s'agit de religion en général, et non de faits spécifiques aux trois monothéismes sémitiques. Par ailleurs, parce qu'elle est plus complexe, elle semble moins précise que la première.

Ainsi, pour la « religion-forces », M. Arkoun semblait confondre deux niveaux de signification :

- le premier niveau correspond à ce qu'il appelait – pour les monothéismes sémitiques – le « fait biblique », « évangélique » et « coranique » en tant qu'ils sont porteurs d'une « visée dynamique incitant l'homme à prendre conscience de ses situations limites, en tant qu'être vivant, mortel, parlant, intelligent, politique, historique[16] » ; en tant qu'ils sont porteurs d'une « Intention [...] essentiellement dynamisante » qui « n'impose pas de solution définitive aux problèmes pratiques de l'existence humaine », qui « vise à susciter un type de *regard* de l'homme sur soi-même, le monde, les signes ('âyât) qui constituent pour tous les hommes [...] un horizon métaphysique ». M. Arkoun précisait que « c'est à ce niveau de signification que se perpétue l'action de la religion-forces ; mais pour y accéder, il faut traverser les couches sédimentées de l'histoire exégétique, des usages mythologiques et idéologiques dans les milieux sociaux les plus divers[17] ».
- Le second renvoie à un niveau existentiel, celui des « pulsions fondamentales comme la crainte, l'angoisse, l'insatisfaction, la révolte, l'agressivité [...] corrélatives du désir d'éternité, de

16 Arkoun, Mohamed, *L'islam, hier-demain*, *op. cit.* p. 141.
17 *Ibid.*

> perfection, d'harmonie, de connaissance, de puissance [qui] sont maîtrisées, canalisées par les *formes* du langage religieux, du rituel, de l'iconographie, de la musique, des institutions, de l'éthique, etc. » M. Arkoun ajoutait : « Voilà pourquoi, dans toute tradition enracinée dans des Écritures Saintes (*sic* !), les formes tendent à faire oublier les forces qui sont refoulées, déviées ou utilisées à des fins contraires à l'intention religieuse initiale (*sic* !)[18]. »

Si la première signification paraît judicieuse et importante pour la compréhension des faits religieux, la seconde me semble à la fois inutile et source de confusion entre deux niveaux : (a) la religion comme fait objectif interpellant la conscience des hommes, et proposant « des réponses théoriques *crédibles* à des questions ultimes comme le signifié dernier, l'origine et la destinée de l'homme, l'autorité et l'obéissance, la justice et l'amour, etc.[19] » pour reprendre ses propres termes ; (b) ce qui constitue une condition essentielle de l'humanité de l'être humain, à savoir son besoin de sens dont la satisfaction ne passe pas forcément par la religion, même si ce besoin peut être à l'origine du « pressentiment du sacré et du surnaturel », selon l'expression d'A. Anwander, dans son livre *Les religions de l'humanité*[20]. À la rigueur, le second niveau, quand la quête de sens emprunte les voies de la religion, peut être rattaché à ce qu'il appelle la « religion individuelle » en ce sens où il renvoie à la manière dont les croyants vivent leur religiosité tiraillés entre la « religion-forces », qui stimule chez eux la quête du sens, et la « religion-formes » au nom de laquelle on cherche à leur imposer un sens.

En effet, la « religion individuelle », telle que M. Arkoun la définit, semble renvoyer à cette manière dont les individus vivent leur rapport au sacré selon la capacité et les possibilités qu'ils ont – ou non – de se libérer de la tutelle des gardiens-bricoleurs du sacré, de sortir du carcan des traditions consacrées, pour faire évoluer les « formes nécessairement contingentes de la vie et de la pensée religieuses », pour réactualiser la « religion-forces » à laquelle ils adhèrent. Selon cette capacité et ces possibilités, la religion individuelle peut n'être qu'une reproduction mimétique des formes instituées, comme elle peut être vécue, individuellement ou

18 *Ibid.*, p. 140.
19 *Ibid.*
20 Anwander, Antoine, *Les religions de l'humanité*, Paris, Payot 1955.

collectivement, sous une forme libérée de toute tutelle, de toute contrainte imposée de l'extérieur, à la manière de ce qui peut se passer dans les sociétés les plus avancées sur la voie de la sécularisation.

Pour ce qui est de la « religion-formes », M. Arkoun la faisait correspondre à ce qu'il appelait « le fait juif », « le fait chrétien », ou « le fait islamique » qui renvoient aux « formes historiques arbitrairement sacralisées et transcendantalisées[21] » de la « religion-forces ». Ces « formes nécessairement contingentes de la vie et de la pensée religieuses » sont constituées, pour ce qui est de l'islam, par « l'exégèse traditionnelle et la pratique éthico-juridico-politique [qui] ont très vite réduit le Coran et l'expérience religieuse du Prophète à un ensemble de définitions, de normes dogmatiques, de conduites contraignantes[22] ».

Après avoir lié ce phénomène aux « traditions enracinées dans des Écritures Saintes », M. Arkoun réajustait son point de vue en précisant que « cette notion de passage des forces aux formes » est « manifeste dans toutes les religions », pour déplorer le fait qu'elle n'ait « guère retenu l'attention des penseurs musulmans contemporains[23] ».

Ce que M. Arkoun m'a apporté, c'est cette inscription de l'étude des faits islamiques dans le champ de l'étude des faits religieux en général. Sa démarche m'a fait prendre conscience des travers de l'essentialisme commun aux approches orientalistes comme aux approches dominant la pensée musulmane. C'était pour moi un point de départ pour historiciser les catégories de la pensée musulmane comme celles des autres religions et cultures, d'en chercher la généalogie en essayant d'en saisir la genèse et l'évolution dans leurs relations dialectiques avec les facteurs sociaux, économiques, politiques. Sa critique de ce qu'il appelait « la raison islamique » s'appliquait aussi bien aux gardiens des orthodoxies engluées dans le conservatisme qu'aux différentes variantes de l'islam politique ; il me confortait dans les partis-pris qui étaient à l'origine de mon intérêt pour l'étude des faits islamiques. Cependant, j'avais des réserves sur les catégories de son « anthropologie religieuse » et son concept de « raison islamique » comme sur celui de « raison arabe » de M. Abed Jabiri : pour moi, autant on peut parler de « pensée » ou de « culture » islamique, arabe, chrétienne, de tel ou tel pays, etc., autant

21 Arkoun, Mohamed, *op. cit.*, p. 146.
22 *Ibid.*, p. 140 et 146.
23 *Ibid.*, p. 140.

la raison est universelle et si on peut la décliner c'est plus par champ disciplinaire (raison philosophique, raison mathématique, raison scientifique, raison politique, raison théologique, etc.) ou à la manière de Kant (raison pure, raison pratique, etc.) ; c'est ce que l'humanité a en partage par-delà les frontières du temps, de l'espace et des cultures.

À LA QUÊTE DE LA GÉNÉALOGIE DES CATÉGORIES ET IDÉES POLITIQUES ET RELIGIEUSES ATTRIBUÉES À L'ISLAM

Armé de ce que j'ai appris dans la lecture critique de l'œuvre de Mohamed Arkoun, de l'orientalisme et de l'islamologie, d'une part, des outils acquis dans la recherche concernant la laïcité, les droits humains et les critiques du totalitarisme et de la modernité, d'autre part, j'ai poursuivi ma recherche concernant l'islam politique en lui donnant une orientation prenant en compte ses connivences avec l'islamophobie alimentée par les travaux inspirés par les thèses de Bernard Lewis et Samuel Huntington.

Les évolutions que connait le monde musulman depuis les années 1970 ont inspiré de nouvelles approches de l'islam remettant en cause certaines conceptions héritées de la période coloniale. Les images d'une « religion fataliste et rétrograde » entretenues par les idéologues de la « colonisation civilisatrice », comme celles d'une « spiritualité qui a su résister à une modernité trop matérialiste » défendues par des orientalistes fascinés par leur objet, ont cédé la place à la vision d'un islam à la fois menaçant et obscurantiste du fait de son essence particulière qui le distingue des autres religions et particulièrement du christianisme et du judaïsme. L'islamologie classique des grands érudits orientalistes comme Louis Massignon, Henri Laoust, Louis Gardet, Jacques Berque, Maxime Rodinson, pour ne citer que les plus célèbres noms de l'islamologie française, a cédé la place aux approches socio-politiques et anthropologiques dominées par des conceptions essentialistes chères aux spécialistes américains du MoyenOrient. Bernard Lewis est devenu, durant les années 1980 – et pour certains jusqu'à aujourd'hui –, le grand maître à penser d'un grand nombre de spécialistes de l'islam et des mondes musulmans.

L'islam, selon l'image qu'en donnent les travaux de ce spécialiste, serait une religion particulièrement totale, totalisante, voire totalitaire, englobant et liant tout : le spirituel et le temporel, le politique et le religieux, le public et le privé. Il serait simultanément et indistinctement foi (*'aqîda*) et loi (mot par lequel on traduit abusivement le terme *sharî'a*), religion (*dîn*) et État (*dawla*). Il ne comporterait pas de principes semblables à ceux qui, dans le christianisme, auraient permis la séparation du religieux et du politique. Il n'y aurait pas l'équivalent de « mon royaume n'est pas de ce monde », nous dit B. Lewis en ajoutant :

> [...] « rendez à César ce qui est à César, et à Dieu ce qui est à Dieu ». Voilà qui est certes de bonne doctrine et pratique chrétiennes, mais rien n'est plus étranger à l'islam. Les trois grandes religions du Proche-Orient présentent des différences significatives dans leur rapport avec l'État, et leur attitude envers le pouvoir politique. Le judaïsme, associé originairement à l'État, s'en est dégagé par la suite, son récent face à face avec l'État, dans les circonstances présentes, soulève des problèmes qui ne sont pas encore résolus. Le christianisme, lors de ses siècles de formation, est demeuré distinct de l'État, voire dressé contre lui, et il ne devait s'y intégrer que bien plus tard. Quant à l'islam, déjà du vivant de son fondateur, il était l'État, et l'identification de la religion et du pouvoir est inscrite de manière indélébile dans la mémoire et la conscience des fidèles, sur la foi de leurs propres textes sacrés, de leur histoire et de leur vécu[24].

Insistant sur la spécificité du rapport de l'islam à l'État, il ajoute :

> [...] dans l'islam, la religion n'est pas, comme c'est le cas dans le christianisme, un secteur ou une province de la vie, réglementant certains domaines, tandis que d'autres échappent à son emprise ; la religion islamique intéresse la vie toute entière, exerçant une juridiction non point limitée, mais globale. Dans une société de ce type, l'idée même d'une séparation de l'Église et de l'État est dénuée de sens, pour autant qu'il n'y a pas deux entités susceptibles d'être disjointes, l'Église et l'État, le pouvoir religieux et le pouvoir politique, ne font qu'un. L'arabe classique, tout comme les autres langues classiques de l'islam, ne possède pas de couple d'opposition sémantique recouvrant la dichotomie chrétienne entre le laïque et l'ecclésiastique, le temporel et le spirituel, le séculier et le religieux, la raison en est que ces couples d'opposition connotent une dichotomie propre au christianisme, laquelle n'a pas d'équivalence dans le monde de l'islam[25] ».

24 Lewis, Bernard, *Le retour de l'islam*, Paris, Gallimard, 1985, p. 374-375.
25 *Ibid.*

B. Étienne disait, sur la foi de cette thèse : « séparer strictement religion et politique [...] est une idée totalement étrangère à l'Islam qui ne saurait admettre la domestication (entendue ici comme réduction à la sphère privée)[26] », en précisant que l'islam « comporte un principe de totalité[27] » inconciliable avec le principe de laïcité car « la république laïque est aux antipodes de l'*Umma* cité[28] ». Même Maxime Rodinson est tombé dans le piège de cette vision : dans sa préface au livre de B. Lewis *Les Assassins*, il dit, à l'appui de cette théorie, que l'islam est une religion qui « présente la particularité remarquable dans la grande famille des religions monothéistes, de lier étroitement, structurellement, problèmes théologiques et problèmes politiques[29]. »

Pour résumer, l'islam serait indistinctement :

- une religion (*dîn*, ou *milla*) avec ce que tous les faits religieux impliquent au plan des croyances constitutives de la foi (*'aqîda*), des obligations cultuelles (*'ibâdât*) et des règles concernant les « devoirs » de l'être humain à l'égard de lui-même, de ses semblables et du monde dans lequel il vit (*mu'âmalât*) ;
- un système éthico-politico-juridique (le califat, l'imâmat ou l'État islamique) fondé sur la *sharî'a* qui serait une loi révélée, intangible, immuable fixant une bonne fois pour toutes le statut de toute chose, et les règles qui doivent régir les rapports et les comportements individuels et collectifs de tous ceux qui se réclament de l'islam ;
- une communauté à la fois spirituelle et politique (la *'umma* présentée comme étant exclusivement « la communauté spirituelle et politique des musulmans » ou « le système politique [...] sur lequel règne le souverain (Calife ou Imam) », « la communauté islamique universelle et unique, qui embrasse tous les pays sur lesquels est établie la domination musulmane et prévaut la loi islamique », selon les affirmations de B. Lewis[30].
- un territoire, *dâr al'islâm* (domaine de l'islam), à l'intérieur duquel la guerre est prohibée en tant que *fitna* (sédition, guerre fratricide, ou discorde), contrairement à *dâr alharb* (domaine de la guerre) dans

26 *Ibid.*, p. 18-19.
27 *Ibid.*, p. 206.
28 *Ibid.*, p. 309.
29 *Cf.* préface de *Les Assassins* de B. Lewis, Paris, Berger-Levrault, 1982.
30 Lewis, Bernard, *Le langage politique de l'islam*, Paris, Gallimard, 1988, p. 150 et 55.

lequel la guerre serait non seulement licite mais une obligation en tant que *jihâd* (interprété exclusivement comme étant la guerre sainte pour répandre l'islam et qui ne devrait s'arrêter qu'avec « la *'umma* généralisée », pour reprendre une expression de B. Étienne[31]. La même vision fait dire à Camille Lacoste-Dujardin, qui en oublie les notions élémentaires de la sociologie qu'elle a pratiquée en Algérie : « répandue très largement à travers l'Afrique, l'Asie Centrale et du Sud-Est, la religion musulmane compte environ 900 millions de fidèles. C'est dire qu'environ 450 millions de femmes appartenant à la *'umma*, la communauté musulmane [*sic* !], 450 millions de femmes sont gouvernées par les mêmes lois, malgré la diversité des sociétés et des États où elles vivent. Les musulmans reconnaissent tous en effet, le caractère sacré de la langue et du contenu du Coran, le plus récent des Livres Saints qui réunit les révélations reçues par le prophète Muhammad[32] ».

L'influence de cette vision de l'islam fut telle que les travaux de B. Lewis sont devenus une référence pour beaucoup de chercheurs des pays musulmans qui, se méfiant du discours dominant dans leur pays, ont redécouvert l'islam sous la pression de la montée de la contestation islamiste et à travers la littérature en vogue dans les pays occidentaux. Ils ont mis du temps pour se rendre compte que, ce faisant, ils apportaient de l'eau au moulin de l'islam politique qu'ils croyaient combattre.

Il est important de dire que cette vision n'est pas étrangère à la prophétie de la « guerre des cultures » annoncée par S. Huntington et qui est reprise aussi bien par des islamistes que par les apôtres d'une islamophobie qui se nourrit des atrocités et des crimes commis et défendus au nom de l'islam. En effet, l'auteur du *Clash des civilisations*, reprenant ce concept dont B. Lewis revendique à raison la paternité[33], insiste sur le rôle primordial de la religion en affirmant : « les civilisations se distinguent les unes des autres par l'histoire, la langue, la culture,

31 Étienne, Bruno, *L'islam radical*, Paris, Hachette, 1985, p. 95.

32 Lacoste-Dujardin, Camille, « Femme en islam », État du monde des religions, Paris, La Découverte-le CERF, 1987, p. 568.

33 B. Lewis rappelle qu'il fut le premier à utiliser cette expression dans une conférence qu'il donna en août 1957 suite à l'expédition du Canal de Suez ; *cf.* « Bernard Lewis : l'Orient et moi », dans *Le Point*, 17 janvier, 2007.

la tradition et, ce qui est plus important, par la religion[34] ». Ce rôle serait d'autant plus essentiel que les différents groupes de populations y trouveraient un ultime référent identitaire dans un monde où toutes les autres frontières disparaissent les unes après les autres du fait de l'intensification des échanges et des mouvements migratoires[35]. Si les civilisations, ainsi définies, ne peuvent pas cohabiter pacifiquement, ce serait à cause du fait que les différences entre elles sont essentielles et portent sur des questions aussi fondamentales que « les relations entre Dieu et l'homme, l'individu et le groupe, le citoyen et l'État, les parents et les enfants, le mari et la femme », ainsi que sur « l'importance relative des droits et de la responsabilité, de la liberté et de l'autorité, de l'égalité et de la hiérarchie[36] ». Les conflits inévitables à l'ombre de ces différences essentielles ont été et seront plus durables et plus violents, d'après Huntington, que ceux qui n'ont que des enjeux économiques, politiques ou idéologiques. Là où cette théorie – « taillé[e] à la hache », selon la judicieuse remarque d'E. Todd[37] – rejoint les thèses de B. Lewis, c'est lorsqu'elle range l'islam parmi les civilisations les plus antinomiques avec la culture occidentale. En effet, S. Huntington établit une hiérarchie entre les différences qui séparent les autres civilisations de l'Occident en affirmant que ces différences sont « de moindre importance pour l'Amérique latine et pour les pays orthodoxes de l'ex-Union Soviétique. Elles sont encore plus grandes pour les sociétés musulmanes, confucianistes, hindouistes et bouddhistes[38] ». B. Lewis et le discours islamiste auquel il réduit l'islam ne disent pas autre chose au sujet des rapports entre le monde musulman et l'Occident.

À l'encontre des approches stigmatisant l'islam et les musulmans, certains ont pris la défense de l'islam politique en n'y voyant qu'une forme de résistance légitime à l'hégémonisme des puissances occidentales et aux

34 La thèse fut d'abord développée dans un article intitulé « The Clash of Civilizations and the Remaking of World Order », publié par la revue *Foreign Affairs* dans son n° 3 de l'été 1993 (p. 22-49). Elle donna lieu ensuite à un livre dont une traduction est parue en français, chez Odile Jacob, en 1997 sous le titre *Le choc des civilisations*. Les nuances apportées par le livre, et les réponses aux critiques dont la thèse a fait l'objet, ne changent rien au fond des idées développées dans l'article. Les citations sont en référence à l'article dans sa version originale.

35 *Ibid.*

36 *Ibid.*

37 Todd, Emmanuel, *Après l'Empire*, Paris, Gallimard, 2002, p. 49.

38 *Ibid.*, p. 45.

dictatures corrompues entretenues par ces mêmes puissances. Certains y ont vu des formes originales d'accès à la modernité et à la démocratie. À la faveur des évolutions dramatiques consécutives au développement des mouvements islamistes et aux politiques de répression aveugle adoptées à leur égard, et compte tenu de ce qu'Olivier Roy appelle *l'échec de l'islam politique*[39], beaucoup en sont revenus. D'autres, comme François Burgat[40], continuent à défendre, contre vents et marées, cette thèse en accusant ceux qui la contestent d'islamophobie et de connivence avec l'impérialisme américain, l'hégémonisme occidental, les dictatures et les monarchies rétrogrades des pays musulmans. Pour légitimer l'islam politique, F. Burgat condamne les courants modernistes arabes en les présentant comme « l'une des formes achevées de l'aliénation culturelle [...] qui contraint les dominés à ne recourir pour se représenter ou exprimer leurs aspirations qu'aux seuls référents et concepts produits et imposés par la société dominante[41] ». En réaction à « cette aliénation culturelle », F. Burgat valorise l'islam politique en disant : « Aujourd'hui se fait, chez les dominés d'hier, sentir le besoin de recourir à des représentations nouvelles, moins allogènes, ou perçues comme telles, susceptibles de concurrencer enfin l'occidental sur le terrain où sa victoire a été la plus profonde : l'idéologie[42] ». Pour lui, ces « représentations nouvelles » sont fournies par le discours de l'islam politique qui serait « [...] davantage langage que doctrine, manière de représenter le réel qui n'emprunte pas à ce que le dominant a imposé, alternative idéologique, bien plus que des satisfactions mystiques », c'est « une idéologie politique capable de concurrencer les grandes idéologies occidentales[43] ». Cette approche qui date de la fin des années 1980 n'a guère changé. Dans *L'islamisme en face*, et dans des écrits plus récents, F. Burgat continue à voir dans l'islam politique – au sein duquel il distingue des tendances selon des lignes de démarcation et des continuités que les acteurs eux-mêmes ne reconnaissent pas[44] – l'avenir des sociétés arabes et musulmanes.

39 Roy, Olivier, Échec de l'islam politique, Paris, Le Seuil, 1992.

40 Voir en particulier *L'islamisme en face*, La Découverte, Paris, 1996.

41 Burgat, François, « Islamisme au Maghreb », dans *Les temps modernes*, n° 500, mars 1988, p. 75-112.

42 *Ibid.*

43 *Ibid.*

44 Je pense en particulier à la mobilisation des exemples de H'mida Enneïfer et de S. Jourchi pour montrer les capacités d'évolution du mouvement AlNahda et de R. Ghannouchi alors que les deux premiers ont rompu avec le dernier avant la création d'AlNahda.

Contrer l'essentialisme et le relativisme absolu communs aux discours islamophobes et islamistes, ainsi qu'aux discours « islamistophiles » des porteurs de valises de l'islam politique à la manière de F. Burgat, n'était pas une tâche aisée. Il fallait avancer sur le fil du rasoir pour éviter la récupération par les uns et par les autres en veillant à ne pas tomber dans les travers de l'ethnocentrisme et du pseudo-universalisme qui en est le corollaire. Pour cela, il fallait débusquer, déconstruire et dépasser la démarche qui consiste à aborder les réalités islamiques à travers les catégories de la pensée normative (le *fiqh* qu'on traduit abusivement par « droit » ou « jurisprudence » musulman(e) comme s'il n'y avait de normes que juridiques, et comme si le *fiqh* ne traitait que de questions de droit) qui en fait des entités consubstantielles de l'islam, figées par lui et le figeant définitivement, sans histoire et sans aucun rapport avec l'histoire. Pour mesurer les abus de cette approche, il fallait passer au crible les articles de l'*Encyclopédie de l'islam* qui abordent ces catégories à la manière de B. Lewis dans son livre *Le langage politique de l'islam*[45], reprenant les traités musulmans concernant les normes (*ahkâm*) instituées et défendues au nom de la *sharî'a* dans le but de régenter les comportements individuels et collectifs en termes de *licite et illicite en islam (al-halâl w'al-harâm fî al-'islâm)*, pour reprendre un titre récurrent dans ce genre de littérature[46]. Il fallait rompre avec une certaine « obsession textuelle » conduisant à se détourner des réalités et de l'histoire des sociétés musulmanes pour n'en parler qu'à travers les catégories et les élucubrations des *fuqahâ'* et de leurs théories normatives.

Au lieu de partir de la pensée normative pour examiner les réalités politiques musulmanes à l'aune de ces catégories très souvent obsolètes, à la manière de plusieurs spécialistes dont les approches apportent de l'eau au moulin de l'intégrisme musulman et de l'islamophobie – si elles n'en procèdent pas –, il a fallu adopter une démarche de type archéologique fondée sur la déconstruction des processus qui ont généré les catégories et les systématisations doctrinales érigées en carcans rigides à l'intérieur desquels on cherche à maintenir enchaînées la pensée et les sociétés musulmanes : « genèse » et « évolution » étaient les maîtres

45 Lewis, Bernard, *Le langage politique de l'islam*, Paris, Gallimard, 1985.

46 L'une des dernières livraisons du genre est l'ouvrage très médiatique de Y. Qaradhâwi dont la traduction en français a donné lieu à plusieurs éditions, une variante de cette expression est « ce qui est permis et ce qui n'est pas permis en islam » (*mâ yajûz wa mâ lâ yajûz fî al'islâm*).

mots de cette démarche guidée par la recherche des filiations, des généalogies, de la mémoire des mots et des faits, des idées et des institutions. Était-ce forcément de l'historicisme ? Certainement pas, car la démarche ne vise pas à dissoudre dans le flot des évènements historiques l'objet de l'investigation ; mais bien au contraire, elle cherche à reconstituer les fils conducteurs et la logique de sa genèse sans le réduire à l'une, ni même à l'ensemble, de ses déterminations. La quête des filiations fut à l'origine d'une investigation minutieuse concernant les origines, les usages et l'évolution des termes présentés comme étant « le langage politique de l'islam » ; le but recherché est de savoir s'il s'agit vraiment d'un langage inhérent et propre à cette religion, ou simplement d'un langage forgé ou/et surinvesti par les lectures idéologico-politiques auxquelles aucune religion n'a pu échapper. Pour éviter la *surinterprétation* des termes et de leurs usages, il a fallu recourir de façon systématique à l'étymologie arabe des mots et des expressions présentés comme des catégories consubstantielles de l'islam[47].

ISLAM POLITIQUE ET ÉTUDE COMPARÉE DES « PROCESSUS DE POLITISATION ET DE DÉPOLITISATION DU RELIGIEUX »

Le souci de retrouver les processus historiques qui ont présidé à la genèse et à l'évolution des différents aspects du rapport entre le politique et le religieux dans le champ islamique m'a conduit à m'intéresser aux autres religions pour vérifier la thèse de l'exception islamique du point de vue du rapport à la laïcité, aux droits humains, à la démocratie, à l'évolution des idées, des mœurs, des systèmes socio-politiques, etc. Cette quête m'a montré que toutes les religions comportent des « équivoques » qui en permettent l'interprétation dans un sens ou dans un autre, pour les instrumentaliser au service d'une cause et de son contraire. Dans ce

47 Voir à ce sujet *Le politique et le religieux dans le champ islamique*, Paris, Fayard, 2005, et « Langage politique de l'islam ou langage de l'islam politique », dans *Les Temps Modernes*, n° 683, avril-mai 2015, p. 50-71, « À propos de la notion de *'umma* : les maux d'un mot », dir. S. Rémi-Giraud et P. Rétat, *Les mots de la nation*, PUL, Lyon, 1996, p. 135-150.

cadre, j'ai réussi à dépasser les présupposés selon lesquels il n'y aurait pas en islam l'équivalent de « rendre à Dieu ce qui revient à Dieu » ou de « mon Royaume n'est pas de ce monde » en montrant que de tels équivalents existaient bel et bien (le fameux « verset des princes », ou le hadith stipulant « pour ce qui est des affaires de votre religion, cela me revient ; pour ce que est des affaires de votre monde ici-bas, vous êtes mieux à même pour le savoir », etc.) et que ces équivalents ont fonctionné et fonctionnent de la même façon : tantôt, et pour longtemps, pour sacraliser l'autorité, quelle qu'elle soit, car « toute autorité provient de Dieu », tantôt comme un principe de séparation entre les autorités lorsque la séparation devient nécessaire et inévitable. J'ai montré comment les autorités religieuses, de toutes les religions, n'ont dépassé les orthodoxies traditionnelles pour se réconcilier avec la modernité, la démocratie, la laïcité ou la sécularisation, les droits humains, l'évolution des idées et des mœurs, que progressivement et sous la pression de cette évolution.

L'historisation et le comparatisme ont permis, à d'autres comme à moi-même, de rompre avec les approches qui ont dominé les études concernant l'islam et les réalités islamiques durant la période allant de la fin des années 1970 au début des années 1990. Olivier Carré, dans *L'islam laïque ou le retour à la grande Tradition*[48], se démarque clairement de la thèse courante qui consiste à opposer un christianisme « par origine et essentiellement apolitique » portant en germe « l'évolution laïque et individualiste des sociétés occidentales actuelles », à un islam « indissociablement et à jamais religion et État, spirituel et temporel sans distinction, bref, théocratique[49] ». Se méfiant des approches essentialistes, il inscrit dans l'histoire les processus complexes de politisation et de dépolitisation des deux religions :

> L'islam-religion se politise, et très vivement, au bout de treize ans seulement, puis se dépolitise nettement moins de trois siècles plus tard pour se repolitiser assez récemment. Le christianisme au contraire ne se politise nettement qu'au bout de trois siècles ; puis il ne commence à se dépolitiser quelque peu que depuis le XVIe s. en Occident seulement, avant de se repolitiser sur l'excellente base juridique de la « séparation » de l'Église et de l'État. Foncièrement, les deux religions sont pareillement politiques[50].

48 Carré, Olivier, *L'islam laïque ou le retour à la grande Tradition*, Paris, Armand Colin, 1993.
49 *Ibid.*, p. 50.
50 *Ibid.*, p. 54.

Poursuivant sa comparaison, il met en évidence une « tendance quiétiste en politique et donc d'une séparation des pouvoirs » dans la pensée musulmane comme dans la pensée chrétienne[51]. C'est à cette tendance quiétiste qu'il rattache ce qu'il appelle « la grande tradition » laïque qui a marqué l'histoire du shî'isme et du sunnisme et qui ne doit pas être occultée au profit de ce qu'il appelle une « orthodoxie déviante[52] » de « l'islam mondial officiel » de nos jours, engagé dans une surenchère avec les mouvements islamistes les plus radicaux.

Cette approche d'Olivier Carré est aux antipodes du discours dominant. Elle n'est pas étrangère aux timides infléchissements qu'ont connus les études relatives à l'islam depuis les années 1990. La thèse de *l'échec de l'islam politique* d'Olivier Roy[53], comme ses travaux sur *l'islam mondialisé*[54], la thèse du post-islamisme développée par Gilles Kepel dans son *Djihad, expansion et déclin de l'islamisme*[55], comme les remises en question qu'apportent les derniers travaux de Bruno Étienne[56] ont contribué à cet infléchissement. Ce changement de regard par rapport à la vision qui a dominé les années 1980[57] sous l'effet de la peur et de la fascination suscitées par le développement de l'islam politique ne se limite pas aux seuls spécialistes des mondes musulmans. L'approche des mutations que connaissent les réalités islamiques par les travaux d'Emmanuel Todd[58] – que ce soit à travers ses analyses concernant le comportement des populations maghrébines en France ou dans *Après l'Empire* – est à cet égard remarquable. E. Todd a raison de rappeler que la « théorie » de S. Huntington « n'est qu'un retournement de la vision de l'ayatollah Khomeiny qui croyait, tout autant que le fin stratège américain, au conflit des civilisations[59] ». Il a tout autant raison de remarquer qu'il « n'est pas [...] nécessaire d'essentialiser l'islam, de stigmatiser sa prétendue préférence pour la guerre – révélée par le rôle

51 *Ibid.*, p. 56.
52 *Ibid.*, p. 30-38.
53 Titre d'un ouvrage qu'il publia en 1993 au Seuil.
54 Titre d'un autre livre publié au Seuil, 2002.
55 Gallimard, 2002.
56 Notamment dans *Islam : les questions qui fâchent*, Paris, Bayard, 2003.
57 Pour se rendre compte de ce qu'était la vision dominante par rapport à ce sujet dans les années 1980, voir Ferjani, Mohamed Chérif, *Islamisme, laïcité et droits de l'Homme*, L'Harmattan, Paris, 1991.
58 Voir particulièrement *Après l'Empire*, *op. cit.*, et *Le destin des immigrés*, Paris, Le Seuil, 1994.
59 *Après l'Empire*, *op. cit.*, p. 49.

militaire de Mahomet – ou de dénoncer l'assujettissement des femmes dans le monde arabe, pour comprendre la montée de passions idéologiques et de tueries dans cette sphère religieuse[60]. » En rappelant les mutations que connaissent les mondes musulmans, et en les comparant à celles que l'Europe et l'Amérique ont connues par le passé, il précise qu'une « bonne partie du monde musulman (qui a accompli sa transition) est déjà en voie d'apaisement » et ajoute :

> Il est trop facile de tirer de la statistique actuelle des crises une diabolisation de l'islam. Globalement, celui-ci traverse sa crise de modernisation et ne peut évidemment pas apparaître comme une oasis de paix. Les pays actuellement développés et apaisés ne peuvent quant à eux tirer aucune fierté de leur état actuel, et un retour méditatif sur leur propre histoire devrait les conduire à beaucoup de modestie. Les révolutions anglaise et française ont été des phénomènes violents tout comme les communismes russe et chinois, tout comme la poussée militariste et impérialiste japonaise. Les valeurs explicites associées à la guerre d'Indépendance et à la guerre de Sécession américaines nous sont certes immédiatement compréhensibles, pour des raisons de proximité historique et culturelle. Mais les États-Unis n'ont pas échappé à la crise de transition. Certains débats idéologiques associés à la crise américaine nous sont quand même parfois difficilement accessibles, comme celui, fondamental, sur la couleur de la peau. Cette idiosyncrasie américaine n'est ni plus ni moins étrange pour un Français que le débat hystérique sur le statut de la femme qui caractérise les révolutions islamiques[61].

CONCLUSION

Parti d'un engagement, affiché et assumé, s'inscrivant dans le combat contre le développement de l'islam politique, mon parcours de recherche concernant les faits islamiques ne s'est jamais départi de sa première motivation. Il a contribué à le renforcer en lui donnant une assise théorique l'inscrivant dans une perspective historique et comparative de nature à soustraire son approche à la tentation de lui donner une « essence » immuable pour en faciliter le rejet. Le rapprochement avec le « christianisme politique » et les processus qui ont conduit à l'émergence de la

60 *Ibid.*
61 *Ibid.*, p. 52-53.

« démocratie chrétienne », sans aller jusqu'à donner un crédit prématuré aux professions de foi des dirigeants islamistes quant à leur « conversion démocratique », a permis de préciser les conditions culturelles, politiques et historiques qui permettront à l'islam politique de connaître la même évolution, en montrant que de telles conditions ne sont pas aujourd'hui tout à fait réunies[62].

L'approche comparative m'a permis de relativiser ce que les approches essentialistes présentent comme des idiosyncrasies ou des spécificités, exclusives et consubstantielles, de la religion et de la culture des sociétés musulmanes. Le comparatisme adopté ne procède ni du culturalisme essentialiste qui entretient le culte des identités irréductibles et des particularismes négateurs de l'universalité de l'humain, ni de l'ethnocentrisme pseudo-universaliste qui vise à établir la supériorité de certains modèles socio-politico-culturels auxquels les autres doivent se conformer pour accéder au « Développement », au « Progrès », à la « Modernité », à l'« Universel », pour « passer au Politique », comme on disait dans les années 1980 comme s'il n'y avait de politique que sous la modalité de ce qu'on appelle « la démocratie occidentale ». La perspective qui était et reste la mienne procède de la recherche de ce qui est universel dans chaque particulier et des modalités et des formes particulières dans lesquelles se manifeste l'universalité irréductible de l'humain. La question n'est donc pas tant la négation des spécificités culturelles, religieuses, politiques, etc., de telle ou telle société, mais la relativisation de ces spécificités par rapport à ce qui fait l'humanité universelle de l'humain, qu'atteste sa capacité à dépasser ce qui fait sa particularité pour se reconnaître dans ses semblables, les comprendre, communiquer avec eux et participer de leur devenir, par-delà toutes les frontières du temps, de l'espace, des origines, des appartenances sociales, ethniques, culturelles, religieuses ou n'importe quel autre déterminant d'une quelconque spécificité.

Plus qu'un choix méthodologique, c'est là un parti pris éthique et philosophique qui, tout en rejetant le pseudo-universalisme au nom

62 Voir Ferjani, Mohamed Chérif, *Religions et démocratisation en méditerranée*, Riveneuve, Paris, 2015, Nirvana, Tunis 2016 ; « Islam politique et démocratie : une évolution comparable à celle qui a donné la 'démocratie chrétienne' est-elle envisageable », dans *Oriente Moderno, Islams and democracies*, Vol. LXXXVII, n.s., 2-2007, Instituto per l'Oriente C.A. Nallino di Roma, 2007, p. 383-405 ; « Islam politique aujourd'hui et christianisme politique en France avant la fin de la Seconde Guerre », dans *Islam contemporain, entre le religieux et le politique*, AFDA, 2006, p. 145-162.

duquel les catégories propres à une aire géoculturelle déterminée sont proclamées universelles, n'en demeure pas moins résolument convaincu de l'universalité de l'humain. Refuser ce parti-pris reviendrait à évacuer la possibilité, que permet la raison, de comprendre les facteurs par lesquels l'humain est – et peut être – déterminé, et, par-là, la possibilité d'échapper à la fatalité de n'être que le résultat de ses déterminations. La négation de cette possibilité n'a d'autre sens que la négation de la liberté en tant que dimension essentielle de la condition humaine. Elle ferme la porte à toute possibilité de sortir du cadre des particularismes tributaires des conditions spécifiques de telle ou telle personne, de tel ou tel groupe humain. Une telle perspective ne peut conduire, qu'on le veuille ou non, qu'à la négation pure et simple de l'humanité en tant que possibilité de communiquer entre tous les humains par-delà leurs appartenances spatiales, temporelles, culturelles, sexuelles, sociales contingentes. C'est à cet anti-humanisme fondamental que se rattache l'attitude cultivant le culte de l'incommunicabilité : nous ne pouvons pas comprendre l'autre parce qu'il n'est pas de la même culture, de la même condition sociale, du même sexe, de la même tranche d'âge, ou parce qu'il ne parle pas la même langue, n'a pas les mêmes croyances, etc., que nous. Que reste-t-il à la science, dans ces conditions ? Rien, sinon le descriptivisme et l'impuissance à formuler la moindre explication puisque le chercheur ne peut pas comprendre celui qui n'occupe pas la même place que lui ! Le chercheur un tant soit peu avisé ne peut être dupe des partis pris idéologiques inavoués de telles postures. L'engagement des uns et des autres ne devient un véritable obstacle épistémologique que lorsqu'il n'est pas assumé et quand on cherche à le masquer par un vernis d'objectivité ou de neutralité pour éviter de le livrer à la réfutation comme exigence de tout discours scientifique comme le précise Karl Popper.

Mohamed Chérif FERJANI
Université Lyon 2
UMR 5206 Triangle

L'ÉCRITURE ACADÉMIQUE EST-ELLE « OBJECTIVE » ?

Il existe, en particulier dans le milieu des chercheurs en sciences humaines ou sociales, un présupposé selon lequel l'intellectuel détiendrait à lui seul l'objectivité scientifique. Il serait un observateur neutre, étudiant des « sujets », c'est-à-dire des êtres ou des phénomènes soumis à la subjectivité, comme l'induit la langue française. Or, l'individu objectif est censé, au moment de porter un jugement, abandonner tout ce qui lui est propre (idées, croyances ou préférences personnelles) pour atteindre l'universalité. Or, cette « universalité », nous le savons, est le plus souvent une émanation de la modernité européenne qui a émergé vers le XVIIe siècle… Cette conception utopique, appelée par Thomas Nagel le « point de vue de nulle part », a été remise en question, surtout à partir des années 1960 et 1970, pour des raisons de principe et de pratique.

On peut se demander, en effet, comment un sujet faisant partie de l'Univers, pourrait examiner « objectivement » une part de l'Univers, c'est-à-dire de soi-même. Pour ce faire, le sujet devrait s'extraire, ou s'abstraire, de l'Univers – et donc de lui-même – afin d'avoir un point de vue objectif… D'un point de vue épistémologique c'est bien sûr impossible.

UN BREF APERÇU DANS DIVERSES DISCIPLINES SCIENTIFIQUES

L'idée que l'on puisse construire un objet d'observation indépendamment de l'observateur est issue d'un modèle « objectiviste », qui fut celui de la physique jusqu'à la fin du XIXe siècle, mais que les physiciens eux-mêmes ont abandonné depuis longtemps. On croyait alors qu'il était possible de découper des objets, de les isoler, puis d'objectiver un terrain d'étude dont l'observateur serait absent. Par la suite, la réintégration de l'observateur dans le champ de l'observation ne s'est pas effectuée par la voie des sciences humaines, comme on pourrait le croire, mais par le biais de la physique quantique. Dès 1927, le physicien allemand Heisenberg montrait que l'on ne pouvait observer un électron sans créer une situation qui le modifie. Il est impossible d'observer un système sans le perturber. Il en tira son fameux « principe d'incertitude », qui le conduisit à réintroduire le physicien dans l'expérience même de l'observation physique.

Voici ce qu'en dit le philosophe des sciences Jean-François Lambert :

> La physique quantique constitue, on le sait, une remise en cause radicale de notre conception de l'univers, associée à un changement, non moins radical, du statut de l'observateur. La réalité décrite par la physique n'est plus indépendante des modalités de la description. L'observation suppose la participation d'un observateur et implique une interaction avec l'objet observé. Mesurer c'est agir sur le réel ou plutôt interagir avec lui. Une telle interaction perturbe nécessairement l'objet et il s'ensuit que toute mesure est entachée d'une irréductible indétermination exprimée, dans le formalisme de la physique quantique, par la célèbre « relation d'incertitude » (ou plutôt d'« indétermination ») de Heisenberg[1]...

Max Planck († 1947), le fondateur de la théorie des « quanta », soutenait pour sa part les trois propositions suivantes :

- il existe un monde extérieur indépendant de nous.
- ce monde ne nous est pas directement accessible.
- nous imaginons des modèles simplifiés, qui nous servent de représentation physique de ce monde inaccessible.

Citons encore les fameux « théorèmes d'incomplétude » du mathématicien autrichien Kurt Gödel († 1978), que l'on peut simplifier en ces termes : ce qui est démontrable n'est pas forcément vrai, et ce qui est vrai n'est pas forcément démontrable ; il faut à la base un acte de foi.

Il s'agit là de sciences dites « exactes » ; qu'en est-il alors des sciences humaines, dans lesquelles un humain observe un autre humain ?

---

1 Lambert, Jean-François, « Gödel et les sciences cognitives », Revue *PhiloScience*, n° 1, hiver-printemps 2004-2005, p. 29.

Examinons l'*anthropologie* tout d'abord, qui a poussé loin la réflexion sur les rapports entre observateur et observé.

> C'est lorsque l'anthropologue prétend à la neutralité absolue, lorsqu'il croit avoir recueilli des faits « objectifs », lorsqu'il élimine des résultats de sa recherche tout ce qui a contribué à y accéder et qu'il gomme soigneusement les traces de son implication personnelle dans l'objet de son étude, qu'il risque le plus de s'écarter du type d'objectivité et du mode de connaissance spécifiques de sa discipline.

Cette remarque émane de François Laplantine, professeur d'anthropologie à l'Université Lyon II, auprès duquel j'ai étudié avant de me « convertir » aux études arabes et islamiques[2].

> S'il est possible, et même nécessaire, poursuit Laplantine, de *distinguer* celui qui observe et celui qui est observé, il me paraît en revanche exclu (*a fortiori* si l'on prétend faire œuvre scientifique) de les *dissocier*. Nous ne sommes jamais des témoins objectifs observant des objets, mais des sujets observant d'autres sujets. [...] Si l'ethnographe perturbe une situation donnée, et même crée une situation nouvelle, due à sa présence, il est à son tour éminemment perturbé par cette situation. Ce que vit le chercheur, dans sa relation à ses interlocuteurs (ce qu'il refoule ou ce qu'il sublime, ce qu'il déteste ou ce qu'il chérit), fait partie intégrante de sa recherche. Aussi une véritable anthropologie scientifique doit-elle toujours poser le problème et des motivations extra-scientifiques de l'observateur et de la nature de l'interaction en jeu[3].

Je crois que tout chercheur peut, à un degré ou à un autre, se regarder dans le miroir de l'anthropologue...

Prenons maintenant l'exemple d'une autre discipline majeure, *l'histoire*. Le philosophe français Paul Ricœur († 2005) a interrogé la scientificité de l'histoire et sa prétention à l'objectivité :

> L'historien va aux hommes du passé avec son expérience humaine propre. Le moment où la subjectivité de l'historien prend un relief saisissant, c'est celui où par-delà toute chronologie critique, l'historien fait surgir les valeurs de vie des hommes d'autrefois. *Cette évocation des hommes qui nous soit accessible, faute de pouvoir revivre ce qu'ils ont vécu, n'est pas possible sans que l'historien soit véritablement intéressé à ces valeurs et n'ait avec elles une affinité en profondeur* ; non que l'historien doive partager la foi de ses héros, il ferait alors rarement de

---

2 Laplantine, François, *L'anthropologie*, Paris, Payot, 1995, p. 168.

3 *Ibid.*, p. 168-169.

> l'histoire mais de l'apologétique voire de l'hagiographie ; mais il doit être capable d'admettre par hypothèse leur foi, ce qui est une manière d'entrer dans la problématique de cette foi en la *suspendant*, tout en la *neutralisant* comme foi actuellement professée. Cette adoption suspendue, neutralisée de la croyance des hommes d'autrefois est la sympathie propre à l'historien[4]...

L'histoire n'est donc pas une science exacte mais une construction interprétative. La neutralité absolue dans cette discipline est impossible, puisque l'historien est subjectivement impliqué dans son récit : il ne se contente pas de recevoir et d'enregistrer passivement des faits, comme le pense le positivisme.

Voici encore le penseur tunisien Mohamed Talbi qui, traitant « Du métier d'historien », nous dit que

> L'homme ne peut se libérer de ce qu'il est. Malgré sa perpétuelle recherche, il ne peut pas sortir de son être. Il est comme prisonnier de lui-même ce qui, d'une façon générale, met des limites à l'objectivité. A-t-on déjà vu un chercheur qui ne commençait pas par prétendre qu'il était objectif et disait la vérité ? Tout cela n'est qu'illusion [...] Cela prouve que chaque chercheur a son objectivité, sa science, sa vérité[5].

Concernant sa propre situation, il précise :

> Vous notez que la foi est présente avec force dans mes écrits. Je ne le nie pas. Quand j'écris, je ne peux me débarrasser de ce que je suis, ce que je crois. Qui le pourrait ? *En aucun cas, je ne cache ma part de subjectivité* et je tente, en conséquence, de me remettre en question et d'adopter à l'égard de moi-même une attitude critique. En un mot, je crois que même si l'objectivité absolue est impossible, *vu qu'on ne peut jamais séparer le sujet de l'objet, le connaissant du connu*, l'effort vers l'objectivité en toute sincérité et conscience de ses limites est possible, et constitue même un devoir pour tout chercheur digne de ce nom[6].

On retrouve le même constat chez les représentants des sciences humaines les plus diverses. Le biologiste français Jacques Monod († 1976), prix Nobel de médecine, explique que le postulat de l'objectivité scientifique n'est pas la neutralité : c'est déjà un parti pris éthique, une position de valeur :

---

4 Ricœur, Paul, *Histoire et Vérité*, Paris, Seuil, 1955, p. 23-24. C'est moi qui souligne.

5 Talbi, Mohamed, *Plaidoyer pour un islam moderne*, Tunis, Le Fennec, 1996, p. 41-42.

6 *Ibid.*, p. 42. C'est moi qui souligne.

> [...] Cet interdit, ce premier commandement qui fonde la connaissance objective, n'est pas lui-même objectif et ne saurait être objectif : c'est une règle morale, une discipline... Le postulat d'objectivité, pour établir la norme de la connaissance, définit une valeur qui est la connaissance objective elle-même. L'accepter c'est donc énoncer la proposition de base d'une éthique : l'éthique de la connaissance[7].

Le psychologue et épistémologue suisse Jean Piaget († 1980) avance quant à lui qu'« il n'y a plus en droit de frontière entre le sujet et l'objet », car « la connaissance est liée à une action qui modifie l'objet et qui ne l'atteint donc qu'à travers les transformations introduites par cette action[8] ». Chez Piaget, le sujet et l'objet sont situés sur le même plan et en interaction. Ils ne peuvent être considérés comme disjoints. Pour lui, la réalité se construit dans une interaction pratique avec le monde.

Ayons donc à l'esprit que, à l'instar du relativisme culturel dont des hommes éclairés se sont rapidement fait l'avocat, le relativisme scientifique s'impose à nous. J'entends par là que *la remise en cause permanente qui fonde la démarche académique critique doit certes s'appliquer à l'objet étudié, mais en premier lieu c'est nous-mêmes qu'elle concerne.*

UN NOUVEAU PARADIGME : LA « MULTIDIMENSIONNALITÉ » DE L'APPROCHE SCIENTIFIQUE

L'islamologue franco-algérien Mohamed Arkoun († 2010) appelait de ses vœux une « rationalité plurielle » grâce à laquelle on quitterait « le cadre dualiste de la connaissance où raison s'opposait à imagination, histoire à mythe, vrai à faux, bien à mal, raison à foi[9] ». Fort bien, mais les sciences humaines qu'il sollicite ne suffisent certainement pas à la tâche. Je ne suis ni Michel Foucault († 1984) lorsqu'il avançait que « les sciences humaines sont de fausses sciences, ce ne sont pas des sciences

7 Monod, Jacques, *le hasard et la nécessité*, Paris, Le Seuil, 1970, p. 3659.
8 Piaget, Jean, *Logique et Connaissance Scientifique*, Paris, Gallimard, 1967, p. 1244.
9 Cité par Benzine, Rachid, *Les nouveaux penseurs de l'islam*, Paris, Albin Michel, 2004, p. 282.

du tout », ni Claude Lévi-Strauss († 2009) affirmant que « le but dernier des sciences humaines n'est pas de constituer l'homme, mais de le dissoudre[10] », ni Abdou Filali-Ansary qui voit en elles « une formidable machine de destruction[11] », ni peut-être même Fernand Dumont († 1997) qui parlait d'une « science de l'homme en l'absence de l'homme[12] ».

Toutefois, force est de reconnaître que, malgré les exemples esquissés plus haut, ces sciences semblent encore en retard car freinées par l'idéologie. À propos du travail de l'historien, le grand Fernand Braudel avouait : « Ce que je fais, c'est contre la liberté humaine[13] ». L'interférence qu'exerce l'observateur sur le champ observé n'est pas encore admise dans toutes les sciences humaines. Cela reviendrait en effet à remettre en cause les postulats d'objectivité et de neutralité que celles-ci revendiquent pour elles-mêmes, et au-delà, l'impérialisme qu'elles exercent dans la pensée actuelle.

Nous savons pourtant qu'une révolution épistémologique est actuellement en cours. Elle implique une méthode intégrale, holistique, qui a pour vocation de mettre en synergie l'expérimentation dans le monde phénoménal et l'expérience intérieure, la raison élargie, dotée de ses divers outils (qui ne sont donc pas des fins en soi), et la supra-raison, qui possède ses propres moyens cognitifs, plus englobants. Pensons par exemple à la « rationalité élargie » du physicien et chimiste Ilya Prigogine († 2003), aux principes de « complexité du réel » et de « multidimensionnalité » d'Edgar Morin.

L'ÉTUDE DU FAIT RELIGIEUX

Comme le notait l'orientaliste Jacques Berque († 1995), la méthode du *déconstruire* plaît beaucoup à notre époque[14] ; elle fait même partie intégrante du « politiquement correct » occidental. Berque visait ceux dont le but est « de nous mettre en face d'un Texte démonté, déconstruit,

10 *La pensée sauvage*, Paris, Plon, 1962, p. 294.
11 *Réformer l'islam ?*, Paris, La Découverte, 2005, p. 279.
12 Dumont, Fernand, *L'anthropologie en l'absence de l'Homme*, Paris, PUF, 1981.
13 Cité par Dosse, François, *L'histoire en miettes*, Paris, La Découverte, 1987, p. 114.
14 *Relire le Coran*, Paris, Albin Michel, 1993, p. 26.

chose parmi les choses et vestiges du passé[15] ». Déconstruire le Coran et les fondements de la tradition islamique n'a de valeur épistémologique que si l'on peut proposer une authentique alternative.

La lecture « historico-critique » des textes religieux, appliquée à l'exégèse biblique, est née dans le cadre de la théologie libérale allemande protestante du XIXe siècle ; elle doit aussi beaucoup au développement de la science historique à cette même époque. Comme toute méthode, elle est marquée par le contexte qui l'a suscitée, soit *le positivisme scientifique, qui pose une prétendue objectivité et neutralité du chercheur.* De ce fait, elle s'exerce rarement à l'autocritique : elle ne jette aucun regard sur l'académisme et les mythes scientifiques qu'il véhicule. Cet académisme constitue d'ailleurs un *establishment* comparable à celui de l'autorité religieuse.

La culture académique occidentale, pas plus qu'une autre, n'est exempte de présupposés idéologiques et de superstitions. L'exégèse « historico-critique » est donc très pertinente lorsqu'on la considère comme un instrument, et non une fin en soi. Comme le note la théologienne protestante Élisabeth Parmentier, elle n'est « qu'une partie du processus d'interprétation et ne peut en tenir lieu, parce qu'il manque, à la prise de distance qui se confronte à l'histoire, la dimension *d'interpellation pour l'existence* du lecteur du texte[16] ».

À ce propos, le philosophe Jacques Derrida († 2004) note que :

> Tous ces discours destructeurs [...] sont pris dans une sorte de cercle. Ce cercle est unique et il décrit la forme du rapport entre l'histoire de la métaphysique et la destruction de l'histoire de la métaphysique : *il n'y a aucun sens* [*sic*] à se passer des concepts de la métaphysique pour ébranler la métaphysique ; nous ne disposons d'aucun langage [...] qui soit étranger à cette histoire[17].

Les anthropologues s'insurgent également contre l'idée que le sujet « religieux » étudié serait une entité irréductible à la rationalité que nous revendiquons comme nôtre. Claude Lévi-Strauss, bien connu, récusait une opinion répandue chez beaucoup de chercheurs occidentaux, selon laquelle « la conscience serait l'ennemie secrète des sciences de l'homme ». Le problème est-il davantage aigu en France, du fait de la laïcité, de la séparation de l'étatique et du religieux ?

---

15 Himmich, Bensalem, *Ijtihâd, La face voilée de l'Islam*, Rabat, Marsam, 2006, p. 28.
16 « Héritages et ruptures en milieu protestant », sur le site catho-theo.net.
17 *L'Écriture et la Différence*, Paris, Le Seuil, 1979, p. 412.

Venons-en maintenant à *l'islam*. J'ai été rapidement frappé par le fait que cette religion n'a pas une conception monolithique, unidimensionnelle de la « science ». La science, *al-'ilm*, est une, comme le souligne Ibn 'Arabî († 1240), puisqu'elle procède de Dieu l'Unique, l'Omniscient (*al-'alîm*), mais les modalités de la connaissance, elles, et les savoirs (*al-ma'lûmât*), sont multiples. Au nom du principe d'Unicité (*Tawhîd*), les diverses branches de la science ont fait bon ménage en islam classique, et l'on était à la fois théologien, juriste, poète, mathématicien, astronome…

Dans la civilisation islamique, les « anciens » pratiquaient le recul méthodologique et l'approche pluraliste beaucoup plus que la plupart des modernes… Les « imams » fondateurs des rites juridiques ont donné l'exemple. « Nous pensons avoir raison, déclarait Abû Hanîfa († 767), mais notre jugement peut s'avérer faux ; quant à l'autre [juriste], nous pensons qu'il a tort mais il se peut qu'il ait raison[18] ». L'imam Shâfi'î († 820), autre fondateur d'école juridique, traça dans ses écrits les lignes d'un pluralisme qui ne puisse dégénérer en divisions, et l'imam Mâlik refusa que le calife abbasside al-Mansûr impose comme manuel son propre ouvrage, *al-Muwatta'*, sur tous les territoires de l'islam : les peuples musulmans, lui écrivit-il en substance, professent des opinions diverses en fonction des enseignements qu'ils ont reçus initialement ; toutes sont valables car ce sont différents aspects de la vérité, et il faut donc laisser à chacun la liberté de choisir ses références.

> Prenons quelqu'un comme Tabarî qu'on peut considérer comme le summum de l'objectivité, écrit Mohamed Talbi. Il s'est contenté de dire à propos d'un événement donné : « je rapporte ce fait d'un tel, qui le tient d'un tel, qui le tient lui-même d'un tel ». Puis il rapporte un autre fait qui contredit le premier. Il ne fait que collectionner et rapporter. Il a le mérite inestimable de nous avoir conservé sur une série de points d'histoire toutes les opinions[19].

Par la parabole suivante, Ghazâlî a bien montré l'erreur qui consiste à enfermer l'universel dans des vues fragmentaires, critiquant ainsi les déficiences de l'exclusivisme dogmatique. Des aveugles se trouvent un jour en présence d'un éléphant, animal dont ils n'ont aucune connaissance, même théorique. Chacun tente donc de le décrire, et se le représente suivant le membre qu'il a touché : pour l'un, qui a tâté une patte,

18 Ibrâhîm, M. Z., *Al-furû' al-khilâfiyya*, Le Caire, 1995, p. 23.
19 *Plaidoyer pour un islam moderne*, *op. cit.*, p. 46.

l'éléphant ressemble à une colonne ; pour un autre, qui a tâté une des défenses, l'éléphant ressemble à un pieu, etc. Le poète soufi Jalâl al-Dîn Rûmî reprit également à son compte cette parabole dans son célèbre *Mathnawi*. Ainsi va la subjectivité humaine…

L'APPORT ÉPISTÉMOLOGIQUE DE LA SPIRITUALITÉ ISLAMIQUE

Le regard que nous portons sur le monde, nous autres modernes ou contemporains, est *borgne* : notre perception s'arrête au monde manifesté et ne suppose même pas l'existence d'une autre dimension. S'appuyant sur le verset coranique 41 : 53 : « Nous leur montrerons Nos signes aux horizons (*âfâq*) ainsi qu'en eux-mêmes (*anfusi-him*) jusqu'à ce qu'ils réalisent qu'il s'agit bien de la Vérité », le penseur musulman indien Muhammad Iqbal († 1938) écrit que :

> Le Coran considère à la fois « *Anfus* » (le soi) et « *Afaq* » (le monde) comme sources de connaissance. Dieu révèle Ses signes dans l'expérience intérieure aussi bien qu'extérieure […]. Il ne faut donc pas penser que l'idée de finalité doive laisser entendre que la vie soit en définitive destinée à un total remplacement de l'émotion par la raison[20].

Il fonde ainsi la quête de connaissance à la fois dans le monde phénoménal (« aux horizons ») et dans le royaume intérieur (« en eux-mêmes »). La culture islamique classique a généralement exprimé cela en termes de « balance » (*mîzân*), c'est-à-dire d'équilibre entre les différents aspects de la réalité. Ghazâlî par exemple a souvent recours à ce terme/thème.

Certains spirituels musulmans ont qualifié cet idéal par l'expression de « l'homme aux deux yeux ». Avec son œil « droit », ou œil intérieur, l'être éveillé voit l'Unicité ; avec son œil « gauche », ou œil extérieur, il voit le monde phénoménal dans sa multiplicité. Ainsi ancré à la fois dans l'Unicité et la multiplicité, il a une vision unifiante de la réalité, car la vision d'un œil ne cache pas celle de l'autre. La référence

20 *Reconstruire la pensée religieuse de l'islam*, Éditions du Rocher/UNESCO, 1996 (rééd.), p. 127-128.

coranique en est la suivante : « Ne lui [l'homme] avons-Nous pas donné deux yeux [...] Ne lui avons-Nous pas montré les deux voies[21] ? ». Remarquons l'extrême convergence de cette perspective avec l'assertion de l'astrophysicien canadien Hubert Reeves : « Nous ne pouvons pas vivre une seule démarche, sous peine de devenir fous ou de nous dessécher complètement. Il nous faut apprendre à vivre maintenant en pratiquant à la fois la science et la poésie, il nous faut apprendre à garder *les deux yeux ouverts en même temps*[22] ».

Nous devons en fait reconnaître notre *interdépendance*, et il y a en cela une grande exigence d'humilité, à la fois humaine et scientifique. Les physiciens expriment ce phénomène en termes d'*intersubjectivité*. Le physicien Bernard d'Espagnat, membre de l'Académie des sciences morales et politiques, note que :

> Dans ses grands énoncés fondamentaux, la physique classique pouvait ne faire appel qu'à des énoncés à objectivité forte. Or tel n'est plus le cas en physique quantique dont certains énoncés de base sont à objectivité seulement faible. Cela ne signifie aucunement que cette physique soit subjective, produit de nos préférences ou de nos convictions, mais seulement qu'elle est *intersubjective*, c'est-à-dire qu'elle doit une bonne part de son contenu à notre condition humaine. Plus précisément, étant donné qu'elle comporte des énoncés à objectivité seulement faible, il est clair qu'elle ne nous décrit pas la réalité en elle-même mais l'ensemble de notre expérience humaine de celle-ci. Il ne s'agit plus de réalité « indépendante » mais de réalité « empirique[23] ».

Les auteurs spirituels ont exploré le principe islamique de l'*interdépendance* qui régit l'univers, en développant par exemple la notion d'« Âme universelle » (*al-nafs al-kulliyya*), qui embrasse tous les règnes de la création. Pour des soufis comme Ibn 'Arabî, le monde n'est pas constitué d'objets ou d'atomes isolés, mais d'un réseau complexe de « relations » (*nisab*). Bien évidemment, une telle multiplicité des relations est « la répercussion de l'Un divin irréductible[24] ». Ce réseau tisse en quelque sorte une trame de solidarité entre Dieu et le cosmos, mais aussi entre les créatures. Henri Bergson allait tout à fait dans ce sens lorsqu'il

---

21 Coran 90 : 8, 10.

22 Cité par Cazenave, Michel, *La science et l'âme du monde*, Paris, Albin Michel, 1996, p. 12. C'est moi qui souligne.

23 D'Espagnat, Bernard, « Physique contemporaine et intelligibilité du monde », *revue PhiloScience* n° 1, *op. cit.*, p. 7.

24 Lory, Pierre, *La science des lettres en islam*, Paris, Dervy, 2004, p. 120.

affirmait que « la réalité ultime est un tissu de connexions sous-jacent, et que le cerveau fait écran à cette réalité plus large[25] ».

« Dieu reconnaît une certaine réalité aux essences des choses créées, affirme Ibn 'Atâ' Allâh († 1309) : Il donne à chacune la part qui lui revient, et la pourvoit d'un degré spécifique d'existence ; Il lui accorde sa propre sphère d'autonomie (*dawla*)[26] ». La Réalité est donc pluridimensionnelle, et chaque dimension – qu'on retrouve, par exemple, dans le ternaire esprit, âme, corps – a son droit (*haqq*) à l'existence, selon l'enseignement du prophète Muhammad. Se dégage ainsi un « Principe de Relativité » en physique quantique comme en métaphysique : « Aucun niveau de réalité ne constitue un lien privilégié d'où l'on puisse comprendre tous les autres niveaux de Réalité[27] ».

CONCLUSION : RECONNAÎTRE SA PROPRE SUBJECTIVITÉ

Par honnêteté intellectuelle, il nous faut donc accepter cette part radicalement subjective qui est en nous. Je préfère admettre mon implication personnelle, intérieure, dans ce que j'étudie puisque de toute façon, comme on l'a vu, cet objet d'étude m'implique. « La perturbation que l'ethnologue impose par sa présence à ce qu'il observe et qui le perturbe lui-même, loin d'être considérée comme un obstacle épistémologique qu'il conviendrait de neutraliser, est une source infiniment féconde de connaissance », affirme F. Laplantine[28]. Par mon mode de participation intérieure à ma discipline (l'islamologie, en l'occurrence), peut-être parviens-je à plus de proximité, d'intimité avec elle.

Les deux démarches, académique et personnelle, offrent donc chacune leur part d'objectivité ; c'est pourquoi je les mets à contribution

---

25 Ferguson, Marilyn, *Les enfants du Verseau – Pour un nouveau paradigme*, Paris, Calmann-Lévy, 1994 (rééd.), p. 142.

26 Ibn 'Atâ' Allâh, *La sagesse des maîtres soufis*, traduction et annotation par Éric Geoffroy, Paris, Grasset, 1998, p. 57.

27 Nicolescu, Basarab, « Le tiers inclus – De la physique quantique à l'ontologie », *PhiloScience*, *op. cit.*, p. 64.

28 Laplantine, François, *L'anthropologie*, *op. cit.*, p. 172.

dans ma méthodologie : j'essaie ainsi, sur un sujet précis, de confronter islamologie, histoire et anthropologie. La réalité n'est jamais unidimensionnelle, et si j'en passe sous silence un seul aspect, je la défigure dans sa totalité. Il s'agit là, bien sûr, d'un idéal vers lequel tend le chercheur. Dans ma thèse[29], par exemple, j'ai tenté de combler le hiatus existant entre les deux approches divergentes par lesquelles est habituellement traitée la mystique musulmane : l'une purement doctrinale ou métaphysique, l'autre sociologique ou anthropologique. Mon propos a été de mettre en regard les données historiques d'une période précise et les traits permanents de la spiritualité en islam, d'inscrire le soufisme dans le cadre de la culture islamique qui le supporte. Aucune doctrine n'est dépourvue de dimension historique. À mon sens, tout historien des religions ou des idées doit activer un mouvement de balancier entre temporel et intemporel, histoire et métahistoire. J'espère ainsi échapper à cette « schizophrénie profonde et permanente » qui caractérise, selon Edgar Morin, les sciences humaines telles que la sociologie.

Éric Geoffroy
Université de Strasbourg
GEO, EA 1340

29 *Le soufisme en Égypte et en Syrie sous les derniers Mamelouks et les premiers Ottomans – orientations spirituelles et enjeux culturels*, ouvrage édité par l'Institut Français d'Études Arabes de Damas, Damas-Paris, 1995. Ce travail est maintenant édité *on line* : http://ifpo.revues.org/2342.

LE JUDAÏSME COMME UN AUTRE

Identité, réflexivité et sciences sociales du judaïsme

Il est rarement demandé aux sociologues de la famille ou aux anthropologues de la parenté d'exposer publiquement leur histoire familiale, leur rapport à leurs parents ou leur conception intime du mariage, du couple et de la filiation. Cela serait sans doute gênant, pour ceux qui se dévoileraient ainsi, mais aussi pour ceux qui écouteraient. Force est de constater que cette pudeur n'est pas toujours de rigueur quand l'objet de l'enquête se rapporte au fait religieux. L'ensemble des participants à ce colloque l'ont souligné, les chercheurs qui s'intéressent de près ou de loin au fait religieux, qu'ils soient historiens, sociologues ou anthropologues, qu'ils travaillent sur le christianisme, l'islam ou, pour ce qui me concerne, le judaïsme, ont au moins une fois été « passés à la question » du rapport qu'ils entretiennent à leur objet.

Cela tient, sans doute, à l'idée (fondée ou infondée, là n'est pas la question), d'une opposition presque de nature entre usage de la raison et religion. Comme le souligne l'anthropologue Saba Mahmood :

> Il est habituel aujourd'hui de vanter la Critique comme une réalisation de la culture et de la pensée laïques. Essentielle à ce couplage est l'idée que, contrairement à la croyance religieuse, la Critique est fondée sur une distanciation entre le sujet et l'objet et une certaine forme de délibération raisonnée. Cette conception de la Critique est souvent opposée aux pratiques interprétatives religieuses où le sujet est compris comme étant si embourbé dans son objet qu'il ne peut instaurer la distance nécessaire à la pratique de la Critique[1].

La question se pose cependant de manière sensiblement différente concernant le monde juif où, comme l'écrit Régine Azria, la religiosité

---

1 Mahmood, Saba, « Raison religieuse et affect laïc : un clivage incommensurable ? », A. Talal A., B. Wendy, J. Butler, S. Mahmood, *La critique est-elle laïque ? Blasphème, offense et liberté d'expression*, Lyon, PUL, 2015 [2009], p. 108.

s'exprime plus en terme de tradition que de foi[2]. Si, pour le christianisme, la foi – comprise comme don divin qui permet au fidèle de croire en des vérités insondables par la raison[3] – constitue le fondement même de la religiosité, c'est bien davantage la manière de se référer à un ensemble de textes et de sources (sources écrites et sources orales retranscrites à l'écrit, commentées et interprétées au sein de la vaste littérature talmudique) et d'en respecter, à des degrés et selon des modalités divers, les prescriptions incarnées dans les 613 *mitsvot* (les 613 commandements), qui forme le cœur de la religiosité juive[4] :

> En hébreu, le mot *berith* peut se traduire comme « pacte d'alliance ». Il équivaut au latin *foedus*, terme qui [...] est rattaché étymologiquement au terme « foi » et renvoie au pacte stipulé entre Yahvé et les juifs au Sinaï. Les commandements sont indiqués par le mot hébreu *mitsvot*, terme qui ne signifie pas dogmes auxquels il faut croire, mais plutôt actes qu'il faut accomplir[5].

La question de la foi est donc ici seconde, laissant place à des questions qui relèvent plus du juridique que de la définition de contenus de foi, et plus de la conformité à une *praxis* qu'à l'adhésion à un *credo*. Mais cela ne signifie pas pour autant que la relation qu'entretient le chercheur travaillant sur le fait juif avec son objet n'est pas susceptible d'influer sur son travail. Cela ne fait que décaler le soupçon : non plus savoir si il y *croit* mais savoir si il *en est*.

---

2 Azria, Régine, « Une sociologue face aux recompositions juives contemporaines », dans Y. Lambert, G. Michelat et A. Piette, *Le Religieux des sociologues. Trajectoires personnelles et débats scientifiques*, Paris, L'Harmattan, 1997, p. 208.

3 Prescendi, Francesca, « Foi », dans R. Azria et D. Hervieu-Léger, *Dictionnaire des faits religieux*, Paris, PUF, 2010, p. 390.

4 Sans entrer dans les détails du débat théorique complexe de la définition du religieux et de la religion, je fais ici mienne la définition que donne Danièle Hervieu-Léger du religieux comme « croire légitimé par l'autorité d'une tradition » (Hervieu-Léger, Danièle, *La religion pour mémoire*, Paris, Cerf, 1993), qui est particulièrement opérante pour comprendre le type de rapport entretenus par certains juifs « religieux » avec la tradition juive.

5 Prescendi Francesca, « Foi », p. 389.

ÉTUDES JUIVES ET SCIENCES SOCIALES DU JUDAÏSME

Les « Études juives » (et par extension les sciences sociales de judaïsme) ont en effet toujours été soumises à un double soupçon – peut-être encore dramatisé par le statut particulier qu'a longtemps occupé le judaïsme en Europe – concernant le « lieu » à partir duquel était émis le discours savant sur le judaïsme. Comme un certain discours antisémite reproche aux juifs leur entre-soi, on soupçonne aussi parfois les spécialistes des sciences sociales du judaïsme de refuser le regard extérieur, niant toute légitimité aux chercheurs qui ne seraient pas d'origine juive et s'arrogeant le monopole du discours sur le judaïsme. Il faut reconnaître que pendant longtemps, quand des non juifs se sont emparés de la « question juive », l'objectif était rarement bienveillant. Sylvie Anne Goldberg le rappelle :

> Longtemps, les études historiques ou théologiques portant sur les juifs restèrent l'apanage d'érudits ou d'hébraïsants concernés à l'exclusive par la recherche ou l'affirmation de la légitimité du christianisme. Les travaux sur les juifs, considérés comme éternels témoins infidèles impénitents ou aveugles obstinés, visaient au mieux à vaincre leur entêtement, au pire les poser en épigones malfaisants[6].

C'est notamment avec l'intention d'affirmer la légitimité d'un savoir juif sur le judaïsme que se sont élevées les *Wissenschaft des Judentums* (sociétés pour les sciences du judaïsme ou « lumières juives »), fondées à Berlin au début du XIXe siècle, dont l'un des objectifs était précisément de se réapproprier le discours sur le judaïsme et de permettre la connaissance et la compréhension des valeurs juives par les non-Juifs.

Mais dès lors, un autre soupçon se faisait jour : ces sciences du judaïsme ne pouvaient-elles être comprises comme la part sécularisée de l'étude des textes et de la tradition, pratique hautement valorisée par le judaïsme rabbinique ? En travaillant à adapter les Juifs à la société allemande, en inscrivant leur histoire dans le cadre plus vaste de l'histoire allemande et européenne, elles n'auraient finalement vocation qu'à produire de

---

6 Goldberg, Sylvie-Anne, « Présentation », *Annales*, 49e année (1994), n° 5, Armand Colin, Paris, p. 1019.

nouveaux contenus normatifs, une nouvelle lecture de la tradition, adaptée aux différents contextes dans lesquels vivent les populations juives. Autrement dit, le projet des sciences du judaïsme, en proposant un rapport renouvelé à la tradition, pouvait aussi être compris comme une nouvelle formulation religieuse, ou plutôt comme une construction visant à l'élaboration d'une définition normative de l'identité juive.

C'est la question de l'autonomie scientifique des études juives qui est ici posée : autonomie vis-à-vis des enjeux proprement identitaires, mais aussi vis-à-vis des enjeux politiques liés à la présence juive au sein de sociétés majoritairement non juives. Sylvie-Anne Goldberg, toujours, isole ainsi trois principaux modèles de l'histoire et de l'historiographie juive, qui dépendent étroitement de leur contexte et des enjeux de reconnaissance de la place des juifs au sein de ces contextes : le modèle allemand (Henrich Graetz notamment), mis au service de la réduction du mode de vie juif traditionnel à celui d'un « juif nouveau », gagné aux valeurs occidentales et apte à participer à la vie publique ; le modèle russo-polonais (dont Simon Doubnov est le meilleur exemple), visant à promouvoir le patrimoine spécifique de la *yiddishkeit* ; le modèle français (Solomon Munk, Moïse Schwab, Adolphe Franck, Joseph Derenbourg, Joseph Halevy, les frères Darmesteter et Reinach, mais aussi Georges Väjda, André Neher et Bernard Blumenkranz) soulignant l'enracinement de la culture française au sein du patrimoine juif[7].

Les sciences sociales qui s'intéressent aujourd'hui au judaïsme et à l'histoire juive n'en restent pas moins prises en tension entre autonomie scientifique, enjeux de reconnaissance socio-politique des juifs (en fonction de la plus ou moins grande autonomie des juifs au sein des contextes socio-politiques[8] et enjeux identitaires et politiques. Les débats autour de la « nouvelle histoire » d'Israël[9] ou les controverses qui ont suivi la publication du livre d'Israel Finkelstein et Neil Asher Silberman *La Bible*

7 *Ibid.*, p. 1020-1024.

8 Alvarez-Pereyre, Franck, « En deçà et au-delà des évidences : quelle anthropologie du judaïsme ? », *éd. F.* Heymann. et D. Storper Perez, *Le Corps du Texte. Pour une anthropologie des textes de la tradition juive*, Paris, CNRS Éditions, 1997, p. 31.

9 Flapan, Simha, *The Birth of Israël : Myths And Realities*, NewYork, Pantheon Books, 1987 ; Segev, Tom, *Le Septième million. Les Israéliens et le génocide*, Paris, Liana Levi, 1993 ; Morris, Benny, *Victimes. Histoire revisitée du conflit arabo-sioniste*, Bruxelles, Éditions Complexes, 2003 ; Pappé, Ilan, *Le nettoyage ethnique de la Palestine* Paris, Fayard, 2008 ; Shlaim, Avi, *Le mur de fer : Israël et le monde arabe*, Paris, Buchet & Chastel, 2008.

dévoilée (2002) montrent à quel point histoire, historiographie, identité et politique restent intimement mêlés. La polémique, portée en France par la revue *Pardès. Études et culture juive* (2012) dirigée par l'ancien professeur de sociologie de l'Université de Nanterre Shmuel Trigano, porte moins souvent sur le fond scientifique de la thèse des auteurs (discuter si le récit biblique est compatible ou non avec le développement récent des connaissances archéologiques) que sur la dénonciation des soubassements idéologiques explicites ou implicites et de ses conséquences politiques, notamment concernant la légitimité de l'État d'Israël ou la portée du texte biblique[10].

Les « études juives » sont ainsi souvent mobilisées à des fins de constructions identitaires et de légitimation politique, surdéterminant les aspects traditionnels, parfois folkloriques voire même idéalisées du fait juif[11], se focalisant sur ce qui unit plus que sur ce qui divise et portant son attention aux manifestations « authentiques » de la vie juive, laissant de côté les influences non juives. Une apologétique, plutôt qu'une approche critique ; une emphase sur les continuités plus que sur les ruptures ; une science sociale du « même » autrement dit, davantage mise au service de la production d'une identité juive consensuelle, au détriment de ses dimensions conflictuelles, urbaines, hybrides, etc. Une identité-*idem* en somme (*même* en français, en anglais *sameness*, en allemand *Gleichkeit*) telle que la définit Paul Ricœur, qui valorise l'unicité et la continuité au détriment de la pluralité, des bifurcations, des ruptures et du dissensus[12].

10 Kanoui, Jean-Yves, « La réception en France de La Bible dévoilée, les nouvelles révélations de l'archéologie, en 2002. La réception journalistico-théologique d'un livre d'archéologie politique », *Pardès*, 2011/2 (N° 50) ; Lassave, Pierre, « Shmuel Trigano (dir.), Controverse sur la Bible », *Archives de sciences sociales des religions* [En ligne], 160 | octobre-décembre 2012, mis en ligne le 11 avril 2013, consulté le 02 octobre 2016. URL : http://assr.revues.org/24757.

11 Alvarez-Péreyre, Franck, « En deçà et au-delà des évidences… », art. cité, p. 34-35. .

12 Ricœur, Paul, *Soi-même comme un autre*, Paris, Le Seuil, 1990, p. 140.

DU MÊME AU SOI-MÊME : UN RETOUR À LA QUESTION

Comment sortir de ce dilemme, qui d'un côté disqualifie le regard étranger jugé souvent trop peu empathique et qui d'un autre côté soupçonne le regard de celui qui en est d'une trop grande connivence avec son objet ? À quelles conditions est-il possible de faire des sciences sociales du fait juif ? Mais surtout, pour ce qui nous concerne ici, en quoi l'énonciation publique du rapport qu'entretient le chercheur avec son objet peut-elle contribuer à résoudre ces tensions ? Car on sent bien que le fait même d'accepter de rendre compte de la relation entretenue avec l'objet revient en un sens à valider le soupçon porté sur les possibilités mêmes d'un regard objectif porté sur les « choses de Dieu ». Comment répondre à cette « épreuve en objectivité » (pour paraphraser Boltanski et Thévenot[13]), sans paraître se *justifier* et sans paraître valider l'hypothèse d'une irréductible impasse ? La voie, étroite, que je voudrais proposer ici, n'entend pas être une démarche de *justification*, mais plutôt une démarche d'*information* et de *compréhension*. Et plutôt que de répondre de manière désincarnée à la question des conditions de production d'un savoir « objectif » sur le judaïsme, j'essaierai d'analyser le processus par lequel je tente, pour ma part, d'objectiver mon travail et de le problématiser. Il ne s'agira pas de me demander ce que la plus ou moins grande proximité avec mon objet m'empêche de penser ; il ne s'agira pas de justifier du caractère plus ou moins objectif de mon point de vue, mais, bien au contraire, de réfléchir à ce que mon propre rapport au judaïsme et à la judéité me permet de problématiser.

Peut-être est-il donc utile, à ce moment du propos, de préciser le lieu, mais sans doute serait-il plus pertinent de parler de l'espace d'identification, depuis lequel j'écris. Parler d'espace d'identification et non de lieu de l'identité me semble en effet plus à même de rendre compte du caractère oscillatoire, processuel, approché et distancié, du rapport que j'entretiens avec mon objet. Le lieu, c'est un espace où la

---

13 Boltanski, Luc et Thévenot, Laurent, *De la Justification. Les économies de la grandeur*, Paris, Gallimard, 1991.

distance n'est pas pertinente écrit le géographe Jacques Lévy[14]. Définition qui entre en résonance avec celle qu'en propose Michel de Certeau, pour qui le lieu correspond à « une configuration instantanée de position[15] ». Il dit l'homogène, le continu et la stabilité. Il y a, en revanche, espace, poursuit-il,

> [...] dès qu'on prend en considération des vecteurs de direction, des quantités de vitesse et la variable de temps. L'espace est un croisement de mobiles. Il est en quelque sorte animé par l'ensemble des mouvements qui s'y déploient. Est espace l'effet produit par les opérations qui l'orientent, le circonstancient, le temporalisent et l'amènent à fonctionner en unité polyvalente de programmes conflictuels ou de proximités contractuelles [...]. En somme, l'espace est un lieu pratiqué. Ainsi la rue géométriquement définie par un urbaniste est transformée en espace par des marcheurs[16].

J'ai aujourd'hui pris l'habitude de répondre à la question de savoir si je suis moi-même juif – question qui m'est presque systématiquement adressée à l'évocation de mes thèmes de recherche – : « Ma mère est juive, née en France à la fin de la guerre de parents venus de Bucovine en France au milieu des années 1930. Mon père, quant à lui, arrivé en France à l'âge de 30 ans et désormais naturalisé français, a grandi en Allemagne de l'Ouest et a reçu une éducation luthérienne », laissant à mes interlocuteurs le loisir de me définir. Les différentes réactions pourraient en elles-mêmes faire l'objet d'une enquête. Le plus souvent, c'est la définition halakhique de l'identité juive qui s'impose ou, devrais-je dire plutôt, que l'on m'impose : puisque ma mère est juive, je suis moi-même juif. Mais l'assignation identitaire peut aussi parfois fonctionner sur le mode de l'exclusion. Un rabbin libéral new-yorkais que je rencontrais dans le cadre de ma thèse consacrée aux processus de conversion au judaïsme m'a par exemple laissé entendre qu'il ne pourrait m'admettre au sein de sa communauté sans passer au préalable par un processus proche de celui d'une conversion, dans la mesure où je n'avais reçu aucune

---

14 « Dans un lieu (ou, plus précisément : pour autant qu'un espace peut être considéré comme un lieu), la position relative des phénomènes les uns par rapport aux autres perd toute signification. » (Lévy, Jacques, « "Lieu" 3 », *EspacesTemps.net*, Livres, 19.03.2003, http://www.espacestemps.net/articles/lieu-3/.2003).

15 Certeau, Michel de, *L'invention du quotidien, tome 1 : Arts de faire*, Paris, Gallimard, 1990 (coll. « Folio »), p. 172-173.

16 *Ibid.*, p. 172-173.

éducation religieuse et où je ne respectais aucune prescription de la tradition juive.

Cette volonté de ne pas m'inscrire dans une définition identitaire exclusive et stable, cette légère distanciation avec une *identité* que j'endossais jusque-là sans la questionner plus avant, s'est affirmée au fur et à mesure que je faisais des juifs et du judaïsme l'objet de mes recherches. Travailler sur les juifs et le judaïsme n'était en effet pas ma vocation première. Depuis longtemps sensible à « l'air de la ville », je me préparais plutôt à l'exploration de l'anthropologie urbaine. C'est lors d'un stage de terrain à Besançon auquel je participais lors de mon année de licence d'anthropologie que je m'intéressais pour la première fois au judaïsme en tant que fait à questionner. L'expérience devait durer une petite semaine, un peu davantage le temps d'écrire le rapport de stage, et s'arrêter là. Cela ne se passa cependant pas comme prévu. La semaine se transforma en une année de maîtrise sur la communauté juive de Besançon, puis se prolongea dans un mémoire de DEA suivi d'une thèse sur les processus de conversions au judaïsme, puis dans un projet de recherche sur l'orthodoxie, l'hétérodoxie et le pluralisme religieux au sein du judaïsme contemporain qui me permit d'être recruté au CNRS.

Car ce n'est pas à proprement parler de l'identique que j'ai rencontré lors de mes premières recherches. Nullement socialisé dans la vie communautaire juive, à peine plus informé des choses juives que la moyenne des gens de mon âge et de mon milieu social, je m'étais construit une identité juive présente mais quelque peu brumeuse, faite d'un mélange d'accent de mes grands-parents, de strudel aux pommes, de *Gefiltefish*, de pain de veau dominical (dont j'ai appris plus tard qu'il était mélangé à de la viande de porc), de goulash, de souvenirs d'enfances d'un voyage en Israël et de réaction à l'antisémitisme. Et c'est une toute autre « manière d'être juif », pour reprendre la formule de Jeanne Brody[17], que j'ai rencontrée lors de cette première expérience de terrain ; quelque chose de l'ordre d'une altérité, que l'on pourrait qualifier de déstabilisante, mais qui finalement fut peut être avant tout rassurante, car elle prolongeait cet écart à la société majoritaire qui m'avait toujours défini et que j'attribuais jusque-là, à tort ou à raison peu importe, à ma judéité.

17 Brody, Jeanne, *Rue des Rosiers : une manière d'être juif*, Paris, Autrement, 1995.

Mais plutôt que d'altérité ou de différence, ce serait plutôt d'*écart*, au sens qu'en donne François Jullien, dont il conviendrait de parler :

> Quelle différence établir entre l'écart et la différence, si je veux commencer par les identifier l'un et l'autre (du point de vue donc de la connaissance) ? Les deux marquent une séparation ; mais la différence le fait sous l'angle de la *distinction*, et l'écart sous celui de la *distance*. De là que la *différence* est classificatrice, l'analyse s'opérant par ressemblance et différence ; en même temps qu'elle est identificatrice : c'est en procédant de « différence en différence », comme le dit Aristote, qu'on parvient jusqu'à l'ultime différence livrant l'essence de la chose, qu'énonce sa définition. Face à quoi, l'*écart* se révèle une figure, non pas d'identification, mais d'exploration, faisant émerger un autre possible. Par suite, l'écart n'a pas une fonction de classification, dressant des typologies, comme le fait la différence, mais consiste précisément à en déborder : il produit, non pas un rangement, mais un *dérangement*. [...] Aussi l'écart s'oppose-t-il à l'attendu, au prévisible, au convenu. Tandis que la différence a en vue la description et, pour cela, procède par *détermination* (la distinction et l'« analyse » des essences, comme le prônaient les Grecs), l'écart engage une *prospection* : il envisage – sonde – jusqu'où d'autres voies peuvent être frayées. Sa figure est aventureuse[18].

Si je suis juif, autrement dit, c'est bien davantage sous forme de question, qui implique d'explorer et de remettre en jeu ma propre identité et de penser l'écart vis-à-vis de celles et ceux que je rencontre dans le cadre de mes recherches. Et c'est en prenant appui sur cet écart aux autres et à moi-même qui a émergé de cette première expérience du terrain que j'ai pris mes distances avec une conception de l'identité que Paul Ricœur conceptualise comme l'identité-*idem*, au profit de l'identité-*ipse* (*ipse*, *selfhood*, *Selbstheit*), qui renvoie au sujet qui se réfléchit lui-même « comme un autre » :

> Tant que l'on reste dans le cercle de l'identité mêmeté, l'altérité de l'autre que soi ne présente rien d'original : « autre » figure [...] dans le liste des antonymes de « même », à côté de « contraire », « distinct », « divers », etc. Il en va tout autrement si l'on met en couple l'altérité avec l'ipséité. Une altérité qui n'est pas – ou pas seulement – de comparaison est suggérée par notre titre, une altérité telle qu'elle puisse être constitutive de l'ipséité elle-même. Soi-même comme un autre suggère d'entrée de jeu que l'ipséité du soi-même implique l'altérité à un degré si intime que l'une ne se laisse pas penser sans l'autre, que l'une passe plutôt dans

18 Jullien, François, *Il n'y a pas d'identité culturelle*, Paris, L'Herne, 2016, p. 34-36.

> l'autre, comme on dirait en langage hégelien. Au « comme » nous voulons attacher la signification forte, non pas seulement d'une comparaison – soi-même semblable à un autre –, mais bien d'une implication : soi-même en tant… qu'autre[19].

RÉFLÉCHIR LE JUDAÏSME

L'exercice d'égotisme auquel je viens de me livrer ici ne vaudrait pas une heure de peine s'il ne devait se traduire dans la manière même de concevoir mon objet et de faire des sciences sociales. La réflexivité telle que je la conçois n'implique en effet pas exclusivement l'analyse des rapports de connaissance entre deux entités stables (le chercheur d'un côté, son objet de l'autre), mais la relation entre deux pôles eux-mêmes pensés comme instables. Ne pas s'enfermer soi-même dans une identité définie et close, c'est aussi rester attentif à ne pas enfermer son « objet » dans une définition restrictive, de le penser lui-même comme pluriel, réflexif et engagé dans des logiques de compréhension et de définition de soi.

Il n'est de ce point de vue guère étonnant que j'aie consacré ma thèse aux processus de conversion au judaïsme. Je trouvais, sans doute, dans cette expérience sociale singulière une occasion de réfléchir aux logiques d'identifications au judaïsme qui faisaient écho à mes propres indéfinitions. Car si la conversion peut être comprise comme le passage d'une frontière délimitant des mondes étrangers les uns aux autres, elle nous en dit peut-être plus encore sur les proximités, sur les porosités, sur les déplacements et sur l'indétermination des identités. Le moment de la conversion, c'est bien ce moment où l'identité de l'individu n'est plus définie (où elle est au sens propre indéfinie), où elle n'est plus bornée par des catégories qui s'imposent à lui. M'appuyant sur les travaux de Paul Ricœur[20] sur l'identité narrative, je portais notamment une attention particulière à la manière dont les conversions étaient mises en récit, aux fils narratifs et herméneutiques que mobilisaient

19 Ricœur, Paul, *Soi-même comme un autre*, *op. cit.*, p. 14.

20 Ricœur, Paul, *Temps et récits III*, *Le temps raconté*, Paris, Le Seuil, 1985 ; *Id.*, *Soi-même comme un autre*, *op. cit.*

les convertis pour problématiser et pour justifier des parcours qui leur demeuraient bien souvent opaques et qui n'étaient le plus souvent accueillis avec bienveillance ni par leurs familles, ni par leurs proches, ni par les institutions juives, ni par certains juifs « établis » (quand ils ne suscitaient pas l'hostilité).

Pour autant, les processus de conversion ne peuvent être uniquement compris à travers les logiques de subjectivation des identités. Toute conversion doit en effet nécessairement être validée par une institution religieuse qui, de son côté, n'accepte de convertir que les candidats qu'elle juge conformes à ses propres critères de définition de l'identité juive et de la pratique religieuse. Par-delà le caractère éminemment subjectif de ces parcours, ils n'échappent pas aux processus normatifs qui encadrent, *via* le processus formel de conversion et l'attribution d'un certificat de judéité, le passage de l'*identification* (individuelle, subjective, dynamique) à l'*identité* (formelle, institutionnalisée et stabilisée). Le processus de conversion, qui se révélait être en grande partie processus de transformation d'une identité et d'un croire « sauvages » en un croire « bien ordonné » par le travail des institutions, m'apparaissait ainsi comme un acte qui questionnait profondément les identités et la manière dont elles sont constituées et instituées.

Ce qui a constitué le fil problématique de cette recherche, ce n'était donc pas seulement de comprendre les logiques subjectives de construction des identités. C'était, bien davantage, de comprendre comment cette quête trouvait à se stabiliser dans des cadres institutionnels objectifs qui pouvaient se révéler extrêmement normatifs[21]. Loin de l'affirmation harmonieuse de l'autonomie individuelle que les récits de conversion laissent le plus souvent transparaître, la conversion m'apparaissait comme un moment critique mettant en tension quête (mouvement) et stabilité, subjectivité et objectivation de l'expérience subjective, autonomie individuelle et hétéronomie institutionnelle, etc. Cette interaction sociale particulière que je pouvais observer dans la confrontation entre des candidats à la conversion et des institutions religieuses me permettait de comprendre, en somme, comment pouvait se redéfinir de la norme religieuse *à partir* de la subjectivité individuelle et comment pouvait se reconstruire de la stabilité *à partir* des logiques de circulation des

21 Tank-Storper, Sébastien, *Juifs d'élection. Se convertir au judaïsme*, Paris, CNRS Éditions, 2007, p. 161-205.

individus. Ce qui impliquait de décaler mon regard, en le portant non plus sur les individus et sur les parcours d'identification, mais sur les multiples institutions (comprises dans le sens qu'en donnent Peter Berger et Thomas Luckmann[22] de cadre de production et de légitimation de la réalité sociale) revendiquant la légitimité exclusive de définir les contenus de l'identité juive.

Parties des parcours subjectif d'identification au judaïsme, mes recherches se sont dès lors plus particulièrement consacrées aux processus (religieux, symboliques, politiques) d'objectivation et de stabilisation des identités juives, en restant particulièrement attentif à la manière dont les multiples acteurs retravaillent et réactualisent un fait juif soumis à des forces centrifuges qui nécessitent sans cesse de remettre en jeu sa définition. Il s'agit notamment de m'appuyer sur un ensemble de controverses (les controverses religieuses) pour saisir les registres de justification et de légitimation des différentes modalités de définition de la tradition et de l'identité juive, de comprendre les registres sur lesquels ils peuvent jouer et les ressources sur lesquelles elles s'appuient. Non pas partir d'un noyau dur et stable, mais saisir un ensemble discursif par lequel des acteurs fabriquent de l'identité à partir des logiques réflexives.

Cette démarche pose cependant un certain nombre de questions : comment rendre compte des processus réflexifs à l'œuvre au sein du champ du judaïsme contemporain tout en maintenant une distance critique vis-à-vis des élaborations idéologiques qu'ils produisent ? Quel statut attribuer aux catégories « indigènes » des acteurs ? Comment articuler catégories *emic* et catégories *etic* ? Car si le chercheur en sciences sociales que je suis s'attache à éviter toute approche essentialiste des phénomènes sur lesquels il travaille, il se confronte, notamment quand il s'agit de matière religieuse, à des discours qui visent sans cesse à reconstruire de la continuité, de l'authenticité, bref de *l'essence*.

Ainsi quand on travaille sur la pluralité religieuse et sur les notions d'orthodoxie et d'hétérodoxie au sein du judaïsme contemporain : si l'on s'en tient aux classifications internes au champ religieux (et qui sont la plupart du temps reprises sans réel recul par les chercheurs), la distinction entre les différents courants du judaïsme contemporain

22 Berger, Peter et Luckmann, Thomas, *La Construction sociale de la réalité*, Paris, Armand Colin, 2006 (1re édition 1966).

(reconstructionniste, libéral, conservative ou massorti, orthodoxe ou ultra-orthodoxe, sioniste religieux, etc.) s'opérerait selon une échelle allant des moins strictes (les reconstructionnistes et les libéraux) aux plus rigoureux (les ultra-orthodoxes) ; une allant d'une plus ou moins grande fidélité à la *Halakha* et à la tradition, les orthodoxes et les ultra-orthodoxes se voulant les plus fidèles à la *Halakha*, et ce faisant à la tradition, tandis que les réformés, en rupture, travailleraient à transformer la *Halakha* afin d'inscrire le judaïsme dans la modernité (dans l'esprit du temps). On aurait ainsi deux judaïsmes : un judaïsme de la continuité, de la tradition, de la rigueur et de l'observance (attribué aux orthodoxes) qui s'opposerait à un judaïsme de la discontinuité, de l'esprit du temps, voire laxiste (du côté des conservateurs et des réformés). Pour autant, ces classifications posent un certain nombre de questions.

Tout d'abord, l'opposition tracée entre un judaïsme fidèle à la tradition et un judaïsme qui s'inscrit davantage dans la modernité fait problème. Le mouvement de pluralisation religieuse et idéologique du judaïsme montre notamment que l'orthodoxie telle que nous la connaissons aujourd'hui (qui se définit elle-même issue de la tradition) naît précisément du contexte d'ouverture des communautés juives à la modernité politique. Elle est, au même titre que le judaïsme libéral (dans ses formes réformé et conservateur), et au même titre que le judaïsme ultraorthodoxe[23], à la fois une réponse au processus de modernisation et le produit de ce processus de modernisation (même si cette réponse se formule dans les termes d'une essentialisation du langage de la tradition).

Ensuite, certaines positions « orthodoxes » relèvent parfois de registres extra ou méta-halakhiques, démontrant la relative autonomie des positions idéologiques et religieuses des rabbins « orthodoxes » vis-à-vis de la *Halakha*, comme dans le cas de l'exclusion des femmes de la vie publique par exemple, qui reposent avant tout sur le *minhag*, la coutume[24].

Enfin, le judaïsme libéral n'est pas nécessairement un judaïsme anomique ou laxiste, comme certaines définitions le laisseraient volontiers

---

23 Baumgarten, Jean, *La Naissance du hassidisme*, Paris, Albin Michel, 2006.

24 Storper Perez, Danielle, « Dieu désire nos prières… », art. cité ; Lipsyc, Sonia Sarah, « L'accès des femmes au Talmud : le point de vue traditionnel en question », éd. S. S. Lipsyc, *Femmes et judaïsme aujourd'hui*, Paris, Éditions In Press, 2008, p. 23-68.

penser. Il est également normatif, même si son rapport à la loi et à la transgression, ainsi que son mode d'exercice de l'autorité, ne sont pas identiques à ceux de ses concurrents dits « orthodoxes ». J'ai eu ainsi l'occasion en travaillant sur les politiques institutionnelles de conversion de montrer que les libéraux ou les conservateurs, au même titre que les orthodoxes, se saisissaient des demandes de conversion pour énoncer une définition normative de l'identité juive et de ses modes de transmission ou d'acquisition (autrement dit se saisissent de la conversion pour définir une orthodoxie) d'une part, et d'autre part pour mettre en scène l'exercice aujourd'hui rendu problématique de l'autorité religieuse.

Autre problème que posent les classifications des différents courants du judaïsme contemporain (et non des moindres) : ce sont ici des catégories qui définissent des échelles de valeur. Le manque de rigueur ou le laxisme ont une connotation négative quand ils se réfèrent à la discipline ou au savoir religieux, tandis que la fidélité à la tradition et à la loi reste le langage à partir duquel chaque courant sans exception se légitime. Quand par exemple le rabbin Farhi, rabbin libéral, écrit « [...] que le judaïsme libéral a toujours existé et que les grands prophètes d'Israël étaient des libéraux[25] », il répond certes à ses accusateurs qui lui reprochent de s'éloigner de la tradition, mais il renverse aussi l'accusation en se revendiquant de la tradition authentique, celle portée par les prophètes. La difficulté consiste ainsi à élaborer un cadre descriptif et analytique permettant de rendre compte des clivages et des éventuelles convergences entre les différentes tendances et institutions du judaïsme contemporain, sans pour autant contribuer à légitimer ou délégitimer l'un ou l'autre courant par un discours d'expertise, notamment dans le contexte contemporain où la question de la reconnaissance – ou plutôt la non reconnaissance – de la légitimité de la pluralité des interprétations devient l'un des enjeux les plus conflictuels du judaïsme contemporain.

Cela nécessite notamment de penser à partir des catégories internes (*emic*), mais en les confrontant et parfois en les substituant au profit de catégories externes (*etic*), afin de ne pas enfermer son objet dans ses propres catégories, et de le penser *avec* les autres. Cette opération est

25 Farhi, Daniel et Lentschner, Francis, *Un Judaïsme dans le siècle. Dialogue avec un rabbin libéral*, Paris, Berg International, 1997, p. 32.

d'autant plus complexe que ces catégories mobilisées dans le champ religieux pour tracer la frontière entre l'orthodoxe et l'hétérodoxe (et entre les institutions légitimes et les institutions illégitimes) recoupent certaines catégories des sciences sociales. La « tradition » est une catégorie structurante du judaïsme comme des sciences sociales. Catégorie structurante, mais aussi catégorie largement débattue et discutée, autant dans le judaïsme que dans les sciences sociales.

CONCLUSION

« Le judaïsme comme un autre ». La formule est à comprendre dans les multiples focales qu'elle autorise et dans les continuels jeux de miroirs qu'elle implique : le judaïsme comme un autre à moi-même, le judaïsme comme un autre moi-même, le judaïsme comme un autre à lui-même, mais aussi le judaïsme comme n'importe quel autre (fait social). À ce titre, peu importe le « lieu » à partir duquel parle le chercheur. En « être » ou ne pas en « être » peut constituer aussi bien un atout qu'un handicap, à condition de mesurer ce que sa propre position lui empêche ou lui permet de problématiser. Tout comme l'incroyant voit des choses que le croyant ne saurait voir, le croyant peut porter un regard différent mais non moins pertinent sur son objet. L'un comme l'autre a sa part de cécité et sa part d'acuité. Cela est vrai pour l'objet religieux, mais aussi pour tout objet dont se saisissent les sciences sociales. La critique post-coloniale formulée par des anthropologues comme Saba Mahmood ou Talal Asad met en évidence la difficulté de la pensée occidentale à mettre à distance ses propres catégories, souvent construites comme des catégories universelles et abstraites[26]. La laïcité par exemple, comme le religieux, reste pourtant un phénomène historiquement construit et situé, et dont la définition fait l'objet de conflits au même titre que la définition du judaïsme « authentique » sur laquelle je travaille. Pour paraphraser la citation de Saba Mahmood placée au début de ce texte, le chercheur non croyant n'est pas moins embourbé dans son objet que

26 Voir notamment Asad, Talal, Brown, Wendy, Butler, Judith et Mahmood, Saba., *La critique est-elle laïque ?*, *op. cit.*

ne l'est le chercheur qui y croit. Il est également porteur de représentations qui doivent être interrogées et mises à distance. L'important restant, pour l'un comme pour l'autre, d'accepter le caractère limité de l'éclairage qu'il porte sur un phénomène et de reconnaître la légitimité de la pluralité des points de vue.

Sébastien TANK-STORPER
CNRS, CéSor (UMR 8216)
École des Hautes Études
en Sciences Sociales

LA DÉCONFESSIONNALISATION DE L'HISTOIRE DU CHRISTIANISME EN FRANCE

Lorsqu'Yves Krumenacker m'a proposé de traiter de la déconfessionnalisation de l'histoire religieuse en France depuis le début du XXe siècle, j'ai accepté mue par un intérêt personnel pour la question, né d'interrogations soulevées de-ci de-là, en marge de rencontres d'histoire religieuse, par des participants interrogeant le rapport des historiens du religieux à la foi. Mais j'avoue que j'étais loin d'avoir conscience de ce à quoi je m'engageais et, surtout, de l'état exact de la recherche sur la question. Or, force m'a été de constater que cette thématique a déjà fait l'objet d'un certain nombre de bilans historiographiques au cours du siècle dernier, et surtout au cours des quarante dernières années, en lien d'ailleurs avec l'expansion de ce champ historique, qui est apparu comme un des plus dynamiques en France entre 1975 et 1995[1]. En effet, après quelques articles isolés au cours du siècle, émanant en particulier de Gabriel Le Bras pour l'histoire du catholicisme, la réflexion sur le sujet s'accélère surtout à partir du milieu des années 1970, avec la parution en particulier d'un volume collectif sur les problèmes et méthodes de l'histoire religieuse de la France contemporaine, dirigé par Jean-Marie Mayeur, de deux articles fondamentaux de Claude Langlois en 1976 et 1987 et d'un article synthétique de Francis Python en 1993[2]. Surtout, le tournant des années 2000 a vu se tenir deux

1 Hilaire, Yves-Marie, « État des lieux : France », *L'histoire religieuse en France et en Espagne*, Madrid, Casa de Velazquez, 2004, p. 3-16 et Julia, Dominique, « L'historiographie religieuse en France depuis la révolution française. Esquisse d'un parcours », éd. P. Büttgen et C. Duhamelle, *Religion ou confession. Un bilan franco-allemand sur l'époque moderne (XVIe-XVIIIe siècles)*, Paris, Éditions de la Maison des sciences de l'homme, 2010, p. 9-55.

2 Le Bras, Gabriel, « La société d'histoire ecclésiastique de la France de 1914 à 1939 », *Revue d'histoire de l'Église de France* [*RHEF*], t. 26, n° 110, 1940, p. 5-13 et *Id.*, « L'historiographie contemporaine du catholicisme en France », *Mélanges Pierre Renouvin. Études d'histoire des*

colloques majeurs d'historiographie. Le premier fut organisé par la Société d'histoire religieuse de la France, en 1999, pour revenir sur « Un siècle d'histoire du christianisme en France[3] » : l'essentiel des communications portaient sur l'histoire du catholicisme, même si le protestantisme ne fut pas complètement oublié. Ce dernier fut par contre au centre des travaux du colloque réuni par l'autre grande société rassemblant des historiens du christianisme en France, à savoir la Société de l'histoire du protestantisme français [SHPF], à l'occasion de son cent-cinquantième anniversaire en 2002[4]. Cet article ne va donc pas prétendre renouveler radicalement la science sur la question, mais plutôt se présenter pour l'essentiel comme une synthèse des bilans antérieurs, additionnée de quelques remarques et questionnements surgis à l'occasion de diverses lectures. Avec cette particularité que, contrairement à la plupart de ces bilans antérieurs, je vais m'efforcer de traiter de l'histoire du christianisme dans son ensemble, c'est-à-dire avec une approche comparatiste des historiographies sur le catholicisme et le protestantisme, qui ont jusqu'à présent été évoquées plutôt de façon séparée ou parcellaire, en se focalisant sur le traitement de telle ou telle période (temps modernes, contemporains, etc.).

Je centrerai évidemment mon propos sur les XXe et XXIe siècles, puisque c'est durant cette période que se joue la déconfessionnalisation globale de l'histoire du christianisme en France. Mais qu'entend-on par ce terme de « déconfessionnalisation » ? Pour paraphraser un article de Jean-Pierre Cavaillé, spécialiste de l'incroyance à l'âge moderne, je ne désignerai pas ici par ce terme « le processus par lequel l'État, les institutions et l'espace public en général s'émancipent de la tutelle

---

relations internationales, Paris, PUF, 1966, p. 22-32 ; Mayeur, Jean-Marie, (dir.), *L'histoire religieuse de la France. Problèmes et méthodes. XIXe et XXe siècles*, Paris, Beauchesne, 1975 ; Langlois, Claude, « Des Études d'histoire ecclésiastique locale à la sociologie religieuse historique. Réflexions sur un siècle de production historiographique », *RHEF*, t. 62, n° 169, 1976, p. 329-347 et *Id.*, « Trente ans d'histoire religieuse. Suggestions pour une future enquête », *Archives de sciences sociales des religions*, n° 63/1, 1987, p. 85-114 ; Python, Francis, « D'une approche confessionnelle à une histoire religieuse universitaire. L'itinéraire de l'historiographie française », *Revue d'histoire ecclésiastique suisse – Zeitschrift für Schweizerische Kirchengeschichte*, 87, 1993, p. 33-47. [N.B. : cette liste de références historiographiques n'est évidemment pas exhaustive].

3 L'édition de ce colloque fit l'objet d'un numéro dédié de la *RHEF* : t. 86, n° 117, 2000, *Un siècle d'histoire du christianisme en France.*

4 Actes édités dans la revue de la société : *Bulletin de la Société de l'histoire du protestantisme français* [BSHPF], t. 148-4, *numéro spécial du cent-cinquantenaire de la SHPF*, 2002.

confessionnelle[5] », puisque cette question se tranche en France au tournant des XIXe et XXe siècles, c'est-à-dire au moment où va commencer cette étude, mais je vais plutôt prendre ce terme au sens de « processus de déprise et de désengagement des individus vis à vis de leurs appartenances confessionnelles[6] » en m'attachant bien sûr plus précisément ici non pas aux individus en général, mais aux historiens considérés dans leur activité de production historique. La question que je vais donc soulever – pour reprendre la conclusion de Sébastien Tank-Storper[7] – est celle des intentions avec laquelle est produite l'histoire. Dans quelle mesure sert-elle – ou non – les intérêts d'une Église, d'une religion, d'une confession ? Voici ce qui marque la frontière séparant l'histoire confessionnelle de l'histoire non-confessionnelle. Une frontière qui a lentement été franchie par les historiens français du religieux au cours du XXe siècle. Comment et quand s'est faite cette évolution : tel est l'objet de cet article.

Céline Borello l'a évoqué dans son intervention à propos du protestantisme, et la remarque est vraie encore bien plus pour l'histoire du catholicisme : l'historiographie du début du XXe siècle est marquée par son caractère confessionnel, mais les causes, la nature et les effets de cette situation ne sont pas les mêmes des deux côtés de cette barrière confessionnelle. Je vais donc traiter de l'une puis l'autre historiographie, avant de revenir en guise de synthèse sur la situation présente[8].

5 Cavaillé, Jean-Pierre, « Nicodémisme et déconfessionnalisation dans l'Europe de la première modernité », § 1, *Les Dossiers du Grihl* [En ligne], Les dossiers de Jean-Pierre Cavaillé. Secret et mensonge. Essais et comptes rendus, mis en ligne le 9 octobre 2010, consulté le 14 octobre 2016. URL : http://dossiersgrihl.revues.org/4499.

6 *Ibid.*

7 Voir son article dans le présent volume.

8 Faute de place, mon propos sera bref et pourra donc sans doute paraître parfois un peu rudimentaire. Pour une approche plus fine des différents phénomènes présentés, je prie le lecteur de se reporter aux études mentionnées dans les notes.

L'HISTORIOGRAPHIE DU CATHOLICISME

Celle-ci est marquée au début du XXe siècle par un triple traumatisme. Le traumatisme révolutionnaire d'abord, qui a notamment pour conséquence au XIXe siècle les efforts de l'Église pour nourrir et revivifier ses « racines rurales », ce qui se traduit dans le champ de l'histoire par le développement rapide de l'érudition locale : en retraçant l'histoire séculaire des institutions ecclésiastiques locales, l'Église légitime sa place dans la société[9]. La valorisation de l'archive et de l'érudition, étendards de cette production historique surabondante, ne doit ainsi pas masquer son substrat idéologique profondément confessionnel.

Le deuxième trauma tient dans la crise moderniste, qui secoue en interne l'Église entre 1880 et 1910, autour de l'affrontement entre la modernité culturelle – entre autres, les nouvelles sciences humaines – et le respect des valeurs traditionnelles de l'Église, la revendication catholique à l'unicité[10]. Cette crise a pour conséquence une forte méfiance d'une partie de la hiérarchie catholique envers toute innovation intellectuelle, ce qui englobe notamment les remises en cause historiques nées de la critique positiviste des sources.

Enfin, on ne peut oublier le choc que constitua pour l'Église la mise en place de la laïcité d'État à la française durant cette même période[11]. Une évolution qui se traduit notamment dès 1880 par la fin du paiement par l'État des professeurs des facultés de théologie et la création en parallèle, grâce au budget ainsi dégagé, de la Ve section de l'École pratique des hautes études (EPHE), consacrée aux sciences religieuses, dans une approche clairement laïque, tandis que les anciennes universités catholiques se transforment en Instituts catholiques suite au vote de la loi en faveur de la liberté de l'enseignement supérieur et

9 Langlois, Claude, « Des Études d'histoire ecclésiastique locale à la sociologie religieuse historique… », art. cité, part. p. 333-335.

10 Sur le sujet, voir Colin, Pierre, *L'audace et le soupçon. La crise du modernisme dans le catholicisme français, 1893-1914*, Paris, Desclée de Brouwer, 1997.

11 Pour un survol de la bibliographie sur le sujet, voir Lalouette, Jacqueline, « Laïcité et séparation des Églises et de l'État : esquisse d'un bilan historiographique (2003-2005) », *Revue historique*, déc. 2005, p. 849-870 et Mayeur, Jean-Marie, « Bulletin critique. Politique anticongréganiste et séparation des Églises et de l'État », *RHEF*, t. 92, n° 229, 2006, p. 489-496.

accueillent, dans un cadre désormais non-étatique, les enseignements confessionnels et notamment la théologie[12]. Une laïcité qui se traduit surtout par l'exclusion des postes cléricaux de la fonction publique en 1905 et les affrontements forts entre l'Église et une bonne partie du monde intellectuel laïc. Un des résultats de ces trente années de constitution de l'État laïc est que l'histoire du catholicisme déserte temporairement les universités publiques, car se consacrer à ce sujet est devenu suspect pour un fonctionnaire. Les universitaires se détournent ainsi pendant un long moment de l'étude du religieux en lui-même, et ne l'étudient plus guère que dans ses rapports au politique[13]. Certes, il existe quelques exceptions à cette situation d'antagonisme plus ou moins latent, tel Mgr. Duchesne, qui se présente lui-même comme une « petite incarnation du concordat[14] », professeur conjointement à l'EPHE (dans la IVe section, dédiée aux sciences historiques et philologiques) et à l'Institut catholique de Paris, puis directeur de l'École française de Rome de 1895 à 1922 et qui, tout en s'efforçant de « servir l'Église par son histoire », promeut la pratique d'une « histoire rigoureusement scientifique[15] ». Sa figure illustre bien d'ailleurs comment l'appartenance au clergé d'un historien peut poser question, dans la mesure où cette situation implique des devoirs d'obéissance et de respect envers la hiérarchie ecclésiastique qui peuvent, selon les époques, être difficiles à concilier avec les exigences de la science critique[16]. Ainsi son *Histoire ancienne de l'Église* est-elle mise à l'index en 1912 car jugée trop moderniste[17]. On voit bien ici que l'attitude générale de l'institution ecclésiale par rapport à la science, et plus particulièrement ici la science historique, est déterminante dans la difficulté ou non des historiens, notamment catholiques, à concilier foi et pratique scientifique.

12 Cette loi, votée le 12 juillet 1875, avait été activement soutenue par les milieux catholiques. Pour une présentation rapide de ce contexte et de la création des instituts catholiques, voir *Monseigneur Louis Duchesne (1843-1922). Historien de l'Église, directeur de l'École française de Rome*, Rome, École française de Rome, 1992, p. 95-105.

13 Python, Francis, « D'une approche confessionnelle… », *op. cit.*, part. p. 34-36.

14 Lettre de 1885, citée dans Waché, Brigitte, *Monseigneur Louis Duchesne…*, *op. cit.*, p. 250.

15 Waché, Brigitte, « Louis Duchesne et l'histoire du christianisme, à la charnière entre différents milieux de production », *RHEF*, t. 86, n° 217, 2000 (*Un siècle d'histoire du christianisme en France*), p. 747-755, citations p. 755.

16 Sur la difficulté de concilier l'opinion du savant et l'obéissance envers l'Église à l'époque au début du XXe siècle, voir Laplanche, François, *La crise de l'origine. La science catholique des Évangiles et l'histoire au XXe siècle*, Paris, Albin Michel, 2006, notamment p. 68-76.

17 *Ibid.*, chapitre VIII.

Le résultat de ce triple contexte est qu'au début du XXe siècle, l'histoire du catholicisme est donc dominée par les catholiques et très majoritairement confessionnelle, situation encouragée par la hiérarchie ecclésiastique, qui voit dans l'histoire une arme de combat face à ses adversaires.

La situation commence à changer à partir des années trente, en lien avec les évolutions intellectuelles et la nouvelle réflexion ecclésiologique des élites catholiques françaises. Dans le champ de l'histoire religieuse, deux impulsions fondamentales émergent en lien avec le groupe des Annales : d'une part, les travaux de Lucien Febvre sur le XVIe siècle religieux, qui ouvrent la porte à une histoire déconfessionnalisée du fait religieux à travers l'histoire des mentalités ; d'autre part les travaux de Gabriel Le Bras, professeur d'histoire du droit, qui va mettre sur pieds, dans les années 1940, les bases méthodologiques et problématiques de la sociologie religieuse historique[18]. Autrement dit, le passage d'une histoire centrée sur les institutions et la hiérarchie ecclésiastiques à une histoire centrée sur le peuple chrétien[19]. Ce renouvellement épistémologique est influencé, comme l'a souligné Francis Python, par l'essor de la « nouvelle histoire » de l'École des Annales, dont Le Bras a côtoyé à Strasbourg les deux fondateurs, Marc Bloch et Lucien Febvre[20]. Il trouve cependant peu d'échos dans un premier temps parmi les historiens proprement dits au sein de l'université. D'autant qu'après la seconde guerre mondiale, l'École des Annales est dominée par la figure de Fernand Braudel, qui l'oriente vers l'histoire économique et sociale, en délaissant largement le champ du religieux.

Ce sont les années 1960 qui vont marquer le plein essor de l'histoire du catholicisme au sein de l'Université française. Celui-ci est en grande partie lié aux évolutions internes du catholicisme. Il s'agit, d'une part, d'essayer de comprendre et mesurer la déchristianisation des masses, à travers l'adoption des méthodes de la sociologie historique, dont la problématique est incontestablement liée à des préoccupations pastorales[21]. Il faut bien évidemment souligner, d'autre part, l'impact du concile Vatican

18 Voir notamment Julia, Dominique, « Un passeur de frontières. Gabriel Le Bras et l'enquête sur la pratique religieuse en France », *RHEF*, t. 92, n° 229, 2006, p. 381-413.

19 Python, Francis, « D'une approche confessionnelle… », *op. cit.*, part. p. 37-39.

20 *Ibid.* Rappelons que les *Annales* furent fondées en 1929, et que Le Bras fut en poste à Strasbourg jusqu'en 1931.

21 Langlois, Claude, « Des Études d'histoire ecclésiastique locale à la sociologie religieuse historique…, *op. cit.*, part. p. 344-345.

II, qui se tient de 1962 à 1965, et des débats intellectuels qui l'ont précédé, accompagné et suivi. Le bouillonnement ecclésiologique qui l'accompagne est notamment l'occasion pour l'élite intellectuelle du clergé de s'intéresser aux modèles et expériences anciennes avec un regard neuf. Si l'application des méthodes de la critique historique à l'histoire ecclésiale ne s'est pas imposée sans mal au sein de cette institution, il est indéniable cependant que ces années marquent un tournant sur le sujet. Les années conciliaires marquent ainsi notamment le renouveau d'une histoire des conciles et du conciliarisme, impulsée en particulier par le père Congar, et dont le dynamisme ne s'est pas démenti depuis tout en passant progressivement du cercle des intellectuels catholiques à un monde universitaire plus large[22]. Plus largement, la valorisation de l'œcuménisme qui marque cette période mène les historiens catholiques à avoir un regard plus ouvert sur les non-tenants de l'orthodoxie, en bref, à adopter dans leur pratique historique une attitude moins confessionnelle et se voulant plus neutre. Ce tournant interne à la religion catholique a clairement été déterminant dans l'évolution de l'histoire du catholicisme, à une époque où celle-ci était encore largement faite par des clercs et des croyants pratiquants. La fondation du groupe de La Bussière en 1958 témoigne de ce changement d'attitude, comme le rappelle dans son intervention Yves Krumenacker[23] : de jeunes universitaires, qui sont tous catholiques à la fondation du groupe et qui font de l'histoire religieuse, se réunissent annuellement pour débattre librement de leurs pratiques et de leurs objets, en s'ouvrant aux autres confessions et aux historiens non-croyants, dans le but de construire une histoire non confessionnelle du religieux, c'est-à-dire une histoire reposant sur des méthodologies scientifiques rigoureuses fondées sur l'analyse et la critique des sources et sans visées confessionnelles[24].

---

22 Tierney, Brian, « Afterword : reflections on a half century of conciliar studies », éd. G. Christianson., T. M. Izbicki et C. M. Bellitto, *The Church, the Councils, and Reform. The legacy of the fifteenth century*, Washington, The Catholic University of America Press, 2008, p. 313-327. Pour une analyse du poids de l'historiographie confessionnelle et de sa difficile remise en cause concernant l'histoire du conciliarisme, voir également l'ouvrage à paraître de Bénédicte Sère, dont les apports principaux ont été présentés dans le séminaire tenu sous le patronage de Dominique Iogna-Prat dans le cadre du Césor (Centre d'études en sciences sociales du religieux) de l'EHESS en 2016-2017 sur le thème « L'Église de la pré-modernité (XIIe-XVIe siècle) : son histoire vue par la théologie contemporaine ».

23 P. 7-25.

24 Filippi, Bruna, « Le "Groupe de la Bussière", quelques étapes d'un parcours collectif », *RHEF*, t. 86, n° 217, 2000, p. 735-745.

Une remarque s'impose déjà à ce stade : le début du processus de déconfessionnalisation de la production historique sur le catholicisme et le renouvellement des méthodologies ont précédé l'évolution sociologique des historiens du christianisme, contrairement à ce qu'on pense parfois. En d'autres termes, cette déconfessionnalisation n'est pas de façon première le résultat d'une sécularisation ou d'une laïcisation du groupe des historiens du catholicisme. Au contraire, certains membres du clergé ont été à l'origine de renouvellements majeurs de l'historiographie du christianisme au XXe siècle, en l'ouvrant aux méthodes et problématiques inspirées des autres sciences sociales, tel Gabriel Le Bras. Histoire cléricale ne rime pas forcément avec histoire confessionnelle, en particulier à partir de la seconde guerre mondiale.

Il convient également de souligner le fort essor numérique des universitaires parmi les historiens du catholicisme à partir de l'arrivée des baby-boomers à l'âge adulte, qui a provoqué une forte hausse du nombre de postes à l'Université et profondément modifié la sociologie de ce milieu. D'autant qu'il coïncide avec le début du recul progressif du nombre de clercs historiens. Un recul lié à la fois aux évolutions démographiques de l'Église française, qui voit son nombre de clercs chuter de façon vertigineuse depuis les années 1950, mais aussi aux transformations du fonctionnement et de l'organisation de cette même Église qui, pour de multiples raisons, a minoré depuis un demi-siècle la place de l'histoire dans la formation de ses membres pour privilégier d'autres domaines plus directement transposables dans l'action. Ce moindre intérêt pour l'histoire accompagne ainsi naturellement le recul de l'histoire confessionnelle.

L'HISTORIOGRAPHIE DU PROTESTANTISME

Chez les protestants du début du siècle, l'histoire est souvent vécue comme un constituant de l'identité confessionnelle, qu'elle contribue à construire en permanence, par le rappel et le modèle des héroïsmes anciens. D'où la fondation en 1852 de la Société de l'histoire du protestantisme français (SHPF), qui a pour vocation d'établir et faire connaître l'histoire du protestantisme en France[25]. Publiant dès sa création un *Bulletin* de la société qui devient la revue majeure dans le champ de l'histoire du protestantisme, cette Société est dirigée par un comité coopté, composé de protestants, et dont les séances commencent par une prière lue par un pasteur jusqu'à la première guerre mondiale[26].

On pourrait donc voir dans ce contexte tous les éléments d'une histoire confessionnelle. Pourtant la réalité est plus complexe. Car la société refuse explicitement tout apologétisme et est ouverte à l'exposé des controverses théologiques sans parti pris, comme le réaffirment sans cesse les présidents de la Société du début du siècle[27]. Cette position est l'héritière à la fois des statuts mêmes de la société, qui insistent sur sa vocation proprement historique, et de l'influence très forte du pasteur Nathanaël Weiss, secrétaire de la société et conservateur de sa bibliothèque pendant presque quarante ans, de 1885 à 1923[28]. Weiss contribua en effet à inscrire les principes de l'école positiviste au cœur de la Société et de son Bulletin, en insistant sur le recours aux documents et la critique méthodique des sources.

Tout en se revendiquant donc d'une démarche historique pleinement scientifique, le positionnement de la Société n'était cependant pas dénué d'une ambiguïté qui perdura pendant presque trois quarts de siècle encore, comme le montre le discours tenu par son président lors du rapport annuel de 1980 :

> Notre vocation est donc directement historique [...] mais elle n'est pas autre qu'historique, de science historique et impartialement. Nos fondateurs et prédécesseurs ont voulu, nous voulons, servir la vérité.
>
> Nous pouvons aussi, s'il y a lieu, contester l'exactitude d'assertions indémontrées ou partiales touchant la même histoire.
>
> Mais la vocation de la SHPF n'est pas directement religieuse[29]. Ce n'est pas à elle mais aux Églises protestantes de France, à méditer, pour l'édification de leurs membres, les exemples notamment de foi et de fidélité, de labeur et

---

25 Harismendy, Patrick, « "Post tenebras lux" ou cent ans de la Société de l'histoire du protestantisme français », *RHEF*, t. 86, n° 217, 2000, p. 717-733.

26 *Ibid.*, p. 723.

27 *Ibid.*, p. 719-720.

28 Méjan, François, « Rapport sur l'année 1981 fait au nom du Comité de la fondation », *Bulletin de la Société de l'Histoire du Protestantisme Français*, t. 128-4, 1982, p. 468.

29 L'insertion du terme « mais » au début de cette phrase est remarquable, dans la mesure où les deux affirmations ne semblent pas *a priori* contradictoires. Elle témoigne clairement de l'ambiguïté du positionnement de la Société.

> de rectitude, d'héroïsme et de sacrifice, dont témoigne l'histoire – que nous contribuons à approfondir et à faire connaître – des Églises de la réforme en France et des protestants français sous les persécutions qui, pour nombre d'entre nous ici, sont nos aïeux[30].

Ce positionnement singulier de la SHPF, dirigée par des protestants revendiquant d'agir pour le bien du protestantisme, mais affirmant en parallèle de façon quasi-obsessionnelle leur souci de la « vérité » au nom d'ailleurs de « l'honnêteté protestante », associant intimement la nécessité de faire de l'histoire et le maintien du lien avec les ancêtres fondateurs, avait certes pour avantage de privilégier une approche véritablement scientifique de l'histoire, fondée sur le souci et le respect du document, et de contribuer considérablement à une meilleure connaissance de l'histoire du protestantisme, mais il avait aussi pour inconvénient de restreindre plus ou moins inconsciemment le développement de certains aspects du travail d'historien. En l'occurrence, deux points frappent particulièrement. D'une part, l'attachement très fort, prioritaire, à la publication de documents, de sources, considérés depuis l'époque de Weiss comme les meilleurs remparts contre une histoire non-scientifique. D'autre part, l'absence quasi-totale, jusqu'aux débuts des années 2000, d'articles de réflexion épistémologique dans ses livraisons, qui témoigne pour le moins d'une certaine réticence à interroger cette ambiguïté du positionnement.

En fait, comme l'a remarqué naguère Patrick Harismendy, plus que dans une démarche véritablement confessionnelle, la SHPF a surtout une vocation identitaire durant l'essentiel du XXe siècle[31]. L'achèvement de la déconfessionnalisation de l'histoire du protestantisme, c'est-à-dire la séparation complète entre des intérêts protestants et la production de cette histoire, ne s'opère progressivement qu'à partir des années 1980, pour s'achever l'an dernier, avec la transformation du Bulletin de la société en une *Revue d'histoire du protestantisme*, dont le premier numéro est paru en mars 2016. Un changement de titre qui marque l'ouverture à tous les protestantismes, au-delà du monde proprement huguenot,

---

30 Méjan, François, « Assemblée générale du 7 mai 1980. Rapport sur l'année 1979 fait au nom du Comité de la Fondation », *Bulletin de la Société de l'Histoire du Protestantisme Français*, t. 126, 1980, p. 148.

31 Harismendy, Patrick, « "Post tenebras lux"… », *op. cit.*, p. 722 ; *Bulletin de la Société de l'Histoire du Protestantisme Français*, t. 125-1, 1979, p. 2.

aux croisements avec les autres sciences humaines qui s'accompagne également d'une ouverture du comité de rédaction à un nombre plus important de non-protestants[32].

UNE DÉCONFESSIONNALISATION COMPLÈTE ?

L'achèvement du processus de déconfessionnalisation de ces histoires des christianismes en France est ainsi lié à la part majoritaire prise dans la recherche sur le sujet par des historiens de la recherche publique, qui se caractérisent fondamentalement par leur souci de produire une histoire scientifique, dénuée de parti-pris, fondée sur l'analyse et la critique des sources à l'aide de méthodologies rigoureuses et de problématiques clairement affichées, quelles que puissent être par ailleurs leurs convictions religieuses personnelles. Un phénomène qui intervient au tournant des années 1960-1970 pour l'histoire du catholicisme, et une vingtaine d'années plus tard pour l'histoire du protestantisme. Ce décalage chronologique est très net, et se voit dans le fait que le phénomène n'a pas encore été assimilé par le grand public concernant l'histoire du protestantisme. Ainsi, les historiens protestants ont évoqué dans le colloque publié ici même le fait qu'on leur demande régulièrement s'ils sont protestants, et que cette interrogation vient majoritairement du grand public, des non-chercheurs. Je travaille pour ma part sur le catholicisme et on ne me demande jamais ouvertement si je suis catholique. Clairement, un certain nombre de mes interlocuteurs ne me posent pas la question parce qu'ils présupposent plus ou moins ouvertement que je le suis. Un fait que j'ai surtout ressenti, là aussi, face à mes étudiants et à des personnes extérieures au milieu, dont les questions laissaient planer un doute – de façon positive ou négative – sur une supposée proximité entre l'objet de mes interventions et mes convictions personnelles. Tandis qu'aucun de mes collègues ne m'a posé ouvertement la question. Le signe, sans doute, que même s'il existe bien

32 Je remercie Céline Borello pour avoir attiré mon attention sur ces évolutions. Voir l'éditorial du premier numéro de la revue, reproduit sur https://grhp.hypotheses.org/920 [consulté le 16/10/2016].

sûr des historiens universitaires catholiques, parmi lesquels certains ne font mystère de leur foi, la déconfessionnalisation de la pratique historique est si commune dans le milieu catholique que la question de l'appartenance confessionnelle n'est plus considérée comme fondant un soupçon systématique d'histoire orientée.

Le caractère plus tardif de la déconfessionnalisation de l'histoire du protestantisme résulte de deux éléments. D'une part, le discours mettant en avant l'attachement à une production historique fondée sur l'analyse critique des documents et dépassionnée, qui a occulté *de facto* toute possibilité de réflexion sur l'ambiguïté de positionnement mentionnée *supra.* D'autre part, la période de crise de la Société de l'histoire du protestantisme français entre 1930 environ et le milieu des années 1960, qui se caractérise par de graves difficultés financières mais aussi une nette baisse en qualité du Bulletin, dont le niveau scientifique et le nombre de collaborateurs s'amoindrit[33]. La redynamisation de la Société et de sa publication, œuvre du président Jacques Allier à partir de 1963, s'appuya d'abord sur les réseaux protestants, qu'il sollicita sans relâche et dont il entretint la fibre mémorielle par toutes sortes d'initiatives. Le lien organique de la Société entre foi protestante et intérêt pour l'histoire s'en trouva ainsi revivifié à partir des années 1960.

Dans un second temps cependant, à partir des années 1970, le même Jacques Allier commença à intégrer au comité de jeunes universitaires, qui préparèrent la sécularisation progressive de la société dans les trente années suivantes, marquées par une présence de plus en plus forte des universitaires dans le champ de l'histoire du protestantisme. Il est frappant ainsi de constater qu'entre 1970 et 2000, la part des pasteurs parmi les membres du comité est passée de presque 18 % à tout juste 8 %, alors que la part des enseignants du supérieur faisaient plus que doubler, atteignant 46 %[34].

---

33 Harismendy, Patrick, « "Post tenebras lux"… », *op. cit.*, p. 729-730.

34 *Ibid.*, p. 724. Concernant l'historiographie du catholicisme, une étude statistique similaire a été menée par Claude Savart en 1982 sur les auteurs des articles publiés dans la *RHEF*. Il y montre que, dans la décennie 1920, les clercs représentaient 42 % des auteurs, et les membres de l'enseignement public seulement 20 %, tandis qu'ils sont respectivement 25 % et 70 % dans la décennie 1970, le basculement s'étant produit dans les années 1950 (Savart, Claude, « La *Revue d'histoire de l'Église de France* : analyse rétrospective », *RHEF*, t. 68, n° 180, 1982, p. 5-29, part. p. 19-20).

Faut-il pour autant en conclure que cette transformation sociologique de l'histoire des christianismes français est complètement achevée ? Il faut souligner que certains champs, comme l'histoire de la liturgie, et surtout de la théologie, ont été jusqu'à la fin du XXe siècle peu investis par les universitaires français et laissés largement aux clercs, aux croyants engagés ou aux membres des instituts catholiques. Mis à part le cas très particulier des départements de théologie au sein des universités de Strasbourg et Metz[35], ce n'est que récemment que ces thématiques ont fait l'objet d'un regain d'intérêt de la part des chercheurs d'institutions publiques[36]. Cette situation est évidemment un héritage de la laïcisation des universités à la fin du XIXe siècle. Depuis cette date, et contrairement à ce que l'on observe chez nos voisins européens, la théologie est souvent considérée en France comme une spécialité de clercs, un objet qui n'intéresserait que les croyants. Un paradigme qui s'estompe depuis une vingtaine d'années : cent ans après la loi de 1905, le milieu historique français arrive enfin à surmonter entièrement le paradigme d'un antagonisme supposé entre l'Église et l'État et les objets qui leur seraient propres[37].

Mais, comme cela a été souligné *supra*, l'irruption massive des « universitaires[38] » dans le champ de l'histoire religieuse n'est de toute manière pas le seul facteur qui a conduit au renouvellement de ces historiographies et à leur détachement des approches confessionnelles. Le renouvellement des méthodes et des problématiques, qui a touché aussi bien les universitaires que les historiens membres des Églises, y est aussi pour beaucoup. La période des années 1970-1980 est ainsi marquée par l'adoption par les historiens du christianisme de ce que Christian Grosse a appelé le

35 Les établissements d'Alsace-Moselle, qui n'étaient pas soumis au droit français lors de la publication de la loi de séparation de 1905, relèvent du régime concordataire.

36 En témoignent par exemple les travaux de François Laplanche (voir note 16), l'école d'histoire de l'exégèse médiévale développée autour de Gilbert Dahan, le colloque *Théologie et érudition, de la crise moderniste à Vatican II : autour du « Dictionnaire de théologie catholique »*, édité par Sylvio Hermann De Franceschi, à Limoges (Presses universitaires de Limoges, 2014) ou les travaux menés au sein du CeSor à l'EHESS, autour de Dominique Iogna-Prat et Frédéric Gabriel qui, partant de problématiques ecclésiologiques, abordent naturellement la théologie.

37 Sur cette dernière période de la production historique, voir Iogna-Prat, Dominique, « Le religieux et le sacré », dir. J.-F. Sirinelli, P. Cauchy et C. Gauvard, *Les historiens français à l'œuvre, 1995-2010*, Paris, PUF, 2010, p. 143-159.

38 Par commodité de langage, j'englobe sous cette expression les membres des universités et de toutes les institutions publiques de recherche (CNRS, EHESS, EPHE, etc.).

« tournant culturel » de l'histoire religieuse et ecclésiastique[39]. Cette évolution s'inscrit dans une mutation historiographique dépassant largement le cadre de l'histoire religieuse, et qui consiste dans l'appropriation par les historiens des méthodes anthropologiques, qui ont conduit à l'expansion de l'histoire « culturelle » dans les années 1980[40]. Or, cela correspond également au moment où commence à s'opérer le basculement majeur dans la sociologie des historiens français du christianisme, parmi lesquels les croyants qui affichent leur foi cessent, en un peu plus d'une trentaine d'années, d'être majoritaires[41]. Dans ce contexte, l'anthropologie historique constitue une approche particulièrement adaptée pour des historiens du religieux qui se retrouvent souvent désormais, face à leur objet d'études, dans la posture de l'anthropologue face à une culture étrangère. Il n'est donc pas étonnant de constater que cette méthodologie a joué « un rôle essentiel dans le processus de redéfinition de l'histoire religieuse comme une histoire sociale des "cultures" religieuses[42] », ainsi que le souligne Christian Grosse.

Au-delà de la posture méthodologique personnelle des historiens par rapport à leur objet, cette acculturation aux autres sciences sociales a surtout conduit à un fort renouvellement des problématiques. On peut citer à cet égard l'impact, évoqué dans une autre contribution de ce présent volume, des travaux d'anthropologues sur les rituels, lorsqu'ils furent appliqués à l'histoire des guerres de religion[43]. Ou, plus largement, l'ouverture à la question du « sacré » au sein de la société, au-delà du cadre strict des Églises[44]. En bref, le « désenclavement du religieux » observé par Dominique Iogna-Prat a bien eu lieu au début des années

39 Grosse, Christian, « Le "tournant culturel" de l'histoire "religieuse" et "ecclésiastique" », *Histoire, monde et cultures religieuses*, 2013/2, n° 26, p. 75-94.

40 Sur ces évolutions générales, voir Delacroix, Christian, Dosse, François et Garcia Patrick, *Les courants historiques en France, XIXe-XXe siècle*, Paris, Gallimard, 2e éd. revue et augmentée, 2005.

41 Une évolution qui touche par exemple le groupe dit « de la Bussière », parmi lequel les croyants « affichés » sont désormais minoritaires.

42 Grosse, Christian, « Le "tournant culturel" de l'histoire "religieuse" et "ecclésiastique" », art. cité, p. 86.

43 Voir entre autres Crouzet, Denis, *Les guerriers de Dieu. La violence au temps des troubles de religion, vers 1525-vers 1610*, Seyssel, Champ Vallon, 1990.

44 Pour une synthèse sur la définition de ce terme et de cette problématique, voir Carrier, Michel, *Penser le sacré. Les sciences humaines et l'invention du sacré*, Montréal, Liber, 2005. On ne peut manquer de souligner à ce sujet l'influence majeure exercée sur les historiens français du religieux par Alphonse Dupront, auteur du célèbre *Du sacré* (Paris, Gallimard,

2000[45]. Ce qui mène à souligner que la déconfessionnalisation de l'histoire religieuse n'est pas qu'une question d'intention des auteurs, contrairement à ce que j'ai pu laisser entendre en introduction. Elle passe aussi par le fait de surmonter des paradigmes de recherche inconscients construits dans un contexte imprégné de l'une ou l'autre confession, afin de renouveler radicalement son regard sur l'objet religieux.

L'aboutissement de ces transformations méthodologiques découlant de la déconfessionnalisation se voit d'ailleurs dans le rapprochement des études sur protestantisme et catholicisme, avec l'organisation de colloques comparatistes au sens plein du terme, c'est-à-dire envisageant les deux confessions non comme des réalités intrinsèquement différentes, du fait de la divergence de leur vécu, mais au contraire comme des réalités historiques qui ont été, dans une certaine mesure, confrontées aux mêmes questionnements, et se sont mutuellement influencées dans les réponses qu'elles ont pu apporter à ces problématiques[46]. Poser par exemple la question, certes un peu provocatrice dans sa formulation, mais d'une provocation qui se veut heuristique, d'une « cléricalisation » des communautés protestantes modernes est le résultat du dialogue profond qui s'est noué entre historiens des christianismes modernes, au-delà des frontières confessionnelles de leurs objets. L'approche comparatiste des historiographies du catholicisme et du protestantisme annoncée en introduction de cette contribution n'est ainsi pas une simple volonté de faire une synthèse un peu plus large que mes prédécesseurs : elle est en soi signifiante de l'évolution de l'historiographie du christianisme. Jusqu'à la fin du XXe siècle, la plupart des bilans historiographiques traitaient soit de l'une, soit de l'autre, parce que cette séparation reflétait l'héritage du temps où l'histoire était confessionnelle, se pensait dans un cadre confessionnel et où, par conséquent, la différence de confession traitée primait sur l'unité du milieu scientifique dans la production de travaux qui, concrètement, se faisait largement dans des espaces sociaux distincts. Mais, avec la déconfessionnalisation progressive de cette production historique au cours du second XXe siècle, les points communs

1987). Sur cet auteur, voir De Franceschi Sylvio Hermann, *Les intermittences du temps : lire Alphonse Dupront*, Paris, Éd. de l'EHESS, 2014.

45 Iogna-Prat, Dominique, « Le religieux et le sacré », art. cité, p. 156.

46 Par exemple le colloque tenu en 2014 à Nancy : Léonard, Julien (dir.), *Prêtres et pasteurs. Les clergés à l'ère des divisions confessionnelles, XVIe-XVIIe siècles*, Rennes, PUR, 2016.

entre les deux historiographies, que ce soit au niveau des méthodologies, des problématiques ou des chercheurs engagés, sont devenus bien plus nombreux et les frontières entre les champs de la recherche sont devenues bien plus poreuses. Si bien qu'il apparaît aujourd'hui plus pertinent, pour rendre compte des évolutions de l'historiographie du religieux en France depuis quarante ans, de parler ensemble des études sur le catholicisme et le protestantisme que de les dissocier, tant leurs trajectoires sont devenues semblables. Bref, d'évoquer d'un seul tenant l'historiographie « des christianismes », qui ne se limite plus à l'un ou l'autre groupe, mais est marquée au contraire par des questionnements sur la définition même de ces groupes confessionnels et leurs interactions[47]. Un phénomène qui est à relier aux évolutions de la société du XXIe siècle, marquée par « une pluralité des références confessionnelles qui agit sur nos façons de faire de l'histoire[48] ».

QUELQUES REMARQUES POUR CONCLURE

Pour commencer, le tableau dressé ci-dessus ne doit pas laisser penser que cette déconfessionnalisation de l'histoire française des christianismes est un phénomène linéaire et irréversible. Car, même si elle semble désormais bien établie, les réactions vives de la société du début du XXIe siècle à ses propres transformations (« sortie du religieux » ou « retour du religieux » ?) sont susceptibles de soutenir le succès d'écrits plus engagés sur le plan confessionnel. Un enjeu majeur réside ainsi dans le décalage entre l'histoire « savante » et la vulgarisation historique. Or, force est de constater dans ce domaine le poids des non-universitaires, parmi lesquels les auteurs marqués par un parti-pris confessionnel ont toujours été légion pour l'histoire de l'Église. La réception de cette histoire déconfessionnalisée par le grand public est ainsi un chantier encore en cours. Un élément encourageant réside dans le paysage éditorial, où l'on

---

47 Voir par exemple tous les travaux autour de la confessionnalisation / déconfessionnalisation à l'époque moderne, ou les renouvellements de l'hérésiologie médiévale (Iogna-Prat, Dominique, « Le religieux et le sacré », art. cité, p. 150).

48 Iogna-Prat, Dominique, « Le religieux et le sacré », art. cité, p. 151.

constate que le poids des éditeurs confessionnels décroît régulièrement dans le champ de l'histoire religieuse française, sachant de surcroît que la plupart de ces éditeurs « confessionnels » promeuvent aussi des publications non-confessionnelles[49].

Une dernière question se pose concernant l'enracinement de cette déconfessionnalisation dans le champ historique français : l'existence même de débats méthodologiques à propos du rapport de l'historien à la foi. Au cours du dernier demi-siècle, cette question a rarement été traitée de façon publique par les historiens professionnels. Deux ouvrages s'en sont cependant emparés directement : *L'historien et la foi*, dirigé par Jean Delumeau, qui livre le témoignage sur la question de vingt-cinq historiens et historiennes[50], et la publication du volume « d'ego-histoire » de l'habilitation de Guillaume Cuchet[51]. Mais il est marquant, par exemple de constater que cette réflexion collective est absente du *Bulletin de la Société de l'histoire du protestantisme français* jusqu'à la fin du XXe siècle. La question a donc été peu débattue collectivement par les historiens, tandis qu'elle l'a été bien davantage par d'autres sciences sociales. Pour justifier ce non-dit, ce non-débat, deux éléments complémentaires sont souvent évoqués : en premier lieu, l'obligation de neutralité des fonctionnaires de la République, objet sensible s'il en est dans la construction toujours remise sur le métier du modèle si spécifique de la laïcité à la française et, en second lieu, l'idée que cette question relève du privé, de l'intime, et n'a donc pas à être exposée publiquement. Or, si chacun doit effectivement être libre d'afficher ou non ses convictions, cela signifie-t-il pour autant que le débat méthodologique, épistémologique, sur le rapport de l'historien à son objet doit être tu ? Même en ces temps de déconfessionnalisation achevée de la pratique historique, nul historien du christianisme, qu'il soit croyant ou non, qu'il ait grandi dans un milieu confessionnel ou non, ne peut faire l'économie de cette interrogation sur

---

49 Un rapide décompte des livres d'auteurs français concernant principalement l'histoire religieuse et chroniqués par la *RHEF* en 2000 et en 2015 montre une nette décroissance du nombre d'ouvrages publiés chez des éditeurs qui affichent une appartenance confessionnelle (d'environ 28 % à environ 10 %). On constate d'ailleurs en parallèle la « déconfessionnalisation » de certaines maisons d'éditions, telle Desclée de Brouwer, qui transforma sa ligne éditoriale après son rachat en 2014 (voir la présentation de son histoire sur son site internet : https://www.editionsddb.fr/editeur ; consulté le 21/03/2017).

50 Paris, Fayard, 1996.

51 Cuchet, Guillaume, *Faire de l'histoire religieuse dans une société sortie de la religion*, Paris, Publications de la Sorbonne, 2013, part. p. 33-41.

son rapport intime, personnel, à l'objet religieux. Car, adhérer à cette croyance, ou tout autant ne pas y adhérer, induit un positionnement par rapport à son objet d'études. Ce qui ressort ainsi au final de l'ouvrage précité sur *L'historien et la foi*, comme des apports de la sociologie et de l'anthropologie sur l'étude du religieux ou des débats de ce présent colloque, c'est que le problème n'est pas tant qu'un historien croit ou ne croit pas, mais qu'il ait réfléchi aux conséquences de sa croyance ou non-croyance sur sa propre pratique, pour en maîtriser les effets, comme le soulignait en son temps Pierre Bourdieu[52]. Telle est la condition première d'une histoire « déconfessionnalisée ». Cette réflexion personnelle n'a pas forcément à être publique. Mais dire que cette réflexion doit exister, en discuter collectivement les enjeux et les enseigner aux étudiants mérite de l'être. Car la déconfessionnalisation n'est pas un acquis immuable. Comme le souligne Noémie Recous dans sa contribution à ce volume, elle doit se construire et reconstruire en permanence.

Christine BARRALIS
Université de Lorraine, Metz
CRULH EA 3945

52 « C'est à condition de savoir que l'on appartient au champ religieux, avec les intérêts afférents (et qui peut dire ne pas y appartenir, au moins négativement, à travers la non-indifférence ?), que l'on peut maîtriser les effets de cette appartenance et y puiser les expériences et les informations nécessaires pour produire une objectivation non réductrice, capable de délaisser l'alternative du dedans et du dehors, de l'attachement aveugle et de la lucidité partielle », Bourdieu, Pierre, « Sociologues de la croyance et croyance de sociologues », *Archives de sciences sociales des religions*, n° 63/1, 1987, p. 159

CATHOLICISME ET SOCIOLOGIE EN FRANCE, DES ANNÉES 1880 AUX ANNÉES 1960

Réflexions d'ensemble

Que sait-on aujourd'hui de l'histoire de la sociologie en milieu catholique ? La question appelle habituellement pour la France une réponse qui épouse assez largement l'histoire de la genèse de la sociologie des religions, en prenant pour point de départ la fondation en 1954 au sein du CNRS du « Groupe de sociologie des religions » autour de Gabriel Le Bras, puis deux ans plus tard la création de la revue *Archives de sociologie des religions*. S'il est relativement connu dans son schéma interprétatif parce que bien mis en évidence par les sociologues des religions eux-mêmes[1], cet accouchement masque parfois l'existence d'une production sociologique qui lui est à la fois antérieure et contemporaine. Plus précisément, la convocation par-delà l'entre-deux-guerres des pères de la sociologie pour comprendre le paradigme de la perte du religieux en régime de modernité paraît occulter le maintien d'une sociologie catholique, confessionnelle et militante, et d'une critique de la sociologie « laïque », moins connues. C'est dire que la sécularisation de la sociologie, irréversible dans son processus historique et indéniable dans sa prétention scientifique, a peut-être survalorisé la place des vainqueurs. On souhaiterait ici faire un pas de côté pour prendre en considération la place qu'a occupée la sociologie du point de vue non plus des seuls chercheurs de la recherche publique française, mais de l'Église catholique. Cette brève contribution n'a pas l'ambition d'une synthèse mais celle d'un bref essai, à partir des travaux existants, sur une dimension *a priori* moins travaillée. Il s'agira cependant de ne pas s'en tenir à la question du rapport du monde catholique à la sociologie seulement

1 Hervieu-Léger, Danielle, « La sociologie des religions en France. De la sociologie de la sécularisation à la sociologie de la modernité religieuse », dir. J.-M. Berthelot, *La sociologie française contemporaine*, coll. « Quadrige », Paris, PUF, 2003, p. 241-250.

« religieuse » ou « des religions », mais bien à la sociologie *tout court* en tant que discipline générale, en dehors ou en-deçà des spécialités qui l'ont progressivement étoffée à partir des années 1940-1950.

À ce titre, cette étude s'inscrit bien dans l'histoire des rapports entre deux prétentions concurrentes à dire le vrai – celle de la recherche scientifique et celle du magistère romain – mais en inversant en quelque sorte les termes de l'analyse : plutôt que d'envisager les éventuelles difficultés du positionnement du chercheur face à un objet d'étude, la foi, qui lui est familier (dans le cas du croyant) ou totalement extérieur (dans le cas de celui qui ne croit pas au Ciel), seront traités ici les effets de l'émergence puis de la consolidation de la discipline sociologique sur une institution qui défend sa propre orthodoxie.

Dans le propos qui va suivre, on souhaiterait proposer quelques réflexions qui pourraient servir de jalons à ce chantier. À quelles difficultés se heurte une analyse portant sur le sujet ? Quelle historiographie existe-t-il actuellement sur cet angle d'approche ? Quel est le fond des critiques faites par les catholiques à la sociologie ?

QUELQUES DIFFICULTÉS SUR LE RAPPORT ENTRE CATHOLICISME ET SOCIOLOGIE

La question est plus rude qu'il n'y paraît car il faut soumettre au doute méthodologique plusieurs propositions séduisantes en apparence. La première, expéditive, consiste à évacuer rapidement le problème en considérant que la sociologie a été tolérée par l'Église dans la limite de sa non-ingérence dans les affaires de la foi, c'est-à-dire tant qu'elle ne remet pas en cause le dogme et les vérités proclamées par le magistère. Autre hypothèse souvent retenue et proche de la première : seule la sociologie appliquée à la pastorale a trouvé grâce aux yeux du clergé et de Rome. On pourrait par conséquent résoudre la difficulté en résumant sous la forme d'une alternative : lorsque la sociologie est perçue comme un instrument de l'apostolat auprès des masses dont on cherche à comprendre l'adhésion ou au contraire l'indifférence au message évangélique, alors l'Église tolère voire encourage les initiatives. Si au contraire la sociologie prétend s'ériger en une école de pensée ayant en soi sa propre logique et sa propre finalité avec l'ambition d'élaborer des vérités sur le monde, alors cette entreprise est combattue ou pour le moins ignorée dans les milieux catholiques.

Cependant, ces considérations se heurtent à trois limites, qui invitent à repenser le problème autrement. D'abord, la distinction classique entre une sociologie scientifique d'une part et une sociologie qui serait instrumentale ou appliquée pour les besoins de l'évangélisation d'autre part, appartient à un moment particulier de l'histoire du catholicisme : les années 1940-1960 marquées par la mise en œuvre dans la lignée de l'article programmatique de Gabriel Le Bras en 1931[2] du gigantesque effort collectif d'une partie du clergé pour réaliser des enquêtes de pratique religieuse. C'est autour de ce patrimoine constitué de cartes, de tableaux et surtout de données brutes accumulées sur plus de vingt ans par le chanoine Boulard que s'est posée la question de son usage, de sa pertinence et de ses limites[3]. À notre connaissance, le problème ne s'est pas présenté sous les mêmes formes à d'autres moments, quand il a fallu par exemple trouver une riposte à la diffusion de la sociologie durkheimienne au début du siècle, ou lorsque des personnalités du monde catholique prônaient une « rééducation de la sociologie » sous le régime de Vichy[4]. Par ailleurs, la distinction entre sociologie « pure » et sociologie « pastorale » résiste mal à l'analyse. Émile Poulat lui-même a montré l'insuffisance intellectuelle d'une telle démarcation : la sociologie ne peut être que libre et scientifique[5]. Enfin, de façon

2 Le Bras, Gabriel, « Statistique et histoire religieuses », *Revue d'Histoire de l'Église de France*, 17, 1931, p. 425-449.

3 Langlois, Claude, « Le catholicisme à la rencontre de la ville, entre après-guerre et Concile », *Les Annales de la recherche urbaine*, 96 (2004), p. 17-23 ; Chenu, Alain, « Les enquêteurs du dimanche. Revisiter les statistiques françaises de pratique du catholicisme (1930-1980) », *Histoire & Mesure*, XXVI-2, 2011, p. 177-221 ; Cuchet, Guillaume, *Faire de l'histoire religieuse dans une société sortie de la religion*, coll. « Itinéraires », Paris, Publications de la Sorbonne, 2013 ; Sorrel, Christian (dir.), *Les « Matériaux Boulard » trente ans après*, *Chrétiens et sociétés*, coll. « Documents et Mémoires », Lyon, RESEA-LARHRA, 2013.

4 Muel-Dreyfus, Francine, « La rééducation de la sociologie sous le régime de Vichy », *Actes de la recherche en sciences sociales*, 153, 2004/3, p. 65-77.

5 « [...] Cependant on ne peut ni opposer ni confondre simplement les deux tendances, universitaire et confessionnelle, de la sociologie du catholicisme. On ne peut pas non plus les distinguer comme une science désintéressée et ses applications, ou une recherche visant l'universel et l'autre plus proche du concret. En réalité, il n'a pas plus de sociologie pastorale que de sociologie pure : il y a seulement une pastorale, bien ou mal informée, maîtresse en son domaine qui relève de la théologie, et une sociologie qui œuvre librement

consciente ou non, cette distinction occulte plus largement les raisons plus structurelles ou épistémologiques qui suscitent régulièrement une méfiance des catholiques à l'égard d'une science du social qui prétend dire le monde tel qu'il est.

Encore faudrait-il pouvoir avancer de façon rigoureuse que la sociologie a suscité *seulement* de la méfiance dans l'Église. L'existence de manuels de sociologie catholique publiés dans les années 1900 en France n'infirme-t-elle pas cette interprétation ? La forte tradition d'enquêtes en milieu catholique[6] n'appelle-t-elle pas à nuancer l'idée sans doute un peu hâtivement étayée que la sociologie a uniformément été perçue comme une menace par le clergé et les laïcs ? À vrai dire, il faut porter au crédit de cette *doxa* qu'il n'existe pas en tant que telle d'histoire croisée des catholiques et de la sociologie.

CATHOLICISME ET SOCIOLOGIE (ANNÉES 1880-1960) : QUELLE HISTOIRE ?

UN ÉTAT DES LIEUX HISTORIOGRAPHIQUE

Comme *objets* de la sociologie, l'Église et plus largement le monde catholique ont fait l'objet de nombreux travaux. La sociologie du catholicisme a une histoire. Mais dans quelle mesure la sociologie a-t-elle suscité, dans le monde catholique, des réflexions, des prises de position, des débats ? On s'efforcera de dresser un état des lieux du problème en partant des deux disciplines susceptibles d'avoir produit des résultats sur la question : l'histoire contemporaine et la sociologie. L'histoire des rapports entre intellectuels catholiques et sciences humaines est certes un champ de recherche fécond dans l'historiographie récente du fait religieux[7]. Les publications qui prennent pour objet d'étude les modalités

et positivement, se définissant à mesure qu'elle se constitue, ouverte à tous et utilisable par tous. » (Poulat, Émile, « La sociologie religieuse et son objet », *Critique*, 118, mars 1957, p. 229-242).

6 Pelletier, Denis, « Engagement intellectuel catholique et médiation du social. L'enquête monographique de Le Play à Lebret », *Mil neuf cent*, 13, 1995, p. 25-45.

7 Parmi des publications récentes : Fouilloux, Étienne et Gugelot, Frédéric (dir.), *Jésuites français et sciences humaines (années 1960)*, Chrétiens et Sociétés, Documents et Mémoires

selon lesquelles les catholiques se représentent ou pratiquent la sociologie sont néanmoins peu nombreuses. On peut schématiquement regrouper ces travaux autour de trois pôles.

Frédéric le Play et plus largement la mouvance leplaysienne constituent un premier jalon. Longtemps ignorés par l'École française de sociologie marquée par le durkheimisme, l'œuvre et la postérité de l'auteur de *La Réforme sociale* ont d'abord été redécouverts et remis en perspective par Antoine Savoye et Bernard Kalaora[8]. Plus récemment, une riche journée d'études en 2009 à l'Université François-Rabelais de Tours consacrée aux milieux leplaysiens, en France et à l'étranger – des lecteurs jésuites à Alfred Mame, du clergé à la Ligue sociale d'acheteurs – a interrogé à nouveaux frais les paradoxes de l'intellectuel (ses affinités libérales, sa postérité intransigeante) et ses relais institutionnels ou plus informels[9]. Hors de France, l'étude menée sur les réseaux intellectuels leplaysiens (et ses continuateurs) au Québec témoigne de la vigueur des débats, de la circulation des idées et de la pertinence d'une approche transnationale pour mesurer les effets de l'institutionnalisation de la sociologie dans le monde catholique[10].

Deuxième figure désormais bien connue : celle du père Louis-Joseph Lebret et, au-delà, du mouvement Économie et Humanisme de ses débuts à la mort de son fondateur (1941-1966), bien que celui-ci soit d'abord économiste. La perpétuation de la tradition d'enquête trouve un nouveau souffle dans la lecture de Marx qui conduit le dominicain et ses élèves, religieux ou laïcs, à déborder très largement l'héritage leplaysien[11]. La sociologie est prise en charge au sein du mouvement

---

n° 22, 2014 ; Donneaud, Henri, Laffay, Augustin et Montagnes, Bernard, *La Province dominicaine de Toulouse (XIXe-XXe siècles). Une histoire intellectuelle et spirituelle*, coll. « Signes des temps », Paris, Karthala, 2015 ; Prévot, Maryvonne, *Catholicisme social et urbanisme. Maurice Ducreux (1924-1985) et la fabrique de la Cité*, coll. « Histoire », Rennes, Presses universitaires de Rennes, 2015.

8 Savoye, Antoine et Kalaora, Bernard, *Les inventeurs oubliés. Le Play et ses continuateurs aux origines des sciences sociales*, Seyssel, Champ Vallon, 1989.

9 Brejon de Lavergnée, Matthieu (dir.), « Le Play et le monde catholique », *Les Études sociales*, 149-150, 2009/1-2. Voir en particulier la mise au point historiographique de Brejon de Lavergnée, Matthieu, « Les catholiques et Le Play. Affinités sociales et tensions intellectuelles », p. 3-7.

10 Warren, Jean-Philippe, *L'engagement sociologique. La tradition sociologique du Québec francophone (1886-1955)*, Montréal, Boréal, 2003.

11 Pelletier, Denis, *Économie et Humanisme. De l'utopie communautaire au combat pour le tiers-monde 1941-1966*, Paris, Cerf, 1996.

par des personnalités qui gagneraient à être mieux connues, comme les P. Alain Birou ou François Malley. Plusieurs travaux montrent que cette science du social trouve des applications en dehors du strict champ de la pastorale et parfois très loin du monde ecclésial, par exemple dans l'aménagement urbain[12].

Enfin, le « moment Boulard » constitue le troisième pôle pour lequel on dispose de travaux rendant visibles les rapports entre l'Église et la sociologie : outre les publications déjà citées, on relèvera les études portant sur l'échelle diocésaine, qui permettent de contextualiser précisément la réception de la sociologie et de saisir les tensions qui ne manquent pas de naître[13]. En lisière de la période retenue pour cette étude, le recueil d'articles d'André Rousseau fournit des clés d'interprétation pour penser la place de la sociologie en milieu catholique, qui seront ponctuellement mobilisées dans la seconde partie[14].

Dans ce rapide état des lieux au nombre de titres relativement limité, il faut également souligner l'apport d'outils de travail très utiles sur la question, à commencer par le *Dictionnaire des évêques de France au XXe siècle* : ses notices permettent, à défaut de pouvoir prouver un intérêt pour la sociologie chez certains membres de l'épiscopat, de recenser une attention portée dans plusieurs diocèses à la mise en place d'une pastorale d'ensemble qui s'appuie très largement sur des enquêtes sociologiques réalisées préalablement, dans les campagnes ou dans les villes[15]. *L'histoire du christianisme des origines à nos jours* signale quant à elle, sous la plume d'Étienne Fouilloux, la méfiance suscitée à Rome par la sociologie au cours du pontificat de Pie XII et l'adoption par la papauté d'une position

12 Valladares, Licia, « Louis-Joseph Lebret et les favelas de Rio de Janeiro (1957-1959) : enquêter pour l'action », *Genèses*, 60, 2005/3, p. 31-56 ; Chatelan, Olivier, « Expertise militante et recherche urbaine : la fin d'un modèle ? Un groupe de recherche Économie et Humanisme à Paris au milieu des années 1970 », *Le Mouvement social*, 239, avril-juin 2012, p. 129-143.

13 Chatelan, Olivier, *L'Église et la ville. Le diocèse de Lyon à l'épreuve de l'urbanisation, 1954-1975*, coll. « Religions en questions » /Association française de sciences sociales des religions, Paris, L'Harmattan, 2012 ; Duriez, Bruno, « Sociologie et pastorale : des relations ambiguës. Les trente années du Centre régional d'études socio-religieuses de Lille », *Revue du Nord*, hors-série, coll. « Histoire », n° 33, 2016, p. 207-222.

14 Rousseau, André, *Pour une sociologie de la crise catholique. France, 1960-1980*, coll. « Lire/ Relire », Brest, Centre de recherche bretonne et celtique de l'Université de Bretagne occidentale, 2015.

15 Dauzet, Dominique-Marie et Le Moigne, François (dir.), *Dictionnaire des évêques de France au XXe siècle*, Paris, Cerf, 2010.

moyenne dans les années 1951-1953, qui reprend la distinction évoquée plus haut : seule une sociologie seulement statistique est possible (donc une sociographie), et à la condition qu'elle soit mue par le respect dû aux choses saintes[16].

Signalons pour finir deux réalisations qui apportent un cadrage chronologique large. Il faut saluer d'abord l'entreprise collective en cours « Les archives du Groupe de sociologie des religions » coordonnée par Pierre Lassave qui vise depuis 2014 à recueillir et classer les archives personnelles des membres fondateurs du GSR pour écrire une histoire intellectuelle qui reste à faire[17]. Par ailleurs, le colloque de Lyon de juin 2015 sur la sociologie catholique sur le temps long a donné des résultats en passe d'être publiés, qui alimenteront également les analyses de la seconde partie[18].

DES JALONS CHRONOLOGIQUES

À la lumière de l'ensemble de ces travaux, il est possible d'esquisser une périodisation des rapports entre les catholiques et la discipline sociologique, en complétant la trame qu'avait proposée Denis Pelletier dès 2004 sur l'histoire de l'enquête[19].

C'est sous la Monarchie de Juillet qu'une première série d'enquêtes sur la paupérisation ouvrière voit le jour. Elles n'ont rien de confessionnel : réalisés par des commissions parlementaires ou des médecins, ces rapports émanent d'une prise de conscience des ravages de l'industrialisation dans les milieux philanthropes, parmi lesquels se trouvent des catholiques, comme Gabriel Gratet du Bouchage[20]. Une deuxième étape se cristallise

16 Fouilloux, Étienne, « Le catholicisme », dir. J.-M. Mayeur, C. Pietri, A. Vauchez et M. Venard, *Histoire du christianisme*, t. 12 : *Guerres mondiales et totalitarismes, 1914-1958*, Paris, Desclée, 1995, en particulier p. 128-130.

17 http://ssr.hypotheses.org.

18 « *Voir clair pour agir efficacement.* La sociologie catholique aux XIXe et XXe siècles », colloque organisé par Olivier Chatelan, Denis Pelletier et Jean-Philippe Warren avec le soutien du LARHRA, Lyon, Archives départementales du Rhône et de la métropole de Lyon, 26 juin 2015 (dossier à paraître dans les *Archives de sciences sociales des religions*).

19 Pelletier, Denis, « Le catholicisme social en France (XIXe-XXe siècles). Une modernité paradoxale », dir. B. Pellistrandi, *L'histoire religieuse en France et en Espagne*, Madrid, Collection de la Casa de Velazquez, vol. 87, p. 371-387.

20 À cet égard, il est significatif que le *Lexikon für Theologie und Kirche* associe la naissance de la sociologie à celles du capitalisme et du nouvel ordre industriel (Bellebaum, Alfred, « Soziologie », *Lexikon für Theologie und Kirche*, t. 9, 1964, col. 931-932).

pendant le Second Empire dans la rencontre entre les catholiques sociaux et Le Play : dans les années 1860, les principaux membres de la Société d'économie charitable se succèdent à la tête de la Société d'économie sociale (SES) fondée en 1856 par l'auteur des *Ouvriers européens*.

La troisième étape, à la fin du XIXe siècle, consiste en la diffusion de la méthode d'enquête, notamment dans l'« école d'Angers », mais aussi dans l'Action populaire jésuite, au Sillon, ou chez les abbés démocrates. La sociologie s'identifie à la doctrine sociale de l'Église elle-même depuis l'encyclique *Rerum Novarum* (1891). C'est le moment d'une fondation d'une science catholique du social, en réaction ou en concurrence à l'élaboration et à l'institutionnalisation de la discipline sociologique. Car du côté de la production éditoriale, loin de rejeter en bloc toute velléité voire toute vocation sociologique, le monde catholique a suscité en son sein une série de publications qui portent explicitement le nom de « sociologies », parmi lesquelles : *Premiers principes de sociologie catholique* de l'abbé Naudet paru en 1899 ; le *Traité de sociologie d'après les principes de la théologie romaine* de l'abbé Garriguet publié en 1907 ; le *Manuel de sociologie catholique* du père Belliot en 1911 ; ou encore le *Manuel de sociologie catholique d'après les documents pontificaux (à l'usage des séminaires et des cercles d'études)* du chanoine Poye en 1914. Ce dernier en donne une définition : la sociologie catholique est « la science qui a pour objet la société étudiée dans ses causes afin d'en favoriser le perfectionnement, conformément aux enseignements de l'Église ». C'est le moment aussi où s'affirment certains thèmes, même s'ils étaient déjà présents dans les enquêtes du siècle précédent : les questions de propriété, du travail, de l'association, des corps intermédiaires ou de la subsidiarité. Cette sociologie ne dit pas toujours son nom parce qu'elle se construit sur les marges des disciplines académiques, au confluent de l'économie sociale et du monde des réformateurs au tournant du siècle. Elle s'attache à la résolution de la question sociale, au sens de la résorption du paupérisme et de la régulation des conflits sociaux.

Une quatrième étape, l'entre-deux-guerres, correspond à l'approfondissement de l'affrontement avec la morale durkheimienne d'avant 1914, mais également aux enquêtes au sein des secrétariats sociaux, dont le maillage territorial, le souci de collecter de la documentation et l'ouverture sur le monde de l'entreprise et du travail se prêtent à des études de terrain. Ces organismes occupent cependant une place assez inconfortable au sein du catholicisme français[21]. En 1925, Eugène Duthoit signe un portrait de Henri Lorin qu'il intitule « Henri Lorin, un sociologue catholique ». On trouve également un questionnement sociologique dans les mouvements d'Action catholique, où le « voir » du « Voir, juger, agir » n'est pas seulement l'introspection à l'échelle de l'interpersonnel mais désigne aussi l'effort d'une investigation plus poussée dans le milieu de vie.

Dans le second après-guerre, enfin, la sociologie catholique se scinde en plusieurs courants : une sociologie religieuse autour de Fernand Boulard, au service de la pastorale paroissiale et diocésaine, essentiellement sociographique, quantitative et cartographique ; une sociologie des religions qui souhaite s'émanciper intégralement de la tutelle de l'Église et qui affirme sa prétention à faire une sociologie seulement scientifique, déconnectée de toute fin d'apostolat ; une sociologie économique enfin, portée principalement par Économie et Humanisme, qui elle aussi est une sociologie appliquée mais en prônant une enquête spécifique, centrée sur les « besoins », en phase avec la doctrine développementiste et le choix de la planification aux échelles nationale et régionale : c'est le cas en France, mais aussi en Asie (Liban), en Afrique (Sénégal) ou en Amérique latine (Colombie, Pérou, Brésil[22]).

Cette présentation chronologique succincte de la sociologie dans les milieux catholiques en France jusqu'au début des années 1960 ne fait pas cas des résistances suscitées dans l'Église. On voudrait à présent aborder de biais cette histoire en identifiant les principales critiques émises par le monde catholique à l'égard des sociologues et de la sociologie.

SOCIOLOGIE ET SOCIOLOGUES EN ACCUSATION

Les critiques émises par le clergé catholique peuvent être décomposées en deux catégories : celles qui relèvent d'un contexte particulier ; celles que l'on peut qualifier de récurrentes ou de structurelles entre les années

21 Chatelan, Olivier, « Un catholicisme social omniprésent mais peu connu : les secrétariats sociaux en France, des origines aux années 1960 », *Chrétiens et sociétés XVIe-XXIe siècles*, 22, 2015, p. 247-266.

22 Pelletier, Denis, *Économie et Humanisme*…, *op. cit.*

1880 et 1960[23]. Ne sera évoqué ici que le contenu de ces accusations, en complétant une première analyse proposée par Hervé Serry[24].

LES CRITIQUES PROPRES À UNE CONJONCTURE PARTICULIÈRE

L'institutionnalisation de la sociologie en France, concomitante de l'avènement et de la consolidation de la Troisième République, cristallise une première salve de condamnations à la fin du XIXe siècle. Avec l'installation au pouvoir des républicains et l'affaire Dreyfus, structurante pour cette question, les attaques contre la sociologie durkheimienne sont à comprendre comme des attaques contre les fondements de la République. L'offensive s'organise autour d'oppositions structurantes : hérédité sociale et élitisme contre méritocratie et démocratie, inégalités naturelles contre traditions historiquement construites, libertés revendiquées par Rome (sur les droits de l'Église et sur l'école, choix des familles) contre le programme de laïcisation du corps social porté par les républicains. Sans doute existe-t-il alors, comme le suggère Hervé Serry, une surdétermination du contexte avec le vote de lois anticléricales. Mais cette première critique, de nature politique donc, est à verser au dossier. Si le vocable d'« intellectuel », pour l'Église, désigne alors l'adversaire[25], sans doute que le sociologue est aussi visé, et la dénomination « sociologue » est en elle-même péjorative : faire de la sociologie ou prétendre en faire, c'est choisir son camp et frayer avec les milieux républicains, à moins d'y apposer un adjectif : la sociologie « catholique » ou « familiale » désigne un camp plus qu'une méthode, un combat plus qu'une spécialité.

Avant 1914, la critique se déporte sur les effets philosophiques jugés désastreux d'une sociologie désormais ancrée sinon à l'Université, du moins chez les élites. L'enjeu réside dans la défense de la place du religieux (essentiellement du catholicisme) dans le fonctionnement des sociétés, contre la prétendue morale durkheimienne. En effet, si le débat sur

23 Henry, Odile et Serry, Hervé, « La sociologie, enjeu de luttes », *Actes de la recherche en sciences sociales*, 153, 2004/3, p. 5-10.

24 Serry, Hervé, « Saint Thomas sociologue ? Les enjeux cléricaux d'une sociologie catholique dans les années 1880-1920 », *Actes de la recherche en sciences sociales*, 153, 2004/3, p. 28-39.

25 Fouilloux, Étienne, « 'Intellectuels catholiques' ? Réflexions sur une naissance différée », *Vingtième siècle. Revue d'histoire*, 53, janvier-mars 1997, p. 13-24 ; « L'histoire des intellectuels catholiques aujourd'hui », dir. G. Zelis, *Les intellectuels catholiques en Belgique francophone aux 19e et 20e siècles*, Louvain-la-Neuve, Presses universitaires de Louvain, 2009, p. 21-35.

l'aptitude de la sociologie à fonder une morale est certes déjà observable chez Fernand Brunetière ou George Fonsegrive, Hervé Serry voit dans la publication du livre du belge Simon Deploige, *Conflit de la morale et de la sociologie* (1911), l'aboutissement d'une querelle : si la société se dote elle-même d'attributs divins, alors le sacré n'a plus de nature propre qui le distingue des autres productions sociales. C'est donc ruiner toute morale non immanente. Ce débat trouve des prolongements dans le contexte intellectuel catholique de l'entre-deux-guerres : le renouveau du thomisme est à lire non seulement comme une arme sur le terrain proprement théologique, mais également comme un outil critique, un « rempart » contre le « sociologisme ». Il faudrait pouvoir identifier précisément les tenants et aboutissants de ces discussions en repérant de façon systématique la place accordée à ces débats sur la sociologie dans les grandes publications catholiques.

D'ores et déjà deux griefs nourrissent le discours catholique contre la morale des sociologues. D'une part, une confusion autour du concept de liberté : pour les croyants, la sociologie nie le libre arbitre car elle enferme l'individu dans un nœud de contraintes impersonnelles et déterministes qui s'opposent à l'épanouissement supposé des communautés naturelles. Les vraies libertés sont celles des familles et de l'Église, non des droits des individus qui portent en eux un anarchisme destructeur. D'autre part et plus largement, la sociologie durkheimienne prétend générer d'elle-même une morale dont trois postulats font système : la substitution de la personne par le groupe dans la compréhension des phénomènes sociaux ; le déni de la conscience et de ses attributs (caractère, intuition) au profit d'une vision holiste du monde, divinisée, qui récuse le rôle des grands hommes et de la nature humaine ; la dynamique immanente des sociétés qui fait de l'histoire l'origine et la fin de toute réalité humaine, rejetant par voie de conséquence, et la Providence et l'éternité – laquelle fonde la légitimité de l'idée de tradition – dans la sphère de l'irrationnel. Cette morale est donc artificielle, créée de toute pièce, abstraite et ne possède en rien l'épaisseur du vécu. C'est la greffe du paradigme scientifique dans les sciences humaines qui a donné naissance à une science des mœurs. Celle-ci relève non pas seulement du non-sens mais de la faute voire du sacrilège car c'est Dieu qu'on congédie.

Enfin, à partir des années 1950, la critique catholique porte plutôt sur les usages et limites de la sociologie, et en particulier de la sociologie religieuse. On l'a dit : cantonnée à un rôle auxiliaire de l'apostolat, elle est audible et possible[26]. Dans l'ensemble, malgré la masse des enquêtes, cette sociologie ne reçoit cependant qu'un appui très modéré de l'épiscopat, qui n'a pas de réels projets pour un bureau d'études[27]. Néanmoins, comme le relève encore André Rousseau, il y a des usages détournés de la sociologie qui travaillent l'Église en son sein. Alors que jusqu'au début des années 1960, la sociologie pastorale comportait une forte dimension missionnaire traditionnelle, avec le Concile cette expertise fournit un langage neuf, une idéologie du changement social en phase avec l'*aggiornamento*, avant que l'acclimatation des philosophies du soupçon et la linguistique structurale rendent obsolète ce discours.

DES CRITIQUES STRUCTURELLES CONTRE LA SOCIOLOGIE COMME DISCIPLINE

Faut-il s'en tenir là ? Une étude suggestive sur l'emploi des mots « sociologie » et « sociologique » dans les allocutions et écrits du pape Paul VI[28] montre la polysémie de ces termes dans le discours papal. Ceux-ci ne renvoient pas seulement à une catégorie de l'action, à des pratiques sociales, une propriété de la société ou un savoir « anthropocentrique » : ils désignent une épistémologie particulière qui est sans doute la vraie raison de l'inquiétude des milieux catholiques et ce, sur toute la période. Les publications citées en première partie autorisent à parler de deux pierres d'achoppement fondamentales entre catholicisme et sociologie.

La méthode d'abord : dans l'Église, les faits sociaux ne peuvent être traités comme des choses tant le sens du réel échappe pour les catholiques à la seule matérialité. Que deviennent le don, la grâce, l'âme, les vertus théologales dans le processus d'objectivation propre à la sociologie ? La morale sociale est condamnée comme doctrine de règles impersonnelles et déracinantes. Est en jeu la définition même du monde social. L'homme enfant de Dieu est remplacé par l'individu produit du collectif. On comprend dès lors que cette histoire est d'abord celle d'un double affrontement : d'une part sur la définition même de la sociologie, pour

26 Pie XII, « Allocution pontificale aux membres de l'Institut international de statistique, 10 septembre 1953 », *La Documentation catholique*, 4 octobre 1953, col. 1231-1234.

27 Rousseau, André, « Modes et travaux en sociologie religieuse », *Pour une sociologie de la crise catholique…*, *op. cit.*, p. 51-62, en particulier p. 56.

28 Rousseau, André, « Comment on parle de sociologie à Rome dans les années 1960 », *Pour une sociologie de la crise catholique…*, *op. cit.*, p. 41-50.

« fixer les valeurs ultimes de la société » ; d'autre part sur la définition légitime du monde social, ordonné ou non à une transcendance.

L'existence concurrente d'une science du social porteuse d'un autre régime de vérité est le second point irrecevable : la sociologie a sa façon en propre de définir « ce qu'il en est de ce qui est » pour reprendre une expression utilisée par les sociologues depuis Pierre Bourdieu. La sociologie est accusée de mettre en lumière les déterminismes et les mécanismes sociaux, de décrire et d'assigner des rôles, donc d'ouvrir la porte à une approche critique des normes et peut-être même de redéfinir des objectifs. Elle porte en elle des germes de subversion et s'érige en contre-modèle. Dans certaines de ses allocutions, le pape Paul VI prétend que la sociologie déploie un discours normatif, à partir d'un regard extérieur qui ne prend en considération que le visible et le calculable. En dernière analyse, le sociologue ne respecte donc pas le mystère de la liberté. Et dans le cas où il s'intéresse au fonctionnement de l'institution ecclésiale, il doit accepter que ses critères et ses interprétations des résultats cèdent le pas aux définitions théologiques de la Révélation et du magistère. L'affrontement porte sur la prétention à fixer les valeurs sociales ultimes de la société. Normes, valeurs et légitimations se trouvent interrogées directement.

Les critiques de fond faites par le catholicisme à la sociologie comme science ne manquent pas et elles font système : l'historicisation des phénomènes sociaux, le refus de naturaliser le social, la croyance dans l'immanence de la dynamique sociale, pour reprendre les mots de Hervé Serry[29], paraissent bien inconciliables avec les positions catholiques. L'espace dont nous avons tracé les contours grossiers est à comprendre comme un champ de luttes *ad extra* mais aussi *ad intra*[30], qui informent plus largement l'histoire de l'Église. Au fond, la critique faite à la sociologie n'est-elle pas d'être aussi une quasi anthropologie comme prétend l'être le catholicisme à sa manière ? Cette hypothèse, qui n'est pas sans lien avec le positionnement de l'Église dans les débats plus récents sur l'intime et les questions du vivant, peut renvoyer à un penseur quelque

29 Serry, Hervé, « Saint Thomas sociologue »..., *op. cit.*, p. 38.

30 Par exemple : Caron, Jean, « La discussion entre le P. Schwalm et Maurice Blondel à propos de la méthode d'immanence en apologétique », dir. S.-T. Bonino, *Saint Thomas au XXe siècle, actes du colloque du centenaire de la* Revue thomiste, *Toulouse, 25-28 mars 1993*, Saint-Paul, 1994, p. 41-52.

peu oublié aujourd'hui mais étudié en son temps par le sociologue François-André Isambert. On pense à l'œuvre du laïc Philippe Buchez[31] (1796-1865), qui souhaite instaurer une science de l'homme total, de l'anatomie à l'histoire. La faible audience de son socialisme chrétien dans les années 1840 n'en fait moins de lui un témoin étrangement moderne : car en récusant la physique, science des choses mortes, au profit d'une physiologie, science des corps vivants ; en prétendant dans le même temps ériger une science conforme aux exigences du catholicisme ; en faisant surtout le pont entre le système des sciences tout entier et la science sociale en particulier : il y a peut-être là, comme le suggère son biographe, plus qu'une philosophie de l'histoire. Cette orientation pluridisciplinaire, à finalité synthétique, qui s'efforce de tenir à la fois la dimension biologique de l'être humain et sa dimension sociale comme membre d'un corps collectif, en fait à l'évidence un jalon dans la pré-histoire des rapports entre catholicisme et sociologie.

Olivier CHATELAN
Université de Lyon (Jean Moulin)
UMR 5190 LARHRA

31 Isambert, François-André, *Buchez ou l'âge théologique de la sociologie*, Paris, Éditions Cujas, 1967.

REGARDS (DE) CIVILISÉS SUR LES RELIGIONS (DE) SAUVAGES

L'anthropologie, l'anthropologue et la croyance de l'autre

Dans l'ensemble des débats qui animent les sciences religieuses, la question des origines religieuses des chercheurs et de leur influence sur la manière de constituer des modèles de connaissance ou sur la formation de biais éventuels dans la façon même de concevoir la religion, l'anthropologie (ici entendue comme ethnographie comparative) tire (relativement) son épingle du jeu, en raison de ses postures, orientations et objets. La question de l'appartenance confessionnelle des chercheurs et du rôle que leur héritage religieux joue dans la teneur de leur production scientifique en général et dans leur saisie du fait religieux en particulier n'a rien en effet à première vue de commun avec les autres sciences du religieux. Plusieurs raisons concourent à cet état de fait. Ce sont d'abord des questions d'objet et de périmètre scientifique qui sont ici à l'œuvre : les religions étudiées par les anthropologues ont longtemps été qualifiées de primitives, et à ce titre contrastant significativement avec ses références propres pour que le problème de la collusion entre le chercheur et les croyances étudiées, et par extension celles dont il serait dépositaire, semble superfétatoire. Ensuite ce sont des éléments de démarche et de méthode qui peuvent être mobilisés pour nourrir le débat : l'approche anthropologique implique une prise de distance par rapport à des religions déjà éloignées, l'écart est ainsi doublé, donnant l'illusion d'une neutralité. Ce n'est pas pour autant que l'anthropologie se trouverait complètement exonérée de la complexe question du rapport des chercheurs qui se revendiquent de ce champ disciplinaire à la religion – dès lors, évidemment, que la religion est l'objet de la recherche anthropologique, ce qui n'est pas systématiquement le cas.

Il y a, néanmoins dans le cas de l'anthropologie, bien plus que ces questions et problèmes qui se soulèvent. Car ce sont bien plusieurs chantiers qui se déploient en même temps et qui signalent la singularité de cette discipline par rapport à d'autres : celui de *l'héritage religieux des chercheurs* ou de leur confession et de la manière dont, éventuellement ou pas, cela influe sur la construction de son savoir, et jusqu'à quel point ; celui de ses propres croyances et du *rapport aux croyances autres* ou aux croyances *des* autres que sont les sociétés non occidentales ; enfin, de la manière dont l'anthropologue / l'anthropologie élabore des figurations et des modèles de religions, les rendant *intelligibles, crédibles et parfois même séduisantes*, en tant que représentations de temps anciens, longtemps répulsives pour nombre d'Occidentaux, mais qui, avec le temps, se sont transformées en source de fascination et même d'objets de foi de ce côté-ci de la planète.

« DE LA JUSTE DISTANCE »

Il convient donc de débuter ce bref tour d'horizon des attitudes anthropologiques (ou plutôt d'anthropologues) à l'endroit de la religion en général et des religions non-occidentales en particulier, par un retour sur ce qui fait souvent la singularité distinctive de la discipline de l'ethnographie comparée, qui est ici ce qu'on entend par « anthropologie » : sa méthode. Celle-ci, en particulier dans le champ de l'anthropologie des religions, est fondée sur quatre éléments : immersion, contextualisation, traduction et comparaison[1]. Dans la mesure où c'est surtout le premier des quatre qui engage des phénomènes d'adhésion, et que c'est par son intermédiaire que se constitue la relation particulière (subjective, émotionnelle, vécue) des anthropologues au religieux, c'est ainsi lui qui a le plus occupé l'espace de la discussion : l'anthropologue était déjà au plus près (empiriquement) du religieux en train de se faire, et il reste encore actuellement celui qui regarde la religion « de près[2] ».

L'écart *objectif* qui existe entre les traditions culturelles étudiées par les ethno-anthropologues et celles qui forment l'arrière-plan culturel

1 Obadia, Lionel, *L'Anthropologie des religions*, Paris, La Découverte, 2012.
2 Piette, Albert, *La religion de près. L'activité religieuse en train de se faire*, Paris, Métailié, 1999.

et religieux dans lequel ont baigné ces derniers est indéniable : cultes des forces vitales (animisme), relation médiumnique avec les esprits (chamanisme), culte d'un sacré médiatisé par le matériel (fétichisme), religions d'esprits antérieurs mythiques (totémisme) ou mythifiés (culte des ancêtres) sans compter les innombrables variantes de la magie et de la sorcellerie et les multiples déclinaisons tranchent singulièrement avec l'arrière-plan monothéiste, moraliste et scripturaire qui était celui des sociétés de naissance des anthropologues. On comprend donc pourquoi ces religions « primitives » ne pouvaient, du moins jusqu'à un certain point ou un certain moment, susciter de la croyance chez leurs observateurs ou troubler leurs propres croyances établies. Les anthropologues du XIXe siècle et du XXe siècle affichent en effet, pour la plupart, une relative impartialité par rapport à la religion en général, et à la culture religieuse dont ils ont hérité (si tel est bien le cas), mais aussi une relative sympathie, teintée de paternalisme, à l'endroit de ces cultes « aberrants » car « irrationnels ». Ils étaient regardés avec dédain mais une certaine bienveillance, une ambivalence qui caractérise la première anthropologie des religions, de la fin du XIXe siècle jusqu'à l'après seconde guerre mondiale : dédain, parce que ces cultes étaient « primitifs » et donc périmés, mais bienveillance, parce que la simplicité liturgique, théologique et mythologique apparente de ces cultes rappelait une certaine infantilité psychologique, qui était à l'époque théorisée comme une immaturité historique.

L'examen de l'arrière-plan de croyances de la recherche en anthropologie des religions n'a pas fait l'objet de discussions très approfondies. Les rétrospectives actuelles (Fiona Bowie, André Mary[3], ...) ont préféré se constituer sur la base classique des contributions *théoriques* ou *méthodologiques* aux sciences du religieux mais pas, ou bien peu, sous l'angle des croyances des anthropologues qui relèveraient de la religion dans la pensée des anthropologues. C'est, du moins pour les premières générations, un impensé de la méthode de l'anthropologie, avant que la question ne revienne de manière plus obsessionnelle actuellement. Les religions « primitives », avant d'être qualifiées de « traditionnelles », « ethniques », « locales » étaient vues au prisme d'un regard primitiviste

3 Bowie, Fiona, *The anthropology of religion : an introduction*, Oxford, Blackwell, 2000 ; Mary, André, « L'anthropologie au risque des religions mondiales », *Anthropologie et Sociétés*, 24/1, 2000, p. 117-135.

qui pouvait aussi confiner à la plus glaçante froideur académique, comme l'est celle de Lévi-Strauss, qui examine avec une imperturbable austérité les croyances « sauvages » pour les réduire à des modèles analytiques formels (dans *la pensée sauvage*[4]). Certes, il existe aussi des approches plus animées et ferventes, mais pas nécessairement *partisanes*, comme celle d'un Roger Bastide, qui s'est intéressé aux religions de l'extase et de la possession (dans le contexte sud-américain), religions par définition vitalistes et expressives, engageant le corps et les émotions du chercheur, qui ne pouvait être indifférent à ces résonnances charnelles et affectives. Si Bastide affiche lui aussi une identique neutralité méthodologique, en revanche, il a mis au premier plan des formes de religion et de croyances nettement plus agitées, exotiques et donc potentiellement récréatives pour des observateurs étrangers : ce « sacré sauvage » non-occidental comme il se plaisait à le décrire, paroxystique, débordant, turbulent, tranche non seulement singulièrement avec le sacré sage et domestique des grandes religions monothéistes d'Occident[5], mais aussi avec la « pensée sauvage » de Lévi-Strauss, qui n'a, telle qu'il la présente, rien de débridé mais qui se compose d'une série d'opérations formelles et de mécanismes mentaux mis à plat et modélisés. Il y a dans la présentation de Bastide une chaleur et une intimité avec le sacré qui est orthogonale de la description froide et distanciée de Lévi-Strauss. Mais aucune des deux grandes figures de l'anthropologie des religions n'a pour autant sacrifié la neutralité du scientifique pour embrasser pleinement les croyances étudiées, pas plus qu'ils n'ont dévoilé une adhésion religieuse en filigrane de leurs réalisations scientifiques.

UNE ANTHROPOLOGIE « CONFESSIONNELLE » ?

L'arrière-plan culturel et religieux des anthropologues n'aurait-il pour autant joué aucun rôle dans leur manière d'étudier la religion et les religions du monde non-occidental ? Le point est des plus improbables. Mais puisqu'il en existe un, et qu'il est relativement discret, quel est cet

4 Lévi-Strauss, Claude, *La pensée sauvage*, Paris, Plon, 1962.
5 Bastide, Roger, *Le sacré sauvage et autres essais*, Paris, Stock, 1997 [1975].

arrière-plan ? Les cas de Bastide et de Lévi-Strauss ne sont sans doute pas représentatifs de la totalité d'une discipline composée d'individus aux horizons intellectuels, culturels et sociaux variés, mais majoritairement à l'époque, issus du monde occidental. À la différence des autres traditions d'intellectuels qui se sont penchées sur la religion, il est assez peu d'usage, en anthropologie, d'explorer les origines religieuses des chercheurs à la recherche d'un éventuel biais de posture confessionnelle, et l'arrière-plan de sécularisation de leur propre société représente un argument de poids expliquant ce défaut. De surcroît, le fait que les anthropologues ont très peu, du moins jusqu'à une période récente, étudié les religions de leurs propres sociétés, permettait d'éviter ce tropisme assez répandu ailleurs qui consiste chez un chercheur à se spécialiser sur sa propre religion au risque de s'en faire le simple traducteur ou le porte-voix. Bref, de *confessionnaliser* la science, comme cela aura pu être le cas ailleurs. Au contraire, il y a dans l'anthropologie un goût très prononcé pour la différence sensible, le dépaysement, les « écarts significatifs » (pour paraphraser Lévi-Strauss) entre les sociétés et notamment la société de l'observateur et celle des « indigènes » qu'il observe. Certes, à travers la description des différences se révèle parfois un discours sur sa propre religion ou sur la religion en général qui peut être la cible de critiques obliques. L'œuvre du protestant Jean de Léry, relatant son séjour au Brésil au sein des communautés tupinambas (datant de 1557), et qui est considérée comme une narration proto-ethnographique par beaucoup d'anthropologues, est truffée d'attaques contre les travers et les dérives des grandes religions instituées[6]. La description des cultes locaux sert à Léry à filer la métaphore sur la situation religieuse d'une Europe alors secouée de tensions relatives à la Réforme protestante et aux répressions dont elle fait l'objet – en évoquant les croyances, la loyauté abusive et la violence des prêtres « toupinambaoults », Léry dénonce en fait de manière détournée les dérives autoritaristes des grandes traditions du christianisme, et montre que le jeu subtil qui se déploie entre la religion de soi et celle de l'autre dans un processus de connaissance, peut placer la religion au rang de *prétexte*.

Mais les missionnaires, diplomates et explorateurs religieux figurent une catégorie d'ethnographes non reconnus par la discipline anthropologique,

6 Léry, Jean de, *Histoire d'un voyage fait en la terre du Brésil – 1557 –*, éd. F. Lestringant, Montpellier, Presses du Languedoc/Max Chaleil éditeur, 1992 [1578].

ou alors à la marge d'un savoir qui s'est institutionnalisé et laïcisé, et leur contribution, sauf cas particulier, est le plus souvent relativisée : l'intention d'*inculturation*, de conversion des populations locales, en filigrane de leur activité de connaissance des cultures et religions de ces mêmes populations, ne pouvait que les disqualifier aux yeux des anthropologues officiellement reconnus comme tels. Ces anthropologues institutionnels, dont le premier fut Edward Tylor, mais un peu plus tard Bronislaw Malinowski, exprimaient un profond dégoût à l'endroit des « sauvages », l'un, sans jamais les avoir croisés en chair et en os, l'autre pour au contraire les avoir fréquentés de près, par immersion totale. Mais les deux ont consacré une partie très importante de leur œuvre à la religion de ces mêmes « sauvages », qui les fascinait.

Dans un très célèbre texte qui fait référence en la matière, Edward Evans-Pritchard, ethnographe des peules nilotiques et de la sorcellerie, théoricien critique des « religions primitives » avait récapitulé ce qui était l'attitude générale des anthropologues à l'endroit de la religion en général[7] : une froide distance voire une hostilité latente qui, parfois, s'exprimait explicitement comme chez Lewis Morgan qui la considérait comme « stupide » et qui estimait que son étude ne valait pas d'être menée. Mais Morgan est un cas extrême, et il est vrai qu'il est loin d'être le seul à nourrir un sentiment mitigé à l'endroit des religions qu'il étudiait. Ce qu'Evans-Pritchard a bien mis en avant, c'est que la question du rapport au religieux chez les anthropologues dépasse celle des traditions étudiées pour se constituer aussi en questionnement épistémologique – peu ou pas développé, à l'époque – sur les traditions *héritées*.

On comprend donc que, dans ces conditions, l'anthropologie, à sa naissance, n'avait aucunement élaboré ces savantes discussions méthodologiques qui sont désormais au cœur du questionnement anthropologique et qui sont libellées en termes de « réflexivité » : le regard distancié que non seulement le chercheur porte sur ses objets, mais aussi sur son activité, dans une démarche de prudence épistémologique. Dans le cas de l'anthropologie, la réflexivité engage tous les compartiments de la recherche : les déterminismes idéologiques et historiques, mais aussi sociologiques, qui façonnent les grandes orientations de la science, jusqu'à ce que Malinowski appelait « l'équation personnelle », c'est-à-dire

7 Evans-Pritchard, Edward, *Les anthropologues face à l'histoire et à la religion*, Paris, PUF, 1974.

les éléments de psychologie personnelle qui entrent en jeu et peuvent orienter (souvent de manière inconsciente[8]...). Mais si la critique réflexive a beaucoup porté, dans ce champ disciplinaire, sur le rôle de la *culture* héritée et son positionnement politique (les cultures des ethno-anthropologues étant celles d'un Occident longtemps en situation d'hégémonie, imposant ses modèles au reste du monde), la critique du rôle de la *religion* dans le même champ de réflexion n'est venue que plus tardivement, sous l'impulsion, d'ailleurs, des critiques d'abord venues du monde occidental lui-même, puis adressées par des pays de culture religieuse polythéiste. Tout se passe ainsi comme si l'ethnographe (blanc, masculin, occidental) était uniquement un être de *culture* et pas un être de *religion.*

Ce n'est qu'avec l'invention de la méthode ethnographique et la démarche de l'immersion complète sur le terrain, jusqu'à la fusion avec la culture locale que les ethnologues ont commencé à être suspectés d'une collusion avec leur terrain et donc d'adhérer aux croyances qu'ils étudiaient – ce que certains sociologues ont souvent eu tendance à incriminer. Rien n'était moins vrai, du moins au début. Même en prise directe avec les réalités religieuses des « autres », les ethnologues semblaient insensibles à ces croyances si éloignées de celles de l'Occident. Non seulement quelques grands noms de l'anthropologie comparatiste de cabinet, éloignée du terrain, avaient déclaré leur sainte horreur des « primitifs » (Tylor[9]) et à plus forte raison de leurs religions (L. E. Morgan), mais les ethnographes de terrain n'ont pas toujours une inclination particulière pour la dimension religieuse de la vie des sociétés traditionnelles. Victor Turner rappelle que, longtemps, il n'avait pas l'« oreille » (musicale) pour la religion sur son terrain (pour filer la métaphore de Max Weber), malgré les tambours liturgiques qui résonnaient autour de lui[10]. Une posture qui tranche ainsi de manière étrange avec l'intérêt continu des anthropologues pour la religion, qui semble décalée : pourquoi cet intérêt *scientifique* de l'anthropologie pour une activité humaine pour laquelle ils manifestaient un désintérêt *personnel* ? Ce paradoxe s'explique par rapport au contexte historique et idéologique. L'anthropologie, rappelle Fiona Bowie, est aussi un produit de la pensée des Lumières

8 Malinowski, Bronislaw, *Magic, Science and Other essays*, New York, Doubleday, 1948 [1925].

9 Tylor, Edward B, *La civilisation primitive*, Paris, C. Reinwald, 1876-1878 [1871].

10 Turner, Victor W., *Le phénomène rituel. Structure et contre-structure*, Paris, PUF, collection « ethnologies », 1990.

et donc qui participe, au même titre que les autres sciences humaines et sociales nées dans le même creuset, d'une approche distanciée des faits sociaux et culturels, qui a constitué le religieux comme un objet d'études passé au prisme du rationalisme ambiant : il était donc peu étonnant qu'elle l'objective comme les autres disciplines, mais avec ses propres modalités[11]. En outre, la prédominance des modèles évolutionnistes au XIXe siècle, siècle de naissance de l'anthropologie académique, couplée à l'idéologie primitiviste qui animait l'Europe, laissaient peu de possibilités à l'analyse : les religions localisées hors de l'aire géoculturelle de la « modernité », celle de l'Occident industrialisé et en voie de sécularisation, ne pouvaient qu'être « archaïques » ou « élémentaires » (Tylor). L'expérience religieuse des sociétés à tradition orale se mesurait, comparatisme oblige, aussi dans le cadre d'une évaluation (rétrospective) de leur degré de rationalité ou de « logique », ce qui place fatalement les religions « des sauvages » sur le plan de la pensée « prélogique[12] » ou de la « survivance » (Tylor). Certaines comme Mary Douglas ou Catherine Bell[13], ont analysé le statut de la religion dans la pensée anthropologique à la fin du XIXe siècle – première partie du XXe siècle, en pointant du doigt le caractère, certes, paradoxal, mais néanmoins compréhensible d'intérêt scientifique consécutif d'une distance psychologique et sociale au religieux : l'attention des milieux académiques (anthropologues, mais aussi sociologues et historiens, d'ailleurs) pour la religion serait ainsi, à l'époque, inversement proportionnelle au recul de l'influence de la religion dans la société globale.

CROYANCES D'ANTHROPOLOGUES

C'est donc avec une distance intellectuelle ou physique, ou bien souvent les deux, que les anthropologues ont donc considéré le fait religieux, avec d'autant plus de confiance dans leur posture qu'ils appartiennent

11 Bowie, Fiona, *The anthropology of religion : an introduction*, *op. cit.*
12 Lévy-Bruhl, Lucien, *Le surnaturel et la nature dans la société primitive*, Paris, P.U.F, 1931.
13 Douglas, Mary, *L'anthropologue et la Bible. Lecture du Lévitique*, Paris, Bayard, 2004 [1999] ; Bell, Catherine, *Ritual : Perspective and Dimensions*, New York : Oxford University Press, 1997.

à un monde largement sécularisé, et qu'ils étudient des sociétés qui ne le sont nullement, au contraire. Mais ce n'est pas tout : les religions à l'étude et surtout, pourrait-on dire, celles qui ne le sont *pas* ont aussi un rôle dans la posture des anthropologues à l'endroit de la religion. Marc Augé[14] avait en effet rappelé que c'est sous la catégorie englobante de « paganisme » que se regroupent les nombreuses traditions religieuses polythéistes, locales, et non missionnaires, à l'inverse, donc, point par point, des monothéismes d'Occident. C'est aussi une raison expliquant que les anthropologues se montrent (se sont montrés) si peu enclins à partager ou à défendre les idées et idéologies des monothéismes, comme objets d'étude (et non plus comme background culturel de leur société de naissance).

Cela ne veut pas dire pour autant que les monothéismes sont exclus du champ d'observation des ethnologues ou anthropologues ou que ces derniers y soient demeurés insensibles : dans la mesure où l'anthropologie se voulait à l'origine une discipline comparative englobant toutes les formes culturelles et religieuses, de toutes les sociétés, de toutes les époques et sous toutes les latitudes, les monothéismes de l'Occident « moderne » devaient nécessairement être inclus dans l'analyse, ce qu'ils n'ont été que de manière très partielle, à titre de modèle comparatif, pas vraiment questionné[15]. Lorsque les anthropologues se sont finalement intéressés aux monothéismes, c'était pour les traiter sous l'angle (classique) de leur *mythologie* ou de leur *symbolisme*[16]. Il aura fallu du temps entre la constitution du champ de l'anthropologie des religions et les premières recherches ethnographiques menées sur les monothéismes par des anthropologues, à la suite, d'ailleurs, d'un « retour » de l'ethnographe dans son pays de naissance et du développement d'une anthropologie *at home* pour des raisons conjoncturelles. S'ouvre alors la possibilité d'une ethnographie occidentale des monothéismes d'Occident et même d'une ethnographie des religions de naissance des ethnographes. Ce qu'a réalisé, mais il représente toutefois un cas particulier dans l'horizon de la recherche ethnographique, Jacques Gutwirth, sur les « communautés judéo-chrétiennes » est à ce titre exemplaire : il montre la possibilité

14 Augé, Marc, *Génie du Paganisme*, Paris, Gallimard, 1982.

15 Obadia, Lionel, *L'Anthropologie des religions*, *op. cit.*

16 Douglas, Mary, « The effects of modernization on religious change », *Daedalus*, 111 (1), 1982, p. 1-19.

concrète de mener une recherche sur un groupe affichant une affiliation au judaïsme (certes, pas totale) quand on est soi-même issu d'une culture juive. Les principes de méthode et les caractéristiques de son terrain lui permettent de maintenir ce que la démarche ethnographique doit précisément allier : une attitude qui procède à la fois de la proximité (du point de vue empirique) et de la distance (du point de vue idéologique et théorique[17]).

Au-delà de cet exemple, certainement illustratif, mais exemplaire, les choses ont en fait bien changé pour les anthropologues, et même pour ceux qui travaillent hors d'Europe, donc dans un monde qui était auparavant qualifié de « traditionnel » voire de « primitif » et qui est désormais devenu « non-occidental » mais pas moins « moderne ». Les religions monothéistes, principalement mais pas exclusivement, se sont répandues (depuis des millénaires, mais toujours plus rapidement aux ères moderne et contemporaine) à l'échelle de la planète, souvent en se rencontrant, et ont refaçonné les paysages : l'offensive des religions missionnaires (pentecôtisme, islam) est telle que les chercheurs qui se trouvent au plus près de leurs terrains ont désormais bien du mal, à la fin du XXe siècle, à trouver encore des lieux où il ne demeurerait que des religions « primitives » que les anthropologues pourraient étudier sans risque d'affecter une neutralité affichée à l'endroit des religions[18].

Dans le même ordre d'idées, et dans le même mouvement, les nouveaux mouvements religieux prosélytes ou sectes, qui se déploient également dans le monde occidental et au-delà, représentent de nouveaux objets d'étude : les travaux de Nathalie Luca sur les néo-messianismes coréens[19] reflètent cette nouvelle tendance hors des frontières nationales, mais aussi Maurice Duval dans un contexte plus local (celle d'un mouvement syncrétiste et néo-oriental regroupé autour d'un lieu, le *mandarom*[20]), parmi d'autres. Évidemment, à l'instar des sociologues avec qui ils partagent le même terrain, les anthropologues sont – bien malgré eux – dans le débat autour de la dangerosité de ces cultes qui a animé les sciences sociales du religieux dans les années 1980-1990. Avec leur prise de position

17 Gutwirth, Jacques, *Les Judéo-Chrétiens d'aujourd'hui*, Paris, Le Cerf, 1987.

18 Mary, André, « L'anthropologie au risque des religions mondiales », art. cité.

19 Luca, Nathalie, *Le salut par le foot. Une ethnologue chez un messie coréen*, Genève, Labor et Fides, 1997.

20 Duval, Maurice, *Un ethnologue au Mandarom. Enquête à l'intérieur d'une « secte »*, Paris, PUF, 2002.

distanciée aux religions comme aux « sectes », les anthropologues ne risquaient apparemment pas d'être accusés de collusion avec leur objet. Mais ils furent, au contraire, considérés comme les défenseurs et même promoteurs des systèmes de croyances dont ils étaient les spécialistes... ou pas nécessairement, d'ailleurs ! Mais en creux, leur propre système de croyance personnel, hérité par transmission familiale ou acquis par expérience sur le terrain peinait à se dévoiler, pour des raisons non généralisables à l'ensemble des anthropologues, car souvent liées à leur histoire personnelle. De ce point de vue, le cas de Lévi-Strauss est particulièrement intéressant. Le plus fameux anthropologue français a consacré sa vie à l'étude des sociétés « primitives » et de leur pensée « sauvage » tout en étant lui-même éminemment critique par rapport à ces catégories : il s'est en particulier illustré par une réhabilitation de la rationalité interne des croyances dans les sociétés traditionnelles, là où nombre de ses prédécesseurs, Frazer ou Lévy-Bruhl en tête, en avaient souligné le caractère « illogique ». Dans ses *Tristes Tropiques*, son œuvre (biographique) la plus lue, Lévi-Strauss avait sobrement rappelé que ses origines juives étaient en partie responsables de son expatriation au Brésil, et donc avaient contribué à faire de lui l'ethnographe des tribus amazoniennes que l'on connaît maintenant. Poussé à fuir une Europe conquise par l'Allemagne nazie, Lévi-Strauss est en effet devenu sociologue puis anthropologue en Amérique du Sud avant de revenir plus tard en Europe et d'y connaitre la destinée professionnelle qui fut la sienne, et qui s'est achevée au Collège de France. À plusieurs reprises, Lévi-Strauss a été invité à se prononcer sur la situation des Juifs et d'Israël, invitation qu'il a systématiquement déclinée au principe d'une neutralité que son statut de scientifique lui conférait. Mais le judaïsme de Lévi-Strauss continue d'interroger les analyses qui s'interrogent sur l'exclusion de cette religion de son domaine d'étude : au pire est-il purement et simplement occulté (par exclusion), ou distillé par petites touches ici ou là[21], au mieux se lit-t-il de manière escamotée à travers son œuvre[22]... Mais le « judaïsme » de Lévi-Strauss, comme celui d'autres anthropologues « juifs » ou désignés comme tels (Lévy-Bruhl, Mauss, Nathan, Devereux) est sans aucun doute exagérément mis en avant, de

21 Loyer, Emmanuelle, *Claude Lévi-Strauss*, Paris, Flammarion, 2015.

22 Vârtejanu-Joubert, Madalina, « Claude Lévi-Strauss : le judaïsme, le texte, l'ethnographie », *Yod* [En ligne], 18/2013, mis en ligne le 08 juillet 2013, URL : http://yod.revues.org/1773.

la même manière que la culture religieuse. C'est seulement à l'occasion d'un entretien que Lévi-Strauss affirmait s'être « toujours senti proche du bouddhisme[23] » voyant dans la philosophie du Bouddha des proximités de vues avec celles de son propre système de pensée. Le bouddhisme, Lévi-Strauss l'avait déjà décrit, d'ailleurs, en termes élogieux dans les dernières pages de ses *Tristes Tropiques*, l'opposant à un islam dont il donne une image nettement moins positive, l'accusant de susciter un complexe schizophrénique dans l'esprit de ses pratiquants mâles[24]. Par un curieux détour des choses, Lévi-Strauss a été accusé par Emmanuel Lévinas de rendre les religions « primitives » séduisantes pour les Juifs, et de générer chez eux désaffection et éloignement par rapport à leur propre tradition culturelle[25]. Un paradoxe, quand même, pour celui qui avait précisément passé au prisme froid et implacable de la machine structuraliste l'agitation et la vitalité des religions « primitives », et qui avait, de manière générale, montré peu d'inclination pour la religion…

Mais pour revenir au point de départ de cette analyse, la controverse sur les « sectes » a ramené les anthropologues à un débat plus actuel, mettant ainsi à mal leur neutralité : peu d'entre eux sont entrés dans des discussions houleuses autour de la « dangerosité » des dites sectes et en France, Maurice Duval n'a pas poursuivi ses travaux sur ces terrains « minés » alors que Nathalie Luca a poursuivi ses recherches sur des terrains internationaux[26]. Les anthropologues, comme leurs homologues sociologues, politologues et historiens, ont bien tenté de neutraliser les déterminants idéologiques entourant la notion de « secte », ils ont néanmoins rencontré les mêmes difficultés et malgré une volonté permanente de conserver une posture relativiste non discriminante ni disqualifiante, c'est plutôt sur le versant des voix critiques contre les « sectes » qu'ils se font entendre[27].

---

23 Dubuisson, Daniel, *Mythologies du* XX*e siècle (Dumézil, Lévi-Strauss*, Éliade*)*, Lille, Presses Universitaires de Lille, 1993.

24 Lévi-Strauss, Claude, *Tristes Tropiques*, Paris, Plon, 1955.

25 Obadia, Lionel, *Shalom Bouddha. Bouddhisme et judaïsme, une rencontre inattendue*, Paris, Berg, 2013.

26 Luca, Nathalie, Y *croire et en rêver. Réussir dans le marketing relationnel de multiniveaux*, Paris, L'Harmattan, coll. « Religions en questions », 2012.

27 Obadia, Lionel, *L'Anthropologie des religions*, *op. cit.*

ANTHROPOLOGUES DE LA CROYANCE

Que reste-t-il alors de l'analyse anthropologique du religieux une fois épuisée la question des *appartenances* et de l'*adhésion* à un système de pensée religieux ? La réponse ramène au cœur du problème et aux premières orientations de l'anthropologie : c'est par la *croyance*, et ses déclinaisons sous les formes symboliques et narratives que sont les mythes, et praxéologiques que sont les rites, que la thématique du religieux est saisie. C'est d'ailleurs l'un des plus importants chantiers, qui a été transversal aux réflexions depuis la fondation de l'anthropologie au XIXe siècle, mais n'a finalement constitué un domaine à part que depuis quelques décennies[28] ne prenant d'ailleurs que très tardivement en compte cette dimension réflexive et critique qu'est l'exploration des modes et contenus d'adhésion religieuse ou spirituelle des ethnologues eux-mêmes – si tant est que le phénomène était suffisamment visible pour être saisissable. Il a fallu attendre la convergence entre deux mouvements particuliers : le premier est un changement de perspective épistémologique, qui s'est traduit en anthropologie par une approche plus psychologique des phénomènes religieux, et le second est le vaste mouvement des épistémologies « postmodernes », critiques de la condition anthropologique et de la production du savoir anthropologique[29] qui a amené à déconstruire les objets et les postures, et à examiner plus en détails les enjeux méthodologiques de l'ethnographie[30].

Le fameux article de Pierre Bourdieu « sociologues de la croyance et croyances de sociologues[31] » est un exemple de la manière dont la réflexion a été menée de manière réversible dans le champ de la sociologie, où il semble se poser de manière évidente, en première lecture, avec plus d'acuité, dès lors que les sociologues se sont penchés sur les religions

---

28 Lenclud, Gérard, « Vues de l'esprit, art de l'autre. L'ethnologie et les croyances en pays de savoir », *Terrain*, 14, 1990, p. 5-19.

29 Ghasarian, Christian, 1998, « À propos des *épistémologies* postmodernes », *Ethnologie française*, 28(4), 1998, p. 563-577.

30 Englund, Harri et Leach, James, « Ethnography and the Meta-Narratives of Modernity », *Current Anthropology*, vol. 41, 2, avril 2000, p. 225-248.

31 Bourdieu, Pierre, « Sociologues de la croyance et croyances de sociologues », *Archives de sciences sociales des religions* 63 (1), 1987, p. 155-161.

– *leurs* religions : les sociologues sont-ils neutres de croyances lorsqu'ils étudient des croyances ? La question de la *croyance* des anthropologues dans *la* religion et/ou dans les religions qu'ils étudient est posée un peu différemment. Les cultes / cultures qui ont été le plus souvent étudiés par les anthropologues supposaient des régimes de vérité sensiblement différents de ceux qui prévalent dans les sociétés des anthropologues. Et en conséquence, l'attitude des anthropologues à l'endroit de ces croyances oscillait entre doute et reconnaissance de leur réalité et de leur légitimité[32]. Et lorsque Lucien Lévy-Bruhl évoque un régime de « participation » dans les croyances des « primitifs », celles-ci sont constituées sur des modes logiques foncièrement différents de ceux que Frazer énonce : c'est une participation résolument émotionnelle et existentielle, et c'est ce qui leur donne leur caractère relatif, conduisant les ethnologues, en un sens, à disculper ces mêmes croyances du soupçon d'irrationalité et de primitivité qui pèse sur elles. Dan Sperber avait plus tardivement souligné qu'aucune n'était véritablement « irrationnelle » pour peu que le dispositif d'études soit adapté à leur lexicalité et à leur rapport à la réalité[33] et d'ailleurs Lévi-Strauss, avant lui, avait distingué entre pensée magico-religieuse et positive, montrant que les deux sont complémentaires et participent des mêmes mécanismes mentaux. Avec Radcliffe-Brown, la croyance, forme volatile et mobile, se trouve détachée du rituel et représente la partie variable de l'activité religieuse[34]. Bref, les voix d'anthropologues convergent autour d'une même conclusion : penser la religion, c'est penser la croyance, et penser la croyance des autres, c'est aussi penser les siennes, dans un cercle épistémologique bouclé sur lui-même.

On voit donc bien qu'en anthropologie, la question du rapport du chercheur à la religion se pose de différentes manières. Elle se pose d'abord en termes de la « foi des indigènes » : traitée sur le mode dépréciatif, au principe que la pensée religieuse primitive était par définition inintelligible, puis sur le mode analytique, dans le sens où elle est devenue intelligible avec la sophistication des outils intellectuels de l'anthropologie. Elle se pose ensuite et parallèlement en termes de croyances d'anthropologues et de leur capacité à se laisser gagner par les

32 Martino, Ernesto de, *Le Monde magique*, Paris, Marabout Université, 1971 [1948].

33 Sperber, Dan, *Le savoir des anthropologues*, Paris, Hermann, 1982.

34 Radcliffe-Brown, Alfred R., « Religion et société », *Structure et fonction dans la société primitive*, Paris, Éditions de Minuit, 1968 (1645), p. 230-260.

croyances des autres, pourtant si éloignées des leurs… Si éloignées ? Pas si sûr. Il est vrai qu'en apparence, ces croyances sont insolites, baroques, exotiques… mais dans la mesure où l'anthropologie s'intéresse aux modèles de la pensée et de la pratique religieuse en-deçà de la réalité saisissable, ce sont les logiques internes ou structures profondes qui sont dégagées, en particulier de ce champ de connaissance très creusé par l'anthropologie qu'est la magie, qui, elle, présente une rationalité (et non pas un *rationalisme*) qui l'apparente plus à des savoirs séculiers comme la Science (entendue dans son sens le plus large), qu'à des religions[35]… donc aux croyances ou aux références de l'ethnologue.

ANTHROPOLOGUES ATHÉES ?
Question de posthure et de méthode…

Il reste une autre et profonde question qui anime les débats en anthropologie : celle de la posture épistémologique en toile de fond de la posture empirique de l'ethnologue sur son terrain. Car enfin, de quoi est en définitive l'anthropologue porteur ou vecteur quand il se trouve dans une posture de recherche ? Il paraît évident, dans les lignes précédentes, que le chercheur est rarement amené à dévoiler ses croyances ou sa confession (quand il en a une) dans le sens où, généralement, il étudie des systèmes d'idées et de pratiques dont il est étranger, qu'il regarde avec une perspective d'étranger/étrangeté, mais avec la nécessité de les « désexotiser » d'autant plus que ces idées et pratiques sont marquées par la différence culturelle[36], et qu'il adopte au final une vue « objectivée » sur elles. Certes, l'ethnologue sur le terrain doit « en être », même dans les systèmes aussi peu caractérisés par la foi, la loyauté ou l'appartenance que sont les systèmes magico-sorcellaires[37]. Mais il déploie à cette occasion (ou feint de déployer) un sens critique à l'endroit des croyances « indigènes » qui lui permet de maintenir une posture scientifique. Du point de vue méthodologique, et méthodologique

---

35 Malinowski, Bronislaw, *Magic, Science and Other Essays*, *op. cit.*

36 Kapferer, Bruce (éd.), *Beyond Rationalism, Rethinking Magic, Witchcraft and Sorcery*, New York, Berghahn Books, 2003.

37 Favret-Saada, Jeanne, *Les mots, la mort, les sorts*, Paris, Gallimard, 1977.

d'abord, la question de la croyance est relative en anthropologie à ce principe de mise à distance, par un effort de *suspension* de la propre croyance de l'enquêteur pour étudier celle de l'autre, sans risquer ce bien connu travers qui consiste à disqualifier par surinterprétation[38] ou à disqualifier par mésinterprétation[39]. Ce qui donne la célèbre formule de Jean Pouillon, qui place l'ethno-anthropologue en posture d'impartialité idéologique et méthodologique par rapport à son objet, et donc neutralise (virtuellement) tout surgissement ou toute influence d'un système de croyance : l'ethnologue est « cet incroyant qui croit que les autres croient[40] ». Ces réflexions étant évidemment menées sur le plan strictement ethnographique, elles ne disent toutefois rien des croyances *intimes* de l'ethnologue, dans le sens où celles-ci sont largement dissimulées de l'analyse.

La dissimulation des croyances personnelles, leur suspension dans le cadre de l'enquête, sont associées à un contexte de sécularisation de l'Europe dont la « modernité » s'est fondée sur l'idée d'une géographie morale différenciant le « eux » des primitifs ou non-occidentaux, baignant dans la spiritualité, soumis aux idées de Dieu et aux prescriptions qu'imposent les traditions sacrées et « nous », les Occidentaux modernes, ralliés aux idées séculières, confiants dans le progrès d'une humanité sans religion, débarrassés des antiques croyances[41]. Mais la distinction est des plus incertaines, dès lors que l'on se penche plus précisément sur les mécanismes de la croyance chez les « indigènes » : elle n'existe parfois tout simplement pas et quelques anthropologues ont bien montré que dans les tribus amazoniennes, il y a des esprits incrédules[42], que les hindous ne croyaient tout simplement pas dans leurs grands modèles religieux et mythologiques[43], et il arrive même que ce soit l'anthropologue qui fabrique la croyance de l'Autre culturel rencontré sur le terrain[44]. C'est avec un certain sens de l'à-propos que de nouvelles générations d'anthropologues, issus des pays que les ethnographes européens ou occidentaux ont explorés, retournent l'argument dans le sens inverse et montrent que, vu de ce

38 Radcliffe-Brown, Alfred R., « Religion et société », art. cité.

39 Lenclud, Gérard, « Vues de l'esprit, art de l'autre… », art. cité.

40 Pouillon, Jean, *Le cru et le su*, Paris, Le Seuil, 1993.

41 Lapointe, Roger, *Socio-anthropologie du religieux. Le cercle enchanté de la croyance*, Genève, Librairie Droz, 1989.

42 Lévi-Strauss, Claude, *Anthropologie structurale*, Paris, Plon, 1974 (1958).

43 Deliège, Robert, « Les Hindous croient-ils en la réincarnation ? » *L'Année sociologique*, 50, 2000, p. 217-234.

44 Radcliffe-Brown, Alfred R., « Religion et société », art. cité.

fameux « reste du monde » (en particulier de l'Inde, pourtant érigée au rang de « nation spirituelle » dans l'imagination occidentale[45]), la vieille Europe apparaît comme un lieu saturé de croyances, bien loin de l'image de région séculière qu'elle donne d'elle-même[46].

Certains, comme Piette[47] ou Ruy Blanes[48] ont pourtant évoqué un « athéisme » des anthropologues mais dans des perspectives assez différentes : le premier évoque la curieuse disparition de la figure de Dieu dans les études sur la religion, prenant ainsi l'athéisme au pied de la lettre, alors que le second reprend la question des modalités et difficultés de suspension des croyances intimes dans l'étude des croyances des autres. Dans les deux cas ici mentionnés, l'athéisme n'est pas en soi une question de religion personnelle du chercheur mais bien plutôt un dispositif méthodologique conforme à ce fameux « regard éloigné » que Lévi-Strauss avait popularisé[49]. À se pencher sur l'histoire de l'anthropologie, il apparaît que l'athéisme fut d'abord un athéisme *idéologique* avant d'être un athéisme *méthodologique*. Les premiers anthropologues sont, en effet, souvent des individus nés dans un creuset religieux, avec lequel ils ont pris leurs distances : catholiques, protestants ou juifs, principalement, ils ont conservé un goût pour les choses religieuses sans pour autant y adhérer sur le mode de la foi ou de la loyauté, prolongeant de cette manière sur un autre plan, académique, ce qui était né dans le creuset de l'expérience personnelle de la culture.

CONCLUSION

Sur la base de ce repérage de postures et d'approches d'anthropologues exprimées explicitement (d'autres, plus subtiles, auraient pu être

45 Van der Veer, Peter, « The comparative sociology of India and China », *Social Anthropology*, Special Issue : Anthropology of contemporary China, 17 (1), 2009, p. 90-100.

46 Pile, Steve, « The Strange Case of Western Cities : Occult Globalisations and the Making of Urban Modernity », *Urban Studies*, 43 (2), 2006, p. 305-318.

47 Piette, Albert, *Le fait religieux. Une théorie de la religion ordinaire*, Paris, Economica, 2003.

48 Blanes, Ruy L., « The atheist anthropologist : believers and non-believers in anthropological fieldwork » *Social Anthropology*, 14 (2), 2006, p. 223-234.

49 Lévi-Strauss, Claude, *Le regard éloigné*, Paris, Plon, 1983.

attribuées), il apparaît que le questionnement sur les rapports du chercheur à la religion en ethno-anthropologie est particulièrement ambivalent. Les croyances de l'ethnologue, quelles qu'elles furent ou qu'elles soient encore, constituent une partie marginale de l'analyse en anthropologie des religions : elles occupent, certes, une place importante en tant qu'objet de recherche pour l'anthropologie mais, en tant que dispositions ou inclinations personnelles des chercheurs, elles n'ont sans doute pas donné lieu à autant de développements que dans les autres sciences des religions. Et pour cause, pourrait-on dire, en vertu de la nature des objets et des méthodes de l'anthropologie. De toutes ces réflexions, de tous ces débats, il faut retenir que si les anthropologues des religions sont relativement préservés des habituelles suspicions qui pèsent sur leurs collègues d'autres horizons disciplinaires, il n'en demeure pas moins qu'il leur est imputé un rôle dans la *promotion romantique* des traditions « primitives » qu'ils ont étudiées, et parfois bien malgré eux. Clifford Geertz évoque les anthropologues comme des « marchands de l'étrange[50] », notamment en matière religieuse alors qu'Albert Piette les qualifie de vendeurs « d'extraordinaire[51] ». Cette emphase sur les aspects étranges, parce qu'étrangers, des religions, est aussi liée à un ensemble de géographies morales et d'imaginaires territoriaux qui ont constitué l'Autre comme figure de la croyance et l'ethnographe comme incroyant, ce qui a été transposé sur le plan de la pratique comme un principe de méthode. Les choses sont pourtant bien plus complexes, et marquées par l'ambivalence : c'est cette ambiguïté et quelques-uns des enjeux que son exploration dévoile, que ces quelques pages avaient vocation à dévoiler.

Lionel Obadia
Université de Lyon (Lumière)
UMR 5190 LARHRA

50 Geertz, Clifford, « La religion comme système culturel », dir. R. E. Bradbury *et al.*, *Essais d'anthropologie religieuse*, Paris, Gallimard, 1972 (1963), p. 19-66.

51 Piette, Albert, *Le fait religieux…*, *op. cit.*

DE LA THÉOLOGIE AUX SCIENCES RELIGIEUSES

Quels déplacements et quelle relance pour chacun ?

RETOUR SUR L'OPPOSITION ENTRE THÉOLOGIE ET SCIENCES DES RELIGIONS

De certaines manières de vouloir en dépasser le conflit à la mise en avant d'un déplacement plus profond

Dire la différence entre théologie et sciences des religions s'inscrit dans une histoire située, celle de la modernité européenne, *a fortiori* en sa forme française. Elle y est vue comme émancipation, d'une assignation à la particularité d'une tradition renvoyant à hétéronomie (le motif d'une « révélation » a joué ici comme marqueur) et tendant à penser ses propositions comme des « biens propres » (des « biens de salut »), à une position en raison, validable et valable hors cette assignation ou du fait même d'une non-assignation.

À l'arrière-plan se tiennent une *critique de la religion*, qu'elle soit menée au nom de la science (les Lumières), ou qu'elle soit politique (de la *Priestertrugtheorie* à Marx et au-delà), psychologique (de Freud à la psychologie cognitive), culturelle (Nietzsche et bien d'autres), ainsi qu'un *mouvement social de fond*, une sécularisation ou une sortie de la religion (au sens où Gauchet entend ce terme), avec les mises en place de la laïcité, sous l'horizon de conflits entre la République et l'Église.

L'émancipation indiquée est en outre liée au fait que, pour ce qui concerne l'époque moderne toujours, ici la seconde partie du XIXe siècle, les sciences des religions sont souvent nées au sein de Facultés de théologie (en Allemagne notamment) et ont vécu ou vivent leur développement comme un processus d'émancipation progressive, non terminé à leurs yeux.

D'où une vigilance soupçonneuse et la récurrence d'affirmations avançant qu'elles sont foncièrement autres que la théologie, leur constitution même réclamant la nécessité de s'en démarquer.

En même temps – effet ou symptôme de postmodernité ? ou avancées et modifications scientifiques, de part et d'autres ? –, les frontières entre théologie et sciences des religions tendent aujourd'hui à se brouiller, et des collaborations peuvent naître, dont il convient d'examiner au cas par cas les raisons : des réflexes semblables chez des philologues travaillant leurs propres traditions ou se vouant à des traditions autres ? une prise en compte plus délibérée de données anthropologiques en théologie ? d'autres choses encore ?

Touchant les manières de poser et d'évaluer les rapports entre théologie et sciences des religions, il me semble que se font voir, sur cet arrière-fond, plusieurs postures :

a. Une opposition entre la *neutralité scientifique* qui serait celle des sciences des religions et le caractère *engagé* ou *confessant* de la théologie, en outre le plus souvent insérée dans des unités académiques liées à l'Église, alimentant dès lors le soupçon – ou, sur l'autre front, une validation propre – que les théologiens y seraient des « intellectuels organiques », faisant passer les intérêts de leur institution ou de leur militance avant le respect de la vérité et l'honnêteté du débat. Sur cet arrière-plan, plusieurs entendent aujourd'hui mettre en cause ce qui serait naïvement tenu pour *objectivité scientifique* en convoquant, à fins relativistes, une *sociologie* ou une *histoire des sciences*. Il me paraît personnellement que les conclusions qui en sont tirées sont souvent trop radicales et insuffisamment différenciées : la question de ce qu'on peut entendre sous objectivité scientifique doit certainement être retravaillée et approfondie, mais hors disqualification globale au prétexte que personne n'est neutre ou que les évidences changent selon l'histoire ou les aires de civilisation. De même, plusieurs entendent, ces temps, revaloriser les droits de la *conviction* et lui faire place, mais, là encore, si le point doit effectivement être repris et travaillé, cela doit se faire à mon sens selon précisions requises, distinctions de plans et de pertinences.

b. La présence et la prise de conscience d'une *pluralité religieuse*, que les sciences des religions honoreraient nativement, alors que la théologie couvrait l'ensemble du champ de sa prétention à le penser en dernière instance, voire à le réguler, sur fond d'une tradition unique, fût-elle intérieurement diversifiée et ayant-elle connu mutations ou discontinuités historiques.

Mais l'avènement des sciences des religions est porteur de plus que d'une attention à la pluralité religieuse. Dès lors, l'opposition entre sciences des religions et théologie, ou son dépassement en vue d'une coexistence pacifique, ne peut se résoudre en mettant en place des plateformes académiques – Facultés ou autres – *pluriconfessionnelles* (un modèle étasunien notamment) ou en intégrant au travail mené la diversité des traditions (le judaïsme, l'islam, le bouddhisme, le confucianisme, d'autres encore, à côté du christianisme), même si un dialogue, de l'échange, voire de l'interaction, peuvent être fructueusement développés sur un tel arrière-plan.

c. Par rapport au champ qu'occupe la théologie, les sciences des religions me semblent opérer un *décalage* ou un *décentrement*, non seulement parce que leurs types d'interrogation sont différents et non homologues, mais parce que le religieux ne constitue pas un objet qui serait toujours le même, se donnant à observer sur un terrain qu'on pourrait baliser quels que soient les moments historiques ou les aires de civilisation, différant seule la manière de remplir les cases dessinées sur ce terrain ou les manières d'y jouer (la case Dieu, ou référence de dernière instance, les cases médiation, symbolisation, ritualité, communauté ou Église, moment constitutif, régulation, etc.). Ce point me paraît particulièrement net aujourd'hui, distinguant ainsi notre époque du XIXe siècle par exemple.

Il convient en effet de rappeler, d'abord, que toutes les formes religieuses ne développent pas de théologie, et que cela n'est pas circonstanciel, mais touche à des types religieux différents. Par-delà, il convient d'enregistrer que ce qu'on entend par religion est en débat. Pensons, pour commencer, à la question de savoir si religion entraîne organisation communautaire ou ecclésiale propre, et arrêtons-nous à ce qu'évoquent les deux références majeures en la matière dans notre histoire, *relegere* d'une part (la *religio* comme « vertu » de retrait devant la démesure du cosmos et de recueil des signes qui s'y donnent à déchiffrer), *religare* d'autre part (relier verticalement à une transcendance et horizontalement pour constituer une communauté ou une Église), le second se trouvant progressivement privilégié en christianisme et en Occident, pour être finalement seul mis en avant avec les Temps modernes[1], hors la veine de l'ésotérisme. Et enchaînons avec la question de savoir ce qu'il en est ou non de la distinction de la religion à l'endroit du culturel (en Inde ancienne, fonds culturel et fonds religieux sont indissociables, de même que coïncident le symbolique et le religieux dans les sociétés « premières » explorées par les anthropologues[2]) ou à l'endroit du politique (le théologico-politique a une histoire circonscrite, aussi bien quant à son émergence que quant à son destin).

Mais, par-delà, il me paraît qu'il convient d'être attentif à ce que, parmi les diverses sciences des religions, met en avant l'anthropologie née de la rencontre d'autres systèmes culturels, suite aux découvertes modernes de l'Asie, de l'Amérique latine, de l'Océanie, de l'Afrique. Y est à l'œuvre un vrai *déplacement*, qui renvoie le geste théologique à une particularité, culturelle, située, qui est en outre spécifiquement soumise à procès critique.

L'anthropologie a souligné combien les cultures non chrétiennes et hors monothéismes vivaient de procédures de « négociation » avec le monde et ce qui y échappe (l'étrangeté, la mort, les frontières, l'altérité, etc.), de la négociation se répétant dans du practico-rituel[3]. On est là dans une autre perspective que celle d'un « ordre du sens » que la religion soutiendrait et nourrirait, la théologie, quelle qu'elle soit, apparaissant alors justement liée à la mise en place d'un tel ordre du sens, avec son organisation en *système*, investi d'*intelligibilité*, la question de Dieu, de sa mort ou de ses substituts y étant en outre centrale en matière d'instance dernière, et avec sa thématique d'une *adhésion subjective*, un « croire », requise implicitement ou sur mode de convocation à assumer (moment où un *sujet* répond *de* lui-même et *de* ce qui est en jeu).

1 Émile Durkheim le sanctionne quand il définit la religion comme « système de croyances » et qu'il avance qu'il n'y a pas de religion sans Église, ce qui est à la fois typique et faux.

2 Notons que le religieux, ici, ne connait pas de distinction entre du *canonique* et du *non-canonique*, et que cette distinction accompagne probablement un religieux *séparé* et, en tant que tel, lié à *hétérogénéité* ou à *transcendance*.

3 Pour exemple, Mancini, Silvia, « Logique des fondements et logique orthopratique. Le problème théologique de la croyance à l'épreuve du culte populaire des images habillées au Mexique », dir. J. Ehrenfreund et P. Gisel, *Mises en scène de l'humain. Sciences des religions, philosophie, théologie*, Paris, Beauchesne, 2014, p. 93-110.

Il y a donc du religieux ou supposé tel dans des mondes où la question de *Dieu* (quelles qu'en soient les variantes) ne se pose pas et où n'est pas non plus engagé un *croire* (là aussi : quelles qu'en soient les variantes). Du coup, la théologie, dans ce qui fait son geste ou sa posture, apparaît liée à la particularité d'une manière de se situer dans le monde et d'y envisager l'humain. Renvoyant à transcendance, elle est alors, au mieux, *une* manière parmi d'autres de répondre de ce qui, au cœur même du monde, est en excès de l'humain ou le déborde, et cette manière peut être soumise à critique. Elle est de fait aujourd'hui mise en cause comme anthropocentrisme, réduction à l'humain et à ses appropriations, et comme primat potentiellement impérialiste accordé à la raison et à l'intelligibilité[4].

La critique se fait d'autant plus insistante que notre temps – postmoderne – semble sortir de l'orbite indiquée, marquée par un renvoi à transcendance et par la venue à l'avant-scène d'un sujet convoqué à répondre de lui-même et du monde[5]. On assiste en effet aujourd'hui à diverses propositions de « spiritualité sans Dieu » ou de « spiritualité laïque » (on dit alors significativement spiritualité plutôt que religion[6]), sur un arrière-fond renvoyant à équilibre de vie et à sagesse, ainsi qu'à du « développement personnel » pouvant passer par l'évocation d'« énergies cosmiques » plus qu'être rapporté à de la transcendance autre, contestatrice et revendicatrice[7].

---

4 La Faculté qui fut la mienne (elle a passé du statut de Faculté de théologie protestante, selon le modèle universitaire traditionnel depuis le XIXe siècle, à celui de Faculté de sciences des religions, mais selon un processus non entièrement abouti, la Faculté n'étant pas parvenue à se déployer vraiment en termes de pertinence sociale et connaissant aujourd'hui quelques retours) a été le lieu d'une dispute qui vaut exemple et qui, par-delà les conflits institutionnels ou entre tel et tel acteur, a été traversée d'une série de questions de fond (*cf.* mon *Traiter du religieux à l'Université. Une dispute socialement révélatrice*, Lausanne, éd. Antipodes, 2011) ; notons que la plupart des théologiens y ont à mon sens sous-estimé le déplacement ici signalé.

5 Temps d'une posture de type « héroïque », comme le signale Taylor, Charles, *L'âge séculier* (2007), Paris, Seuil, 2011, lié à « mobilisation », dirait Peter Sloterdijk, *cf. La mobilisation infinie* [original : *Eurotaoismus*, 1989], Paris, Bourgois, 2000.

6 *Cf.* Comte-Sponville, André, *L'Esprit de l'athéisme. Introduction à une spiritualité sans Dieu*, Paris, Albin Michel, 2006 ; Ferry, Luc, *La Révolution de l'amour. Pour une spiritualité laïque*, Paris, Plon, 2010 ; Dworkin, Ronald, *Religion sans Dieu*, Genève, Labor et Fides, 2014 [2013].

7 En tout cela, c'est la définition de ce qu'il faut entendre par religion qui se fait poreuse ou se défait ; ce que j'ai appelé du « religieux diffus » (les mouvances du type *New Age* par exemple) l'attestait déjà, *cf.* mon *Qu'est-ce qu'une religion ?*, Paris, Vrin, 2007.

On est du coup conduit à entrer dans une perspective qui ne se centre pas sur le religieux quelle que soit la diversité de ses manifestations, mais le *décale* et l'*inscrit* dans un ensemble plus large, celui de dispositifs qui balisent le socioculturel et commandent à son statut et à sa fonction, des dispositifs historiquement changeants[8]. C'est là que se tient la raison de fond qui empêche qu'on se contente d'organiser le travail en fonction de plusieurs traditions, qui empêche aussi que soit construit un espace intellectuel de questions qui seraient *en tant que telles* religieuses et dont on travaillerait les cristallisations diverses et leurs recompositions.

Concrètement, il y a dès lors à entrer dans une perspective organisée en fonction d'une *scène religieuse* – une scène changeante –, sur laquelle viennent se dire du *social* et de l'*anthropologique*, dont elle est même un lieu de *symptômes*.

On y articulera alors l'étude du religieux à la société civile et sa pluralité comme *tiers*, incluant une considération spécifique touchant le politique, donc l'État laïc (un État à la fois arbitre et soucieux de respecter, voire de favoriser l'expression des différences internes au civil, à l'encontre de toute homogénéisation). En position de *tiers*, la société civile empêche tant une focalisation sur le seul religieux que tout face-à-face entre un religieux et ce qui pourrait en être un substitut, de même niveau et de même fonction (telle forme de l'État, voire telle manière de concevoir et de réguler la société civile).

UNE DUALITÉ DE MODÈLES INTELLECTUELS ET INSTITUTIONNELS

S'ARTICULER À UNE TRADITION OU À LA SCÈNE RELIGIEUSE GLOBALE : UNE DIFFÉRENCE IRRÉDUCTIBLE

La section précédente l'anticipait : en matière de travail sur le religieux et de mises en avant des enjeux, il y a lieu d'entrer dans une perspective

---

8 Le mot renvoie à Michel Foucault (*cf.* Veyne, Paul, *Michel Foucault. Sa pensée, sa personne*, Paris, Albin Michel, 2008), et Giorgio Agamben le reprend, *Qu'est-ce qu'un dispositif ?* (2006), Paris, Payot & Rivages, 2007.

historique de longue durée et passant par une comparaison d'aires de civilisation. Les dispositifs qui commandent au religieux ou à ce qu'on peut appeler tel ne sont pas les mêmes dans l'Antiquité gréco-romaine que dans ce qui a fait la tradition majoritaire de l'Occident, ni ne le sont en Inde ou en Chine par exemple.

On va devoir dès lors mettre en place une lecture *généalogique* de notre présent, sur laquelle seront greffées des *problématiques* à élaborer, une lecture qui fera voir des déploiements divers permettant de profiler des enjeux, voire d'esquisser des typologies. Parmi ces questions, à la fois aujourd'hui centralement en cause dans le « d'où venons-nous ? » et le « en quoi en sortons-nous et pour quoi ? », on peut évoquer : ce qui est à entendre sous *religion* ; la question de *Dieu*, d'une transcendance, de ce qui se tient en excès ou est hétérogène ; ce qu'il en est de la posture du *croire* et, liée, la question du sujet.

À mon sens, une telle mise en perspective généalogique, sur fond d'intrigue à l'œuvre, donc de *pulsions* ou de *désirs*, à faire voir et à valider en lien à des motifs visés – l'ensemble étant mis en place à partir d'un présent et des apories qui s'y tapissent, à faire aussi apparaître et à diagnostiquer –, est requise qu'on soit en *théologie*, en *sciences des religions* ou plus largement en *philosophie de la culture et du social.*

Entrer dans la perspective généalogique indiquée suppose qu'on s'articule au *socioculturel comme tel*, non à *telle tradition.* Mais il convient en même temps de voir que les traditions ont donné et donnent forme à ce qui est en jeu dans les problématiques auxquelles on va adosser le travail et la réflexion ; c'est une donne non évacuable, aussi vrai qu'il n'y a de prises en charge de ces questions que sous des formes *particulières* et historiquement *situées.*

En matière de traitement du religieux, il convient à mon sens de penser et de mettre en place deux modèles, selon compatibilité, mais hors homogénéisation. Institutionnellement et intellectuellement, on ne répondra en effet pas du religieux aujourd'hui sans que, premièrement, se pensent et se disposent des Facultés ou autres types de plateformes académiques organisées en fonction de la *scène religieuse* globale, où se jouent divers rapports à la société comme telle. S'y tiennent plusieurs traditions, d'autres choses aussi que des traditions, tels des créations nouvelles (la scientologie, les raéliens) et du « religieux diffus » (le *New Age*, des spiritualités en quête d'équilibre de vie et se voulant hors religion), sans compter ce qui arrive aux traditions (des radicalités, symptôme *et* produit d'un social donné). Mais on aura aussi, secondement, à repenser ou à accompagner des Facultés ou autres types de plateformes académiques organisées en fonction d'une *tradition* et intégrant à leur travail la question de savoir quelles formes elles peuvent lui donner dans un présent ou un contexte neuf (ce ne sont pas les unités organisées en fonction de la scène religieuse globale qui diront ce que doit et peut être le christianisme ou l'islam aujourd'hui et en tel lieu, bien que ce qui s'y fait puisse être indirectement utile à une réflexion portée par et portant une tradition). J'ajoute que, tout en étant articulées à une tradition, ces Facultés ou unités académiques seront utiles à la société : il est en effet bon pour tous, indirectement, qu'une tradition travaille sur son histoire et son présent. Si cela fait partie de la responsabilité intellectuelle globale de la société de nourrir des unités d'enseignement et de recherche vouées aux questions religieuses en ce que ces questions sont de pertinence et d'effets sociaux (sans compter que s'y déploient des données anthropologiques fortes et instructives) et de ne pas les abandonner aux seules traditions qui les portent (il y a lieu de les examiner de manière décentrée), il est aussi utile pour tous, et au surplus instructif, qu'il y ait des Facultés islamiques, chrétiennes et autres, et il peut même être adéquat qu'on en favorise le déploiement[9].

ENTRE SCIENCES DES RELIGIONS ET THÉOLOGIE, QUELLE COMPATIBILITÉ ET, PAR-DELÀ, QUELLE RELANCE POUR CHACUNE ?

Les sciences des religions sont riches d'un savoir sur l'humain dans ses rapports au monde, à lui-même et à ce qui le dépasse, cristallisés au gré d'une variété de dispositifs et d'agencements commandant à des habitations de l'espace et du temps, à des symbolisations du social, à de la ritualité, à des mises en place de références, de mémoires et de traditions, aux manières de concevoir les jeux institutionnels, avec leurs instances et pouvoirs divers, leurs modifications, ainsi que les moments de dissidence et d'utopie qui les traversent, à des imaginaires aussi, qui orientent, balisent, ouvrent et conditionnent la vie.

---

9 Sur cet ensemble, *cf.* mon « Une double vocation de la théologie, interne et externe. Ordres différents et compatibilité », *Études théologiques et religieuses*, 88, 2013/3, p. 375-390.

Ces sciences des religions sont diverses. Il n'y a pas *une* science des religions, mais un *faisceau de disciplines* ici mises au travail, historique, anthropologique, sociologique, psychologique, et on pourrait y mobiliser, plus articulés à du régulatif (mais le religieux en est chargé), le droit, la politologie, le médical, d'autres encore. Non une discipline, mais un faisceau de disciplines, en fin de compte parce que la religion ou le religieux ne constitue pas à proprement parler *un objet*, commandant *une méthode* d'approche et de traitement. Ce qu'il en est du religieux est au contraire une question ouverte, dont on ne tranche pas hors d'enjeux ni du coup hors d'interrogations transversales. Tout au plus, mais ce n'est pas rien, y a-t-il une *histoire du traitement des religions* (en modernité, depuis environ 150 ans), et cette histoire fait voir un ensemble de problèmes qui, comme tels, circonscrivent bien un *champ de travail*, y compris le fait que ces problèmes y ont été posés et réfléchis de manière diverse, contradictoire, voire polémique.

Notons qu'il en va de même en théologie, elle aussi aujourd'hui *articulée à des savoirs divers*, historiques et sociaux, ce qui est proprement théologique étant *transversal* à ce qui se déploie et s'observe sur chacun des champs travaillés (des savoirs sur la Bible et ses contextes, sur l'histoire du christianisme et ses diverses productions, doctrines comprises, sur les données du présent et ce qui s'y passe, etc.) et en ce sens *second* : foncièrement *problématisant* et *réflexif*. Et là aussi se donne l'histoire d'un déploiement diversifié, celui de la théologie et des manières d'y travailler, y compris pour ce qui touche son statut, une histoire instructive en tant que telle au demeurant et quant à ce qui y est en jeu.

Les religions sont diverses, donc particulières à chaque fois. Même leurs prétentions à l'universel – quand elles en ont, ce qui n'est pas toujours le cas – sont déterminées par une perspective particulière. Et sauf à en sanctionner une comme seule vraie, et vraie dans sa positivité même (ce qu'elle peut être tentée de faire, alors pour sa perte, devenant pure idéologisation et idolâtrie), une théologie ne dépassera pas ces particularités. Tout au plus, mais c'est décisif, pourra-t-elle les rendre fructueuses[10], au gré de leur historicisation, avec les déplacements et confrontations d'altérité qui peuvent en sourdre.

10 Pour un développement, *cf.* ma leçon d'adieu, « Résistances des particularités et pièges de l'universel. Pour un usage subversif des corps, des traditions et des frontières », dans *Mises en scène de l'humain*, *op. cit.*, p. 227-247.

Sauf l'illusion d'une raison universaliste (qui a pu prendre en modernité la forme d'une vision progressiste, de l'animisme au polythéisme puis au monothéisme, pour se prolonger en direction de la métaphysique et enfin de la science), les sciences des religions n'ont pas non plus de quoi dépasser la diversité et les particularités des religions, sauf à croire qu'elles peuvent circonscrire leur objet, le religieux (alors que c'est un champ de *questions*, certes déployées en des positivités examinables), et en proposer un savoir (alors qu'il y en a *des* savoirs, irréductiblement partiels, parce que liés à des points de vue divers et pouvant chacun être pertinent).

Entre sciences des religions et théologie, j'ai parlé de compatibilités, sur fond d'une différence sanctionnée[11], et même de relance possible de chacune[12]. Le faire voir requiert qu'on opère un travail en retour, sur chacune.

Commençons par la théologie. Passer par les sciences des religions et ce qu'elles font voir est de grand profit pour son travail, et d'abord parce qu'elle s'y trouvera inscrite sous un horizon plus large et dès lors avec la possibilité de penser quel *type* de religion est la tradition dont elle entend répondre, avec ses forces et ses risques propres, liés à la manière qui est la sienne de donner forme particulière à des dispositions humaines générales et ouvertes. Plus largement, entrer sur le terrain travaillé par les sciences des religions permet à la théologie de déployer une part de ce qu'il est convenu d'appeler, en vocabulaire catholique et depuis le milieu du XXe siècle, une « *théologie fondamentale*[13] », distincte de la « dogmatique ».

Au plan des données spécifiques à la tradition, un passage par les sciences des religions permettra qu'on en examine et en pense chacune des propositions, symboliques, rituelles, doctrinales, institutionnelles

11 Il n'y a pas à viser une fusion de la théologie et des sciences des religions, ni une homogénéisation de l'espace des questions, pas plus qu'une transformation de la théologie en une science des religions (voire une subordination des sciences des religions à une théologie, le modèle courant de cette dernière dût-il alors se modifier).

12 Je reprends ici en partie mon exposé « Vers une coexistence créative entre théologie et sciences des religions » donné à Trento le 3.7.2015 lors du 40e anniversaire de la fondation du *Centro per la Scienze Religiose* de la Fondazione Bruno Kessler (titre proposé par les organisateurs).

13 Elle représente un analogue à ce qu'ont pu offrir, au XIIIe siècle la métaphysique, au XVIIe les théologies philosophiques ayant développé des théodicées, au XIXe une théorie de la religion et du sujet.

et autres, en y faisant *résonner* les réalités humaines *dont*, de fait, elles répondent à chaque fois. Aucune de ces propositions ne vaut en effet pour elle-même, comme un « bien de salut » renvoyant à extrinsécisme et dès lors inscrit dans un réseau auto-référencié. Prétendre le contraire serait d'ailleurs se condamner à ne pas pouvoir donner une intelligence des propositions en cause et supposerait un système religieux ou du croire littéralement aliénants. Toute affirmation et mise en forme de données croyantes est une manière de répondre de questions humaines plus larges et tranchant d'enjeux à ce niveau-là[14]. Les comprendre suppose de les examiner sous ce regard, sur le fond d'une pluralité permettant de les profiler et de les évaluer.

En tout cela peut se nourrir, pour le travail et la réflexion mêmes de la théologie, une créativité liée à une fréquentation des sciences des religions.

Second retour, cette fois sur les sciences des religions. Le profit de croisements avec la théologie est, pour les sciences des religions, indirect, mais non marginal. Comme le profit d'un travail sur le terrain des sciences des religions était, pour la théologie, indirect, tout en renvoyant au cœur de sa tâche.

La théologie est liée à une *tradition*, y assurant même une part de sa régulation, avec ce qui s'y tient de ripostes aux défis du temps, avec ses avatars aussi, tous *riches d'enseignements*, au gré des discontinuités historiques et aujourd'hui au cœur de la sécularisation ou de diverses recompositions. La théologie se déploie en outre comme une manière de développer du réflexif, se donnant là aussi comme objet d'observation instructif. Il n'y a en effet pas de raison que les sciences des religions prennent pour objet de travail seulement le rite, les institutions, les symbolisations, et non la théologie comme telle : la théologie est partie prenante du religieux et s'y cristallisent des données humaines comme en toute autre réalité religieuse.

Par-delà, il me paraît qu'il y a souvent, du côté des sciences des religions, des « taches aveugles ». Probablement en lien avec l'histoire moderne de leur constitution et le phénomène d'émancipation signalé d'entrée. On peut le marquer à propos du phénomène de *tradition*

---

14 *Cf.* mon *Du religieux, du théologique et du social. Traversées et déplacements*, Paris, Cerf, 2012, p. 103s. et 107, de même pour mes remarques renvoyant à une part de la tâche d'une « théologie fondamentale ».

justement. Le religieux en est traversé, même s'il peut aussi se cristalliser sous d'autres formes, avec la tentation, chez les uns (ainsi chez certains théologiens), d'en sanctionner une comme bonne, à moins de proposer qu'on travaille et habite chacune en juxtaposition sur fond de tolérance et sans plus, et avec la difficulté, chez les autres (du côté des sciences religieuses), à en penser le fait. Au prétexte que les traditions sont des ripostes construisant une identité par-delà des discontinuités effectives (ce qui est indéniable), on en laisse volontiers de côté la donne sans en proposer une intelligence propre, abandonnant à l'idéologique le fait de cette construction, pourtant humainement et socialement central, et restant du coup impuissant à penser tant les basculements historiques que ce qui s'y joue et y naît à chaque fois. Ainsi, chez certains, on ne travaillera ni ne pensera plus, par exemple – et c'est typique –, le christianisme ou l'islam, mais *des* christianismes ou *des* islams, chaque fois rapportés à tel moment et à tel lieu, toute autre position ne pouvant, dit-on, que conduire à « essentialisme ».

En sciences des religions, on mettra de même volontiers entre parenthèses – autre exemple – la question du *canon* biblique, pour examiner tous les textes, canoniques ou apocryphes, au même niveau, ce qui est légitime et représente un gain sur un certain plan (à préciser), mais ne doit pas conduire, là non plus, à un abandon pur et simple : une tradition vit de canonisation – c'est au reste un phénomène humain et social qui déborde le strict religieux, même s'il se donne particulièrement à voir sur cette scène –, et la manière dont une tradition a opéré ses choix participe de la constitution même de ce qu'elle est.

Il en va de même encore touchant ce qui est proprement *doctrinal*, une nouvelle fois à ne pas exclure, ni à réserver à la théologie. En outre, que la théologie y ait déjà opéré un travail de médiatisation ou de métabolisation ne peut que faciliter – tout dût-il être retraduit – la compréhension de *ce* qui est proposé et de *ce* qui s'y joue et s'y noue. Ainsi, une réflexion traditionnelle sur la « non-dualité » sera souvent plus prise en compte dans la compréhension du bouddhisme que ne l'est la réflexion, pourtant analogue, de la théologie chrétienne sur le « principe » (une question centrale et socioculturellement largement partagée au cœur de l'Antiquité tardive) visant à en assurer un statut et une forme spécifiques en le pensant *un* sans qu'il soit pour autant *simple* (le « principe » vaut pour la *détermination* et pour une *effectuation*, non seulement pour la *provenance*, ce qu'entend assurer le penser « trinitaire » de Dieu alors engagé).

Il en va de même enfin, dernier exemple, mais on pourrait allonger la liste, de ce qui touche à la figure *christologique* (ou messianique) au travers de laquelle se noue – par-delà la question de la *référence* et d'un *récit* qui situent, eux aussi en panne au cœur du contemporain et indépendamment des formes qu'on pourrait leur donner – la question de la *médiation*, aujourd'hui reposée au cœur du social et de ce qui arrive à ses institutionnalités, ainsi que celle de ses formes et de son statut : de la représentation, en miroir ? de l'intermédiaire ? du tiers[15] ?

Au départ de cette deuxième section, j'avais annoncé une mise en perspective généalogique liée à la construction d'une problématologie. La nécessité s'en impose à tous, mais la théologie y est souvent plus portée que les sciences des religions. C'est probablement que la théologie ne peut qu'être habitée par une conscience historique de longue durée et ne peut que mettre en cause tant des découpages en tranches temporelles successives, au surplus desserties d'un ensemble de problèmes, qu'une tendance à focaliser sur ce qui serait seul compris comme *fait* – tel événement isolé, tel personnage, telle production de texte, etc. –, alors que ce qu'une tradition ou une société aura *fait* de quelque événement, de quelque personnage ou de quelque texte que ce soit, ainsi que sa manière de s'y rapporter, sont au contraire décisifs, « faisant histoire », qui n'est justement pas qu'accumulation d'événements, ni qu'exhibition de références possibles.

En dernière analyse, il y a un plaidoyer à instruire à l'encontre d'un « trend » *neutralisant* souvent inscrit au cœur des sciences des religions et qui participe de données socioculturelles contemporaines plus larges. Non sans lien à son attachement natif à la longue durée et à une problématisation qui la fait seule vivre, la théologie a en principe vocation à valider de l'hérétique (ce qui ne s'intègre pas), et d'abord parce qu'elle porte la question de ce qui est *hétérogène* et est amenée à déployer, dirait Certeau, de l'hétérologique[16].

---

15 Sur ce terme et dans ce contexte, *cf.* ma « Réponse à Silvia Mancini », dans *Mises en scène de l'humain*, *op. cit.*, p. 111-133, ici p. 121-124.

16 Qui requerra de l'« hétérotopique » ? Le terme renvoie à Foucault, Michel, *Le Corps Utopique, suivi de Les Hétérotopies* (1966), Paris, Lignes, 2009. Resterait à penser l'articulation de cet hétérotopique au social de tous et à montrer en quoi il peut y être fructueux et non donner prétexte à sectarisation.

Une entrée sur le terrain des *objets* et dans le champ *réflexif* de la théologie ne peut qu'être fructueuse pour les sciences des religions, même si le profit est indirect – comme je l'avais dit symétriquement pour la théologie –, devant être transposé et traduit dans leur espace propre. Cette entrée devrait représenter un *enrichissement en termes de données à prendre en compte* et s'avérer lourd d'une *relance de questions de fond à prendre en charge.*

TRAITER DU RELIGIEUX, UNE OCCASION DE PRENDRE DE FACE DES QUESTIONS SOCIALES ET HUMAINES DE FOND

LE RELIGIEUX : DES DONNÉES À CONNAÎTRE ET À INTERPRÉTER COMME SYMPTÔMES

En matières religieuses, et pour un débat de société fructueux parce qu'articulé à ce qui se donne dans l'histoire et au cœur du présent, il y a des connaissances à enregistrer, qu'il conviendra d'intégrer dans des savoirs organisés. Ce n'est pas rien en un temps d'analphabétisme religieux résultant d'une assez longue période de privatisation qui a sa teneur socio-politique, mais aussi ses conséquences intellectuelles, le religieux ayant été relégué aux convictions subjectives, aux choix et jugements personnels, quand il n'est pas réduit aux « biens propres » d'une institution séparée, avec ses discours internes et ses autoréférences. Mais il n'y a pas ici qu'à connaître ou à savoir seulement ; il y a aussi à *interpréter ce qui s'y passe*, et tout particulièrement en rapport au *social*, ce avec quoi il est aux prises et ce qui le traverse. Le religieux vaut *symptôme*[17], dans ses formes mêmes et ce qui s'y trouve cristallisé.

Je renverrai ici à deux phénomènes. Qui recoupent une bonne part de l'éventail que déploie le religieux dans nos sociétés contemporaines, tout en y cristallisant de la nouveauté, ce qui en fait des moments instructifs.

---

17 Sur ce motif, *cf.* Altglas, Véronique, « La religion comme symptôme », dir. P. Gonzalez et C. Monnot, *Le religieux entre science et cité. Penser avec Pierre Gisel*, Genève, Labor et Fides, 2012, p. 33-48.

Premier phénomène, déjà évoqué, les *radicalités religieuses*, avec, pour exemples, l'évangélisme dans le christianisme, l'islamisme en islam. Deux mouvances pouvant donner forme à des mouvements aux parallèles étonnants. Non dans leurs affirmations de première instance, bien sûr, mais dans leur *manière* de se positionner face à la société, de reconstruire leur passé, de déconsidérer une histoire effective pour lui opposer un modèle des origines, de dévaluer les médiations (en islam, le droit qu'est le *fiq*, au profit d'une *charia* religieuse qui existerait directement comme code ; dans l'évangélisme, tout ce qui ressortit proprement à l'ordre que cristallise l'Église, sauf du communautaire idéal en déni d'institutionnalisation, et alors au profit d'un moment biblique auto-suffisant). La vision est ici d'entrée mondialisée, donc uniformisée ; et s'avère fréquent un recours à Internet, non seulement comme source directe d'informations, mais même comme lieu ou moment de formation. Au total émerge de la « religion sans culture », pour reprendre l'expression d'Olivier Roy[18], où il n'y a pas à entendre que la religion n'y serait pas ouverte à une culture qui lui ferait face et qui aurait ses valeurs propres à reconnaître, mais au sens où la religion ne serait pas intrinsèquement faite de données culturelles, ce qu'elle est pourtant et a toujours été (en christianisme, on l'avait même théorisé). Ce qui est mis en avant vaut alors comme contre-modèle, se présentant comme *intégral* et *sur le même plan* que ce à quoi il s'oppose, du coup en alternative[19]. Sur ce point aussi, fondamental à mon sens, il y a symptôme. Et là encore à l'occasion d'une vraie nouveauté, même quand – et c'est le plus souvent le cas – elle est déniée et qu'on se dit, se veut et se comprend comme vrais fidèles, à l'inverse de libéraux adaptatifs alors dénoncés.

Second phénomène, du *religieux compensatoire*. Il s'inscrit délibérément sur la première des fonctions que la religion peut aujourd'hui assumer selon Slavoj Zizek (mais il préfère la seconde) : « Dans le nouvel ordre mondial, deux rôles sont possibles pour la religion : un rôle *thérapeutique*

18 *La Sainte ignorance. Le temps de la religion sans culture*, Paris, Seuil, 2008.

19 Aujourd'hui, un Christoph Theobald met en avant une tout autre posture quand il parle, pour circonscrire l'Évangile, d'un « geste ». Un geste s'inscrit en effet sur un terrain donné, pour y faire voir autre chose ou y provoquer du déplacement, non pour y substituer un autre monde (cela touche ce qu'il en est *du* religieux et ce qu'il en est de son *rapport* au social), *cf. Le christianisme comme style*, 2 vol., Paris, Cerf, 2007. C'était la perspective de Michel de Certeau, vocabulaire du geste compris, *cf.*, parmi d'autres textes, *La faiblesse de croire*, éd. L. Giard, Paris, Seuil, 1987, p. 13-24.

ou un rôle *critique*. Ou bien la religion aide les individus à s'intégrer toujours mieux à l'ordre existant, ou bien elle essaie de s'affirmer comme une instance critique et dit ce qui ne va pas dans cet ordre comme tel[20] ». Sur l'axe de cette première fonction, le religieux prend alors des formes typiques du contemporain, centrées sur l'individu et son « développement personnel » ou visant progression intérieure, à l'écart d'un social laissé à lui-même, dont on s'accommode ou dont on joue des divers registres par ailleurs. Notons que les projets de cohérence d'il y a quelques décennies, exigeants voire héroïques, ont fait non seulement place à des trajectoires multiples au cœur d'un social plus éclaté – ou d'un social réduit à des dynamiques techniques de pure croissance quantitative vers du toujours-plus et du toujours-même, malgré de la nouveauté perpétuellement proclamée, de fait du gadget voué à obsolescence rapide –, mais encore à une multiplicité au cœur même de vies individuelles se déployant désormais au gré d'espaces et de temps différents et plutôt juxtaposés. Cela a sa vertu et permet de la singularité au gré d'itinéraires propres, mais laisse le social travaillé d'insatisfactions qui se « vengent », un social non pensé selon quelque finalité que ce soit, fût-ce touchant l'humain qui y est inscrit, un social neutralisé et homogénéisé, non sans très fortes réductions, le plus souvent non conscientes, sans compter les atteintes portées à la biosphère par la dynamique aveugle alors à l'œuvre[21].

Vu en rapport au social – et dit ici hors jugement moral –, le religieux se cristallise là sur un mode de compensation[22] et va tourner autour de l'ego[23] (le temps est aux narcissismes), sans être en prise ni opérer sur le social. Michel de Certeau avait déjà désigné ce phénomène en parlant de religion en voie de « folklorisation », hors confrontation décisive et créatrice avec le réel du monde, ce qui s'y éprouve de heurt et de résistance, un monde se proposant à et réclamant de la subversion interne.

---

20 *La marionnette et le nain. Le christianisme entre perversion et subversion*, Paris, Seuil, 2006 [2003], p. 8.

21 Il y a là une source nouvelle d'une critique de la modernité, *cf.* « Pensée écologique », dir. D. Bourg et A. Papaux, *Dictionnaire de la pensée écologique*, Paris, PUF, 2015, p. 756-759.

22 Pour l'arrière-plan qui en dit la plausibilité en un temps de « sortie » de la religion ou du théologico-politique, *cf.* Gauchet, Marcel, *La religion dans la démocratie. Parcours de la laïcité*, Paris, Gallimard, 1998, p. 89-110.

23 *Cf.* Stolz, Jörg *et alii*, *Religion et spiritualité à l'ère de l'ego. Profils de l'institutionnel, de l'alternatif, du distancié et du séculier*, Genève, Labor et Fides, 2015.

Les deux phénomènes évoqués, les radicalisations religieuses et le religieux compensatoire, montrent bien que le religieux, dans les formes mêmes qu'il prend, peut être l'objet d'un débat portant sur *le social même*, qu'il éclaire indirectement. C'est ce sur quoi il faut ouvrir, et le dépassement d'une opposition trop figée de la théologie et des sciences des religions pourrait le favoriser.

LE RELIGIEUX, OCCASION D'UN RETOUR DE QUESTIONS DE FOND, MARGINALISÉES OU REFOULÉES

Il y a à *connaître* et à *savoir* ; et il y a à *interpréter* ce qui se passe. Il y a encore à *penser*. Pour ce faire, on prendra appui, dans un premier temps – il faudra ensuite faire œuvre plus délibérément réflexive –, sur l'axe de *refoulements tapis au cœur du présent*, que signalent des « retours » un peu explosifs et, dit-on, incompréhensibles – les radicalités religieuses en sont une forme – ou que manifestent des cristallisations offrant compensation en bricolages de survie ou, simplement, de vie. On sera ainsi conduit à relire les phénomènes venant à l'avant-scène comme indices de données et de problèmes de *dimensions humaines et sociales* (ce n'est pas ici d'un droit des convictions et des religions qu'il s'agit, mais de réalités à reconnaître et à comprendre, des réalités qui peuvent être portées par le religieux, y trouvant même de l'affinité, mais sans y être réductibles).

Partir du *présent*, de ce qui y est distordu et dont il y a des manifestations en termes de « retours de refoulé », ou dont attestent des insatisfactions de fond, pour y discerner des données et des problèmes humains et sociaux, pris en charge ou non, et renvoyant à de la disposition anthropologique (forces de type pulsionnel comprises), appelle un traitement *généalogique*.

On partira là de « ce qui nous arrive » socioculturellement, qui détermine des refus, des affirmations et des quêtes, liés à divers affects et à une certaine compréhension de ce qui se passe. De cela, il y a une description possible, en rapport à des enjeux dicibles et déployables en rationalité publique. Les inscrire en généalogie ouvre une perspective historique, mais sans renvoyer à un développement *linéaire*, qui pourrait paraître plus assuré, mais n'est de fait pas neutre. De quoi y aurait-il en effet du développement linéaire dans les matières qui nous retiennent ?

D'une rationalisation croissante, comme si la rationalité était exclusivement celle des savoirs modernes et des fonctionnements techniques ? D'une émancipation à l'endroit d'un modèle archaïque à dépasser, et alors au profit d'une nouveauté qui serait unilatéralement bonne, hors ambivalences foncières ?

Une mise en perspective généalogique est la prise en compte d'une histoire, mais se *construit* et se déploie selon un ordre de *problèmes diagnostiqués à partir de difficultés ou d'apories du présent* et dont on suivra des *agencements divers et successifs*, objets de *mises en scène* qu'on pourra tenir pour erronées ou correctes selon les regards historiques proposés, mais qui sont significatives et relèvent de ce qui est effectivement à l'œuvre. Les problèmes mis en avant, ainsi que l'histoire de leurs dispositions et agencements, seront formalisés et interprétés sur ce plan.

Des enjeux ont été portés par les religions, diversement et en outre de façon indirecte, ou tout au moins ne se présentant pas comme des motifs de plain-pied avec ce qui s'affirme au cœur du présent. Penser, c'est dès lors mettre en œuvre des questions *transversales*. Pour quelques exemples : le type de rapport au temps ou à l'espace ; la manière de rendre compte de l'altérité et de ce qui est en excès, externes au religieux considéré ou gérés en son cœur même ; les modes de légitimation mis en œuvre ; le type de rapport au fondement ; la mise en place ou non de médiations, avec leur statut et les procédures y renvoyant. J'ai déjà signalé que les discontinuités de dispositions socioculturelles qui scandent toute histoire et toute tradition montrent que le religieux n'est pas affaire d'*objets fixes et isolables*, mais de *mises en scènes* renvoyant à des *problèmes*, pris en charge ou différés. Les scènes proposées, religieuses notamment, y seront vues comme des manières, à chaque fois particulières, de répondre de questions humaines de tous. Ainsi de la question de la transcendance, qui n'est pas tant celle de ce qui y satisferait (le Dieu d'Abraham, d'Isaac et de Jacob, *ou* le Dieu de Descartes ; Yahvé *ou* Allah ; l'Un au-delà de l'être *ou* un principe ontothéologique, *ou* encore de la trace inscrite sur une asymétrie de fond ; etc.), mais celle d'une manière parmi d'autres de répondre de ce qui excède ou est non réductible à l'humain. Ce qui peut se faire *autrement* justement, ou être l'occasion d'un *déni* porté sur tout ce qui est en excès, au profit d'un univers domesticable, maîtrisable techniquement, et d'une société insidieusement homogénéisée.

Dire transcendance est ainsi une manière particulière de rendre raison d'une donne plus vaste, lourde d'une problématique que la diversité des manières de donner forme à la vie dans le monde peut aider à dessiner. On pourra alors s'essayer à de la *typologisation* mettant en avant, pour chaque forme prise en compte, des *forces* et des *faiblesses respectives* quant à ce qui est à chaque fois fait de l'humain.

Le motif de la transcendance n'était ici qu'un exemple. Non hors temps, puisque, pour la perspective ouverte, c'est bien de problèmes du présent qu'il convient de partir, sur l'axe de refoulements ou de cristallisations en forme de compensation. Or, à ce propos, ce qui se passe autour du motif de la transcendance s'avère justement significatif. S'y donne en effet un refus, en ce que la transcendance est vue et alors dénoncée comme hétéronomie[24], mais sans décalage et selon un investissement qui en dit plus sur les affects du temps que sur des enjeux de fond. Surtout, on y risque de la « répétition », différée certes, mais néanmoins toujours du même, inversé ou « réactif ». En rien renouvelant, caricatural sur le passé d'où l'on vient, superficiel quant au présent, et nous condamnant à rester infructueux et à invoquer des visées idéelles et idéales – « l'homme générique » de la gauche hégélienne ou un républicanisme récurrent en société française –, sur fond égalitaire et égalisé, ou, inversement, à être la proie de réaffirmations d'hétéronomies qui font justement voir, indirectement, de l'insatisfaction.

Est attachée au motif de la transcendance, on l'aura pressenti, rien de moins que la question du sujet, de ses formes et aujourd'hui de son devenir[25], donc la vision de l'humain et de son rapport au social, une thématique également investie selon des réflexes spontanés où se fait voir une disqualification de toute antécédence et de toute appartenance au nom d'une autonomie validée sur fond d'histoire trop courte. Du coup, les refus qui y sont articulés peuvent bien apparaître légitimes, mais ce sera sur le plan en jeu, sans en être, là non plus, ni décentrés, ni suffisamment problématisés. On y laisse au surplus en panne toute

---

24 En langage catholique, notamment dans les débats noués autour de la crise moderniste, on a parlé d'« extrinsécisme », théologiquement récusé, tout autant que l'étaient le « fidéisme » et le « traditionalisme ».

25 Slavoj Zizek et Peter Sloterdijk se sont attachés, différemment, à ce couplage, *cf.*, respectivement, *Fragile absolu. Ou pourquoi l'héritage chrétien vaut-il d'être défendu ?*, Paris, Flammarion, 2008, et *La mobilisation infinie*, *op. cit.*

question d'*identité*, y ayant été foncièrement neutralisées les questions de la symbolisation, du rapport au temps, au lieu, à l'autre, à soi, ainsi que les thématiques de la mémoire, de la tradition, des récits tenus ou à tenir[26].

Retravaillé, le couplage du motif de la transcendance et de la question du statut et de la forme du sujet[27] révèle en creux une prégnance contemporaine à *homogénéisation*. Rampante, mais forte. Renforcée par une dissémination d'impératifs techniques et par une prégnance de principes dits éthiques, mais qui touchent d'abord les manières de faire, laissant de côté les problèmes liés à ce qu'est l'humain et toute alternative forte[28]. Pas de recours à de l'hétérogène ici, qui permettrait de problématiser et de transformer ce qui fait quasi naturellement l'organisation de la société et en détermine le cours ; et peu de place à de la dissidence ou à de l'objection foncière. Ajoutons que l'homogénéisation incriminée se profile sur l'horizon d'une crise, voire d'un effondrement de l'*institutionnel* ainsi que de l'ordre des *médiations* qui l'accompagnait[29]. S'y condensait du *tiers* – entre l'individu et le monde –, requis dans la mesure même où il y a excès et où le sujet n'est pas pure autoposition, à partir de soi seul. De cela, la scène religieuse témoigne à l'envi, indirectement *et* directement. Mais il y aura bien sûr à préciser ce qu'examiner les traditions dans ce cadre d'ensemble entraîne pour elles et pour la théologie qui s'y articule, même quand elles sont vues pour elles-mêmes.

Au total, le contemporain tend à ne plus faire droit à la différence – pas de vraie affirmation, ni de soi ni d'une consistance du monde comprenant des enracinements à habiter et à transformer –, sauf accommodement qui, de fait, désamorce et renverra à du folklore, ce qui va dès lors relever d'un tribal que la société postmoderne peut intégrer sans que son cours n'en soit dévié, ni mis en cause, ni interrompu. Le retour de questions liées au religieux ou que les religions ont portées grippe

26 J'ai repris ces thématiques dans *Qu'est-ce qu'une tradition ? Ce dont elle répond, son usage, sa pertinence*, Paris, Hermann, 2017.

27 Outre les références données au plan de diagnostics sociaux, on renverra au travail de fond mené par Emmanuel Levinas, notamment *Autrement qu'être ou au-delà de l'essence* (1974), Paris, Livre de poche, 2006.

28 *Cf.*, très perspicace, Hunyadi, Mark, *La tyrannie des modes de vie. Sur le paradoxe moral de notre temps*, Lormond, Le Bord de l'eau, 2014.

29 C'est ce qui se tient derrière la « société liquide » chère à Zygmunt Bauman.

un tel déploiement et, à condition d'être appréhendé et pensé selon les jeux de différenciation ici esquissés, peut s'avérer riche de *renouvellement pour l'humain et la société.*

Pierre GISEL
Université de Lausanne
Faculté de théologie
et de sciences des religions
(Institut Religions,
Cultures et Modernité)

DE L'OBJET RELIGIEUX À DISTANCE À L'ENGAGEMENT À OBJECTIVER SA SUBJECTIVITÉ

La problématique de la relation entre foi et chercheur, qui fait l'objet de ce volume, est une question qui ressort régulièrement dans les débats universitaires explicites ou implicites, et avec une acuité toute spécifique dans les sciences sociales qui étudient le fait religieux

Dans une partie des contributions, les intervenants se sont livrés à un travail difficile d'auto-analyse de leur posture, et de ses implications sur leur travail. Dès l'introduction ce défi a parfois nécessité un travail de confidence à propos de ses convictions personnelles. Si dans certains milieux, politiques ou plus largement de militance, ce type d'attitude est de l'ordre de l'évidence, dans le monde de la recherche, il est bien plus rare. En effet, c'est comme si on devait poser un voile d'ignorance sur les convictions, particulièrement les croyances religieuses, attribuant, très arbitrairement et naïvement, le statut d'asexué convictionnel aux chercheurs, d'autant plus encore à ceux des sciences de l'homme. On a pu percevoir dans plusieurs contributions, combien, pour les chercheurs du champ religieux, la question était littéralement explosive, et les réponses inévitablement imparfaites et multiples.

DÉVOILEMENT ET RAPPORT À L'OBJET RELIGIEUX

Si je voulais embrayer sur cette complexité hors norme et sur ce dévoilement obligé, je pourrais avancer toute une série d'éléments personnels qui permettent peut-être, de clarifier mon rapport à cet objet religieux que j'ai en partage avec les auteurs de ce livre.

De culture familiale catholique, j'ai été pourtant formé dans une école primaire libre non confessionnelle et de pédagogie Freinet, loin de l'image d'un établissement à pédagogie traditionnelle. Puis pour des raisons de choix limité et surtout de proximité, j'ai poursuivi ma scolarité secondaire dans un établissement catholique, choix assez classique s'il en est dans un pays où les établissements de cette obédience sont subventionnés. Si cette situation est très courante dans mon pays, ce qui l'était déjà moins, c'était le fait de changer de réseau d'enseignement. Cette trajectoire hybride entre des mondes laïcs ou pluralistes et des mondes catholiques jalonne ainsi mon parcours, de l'Université catholique de Louvain, dont la catholicité très relative[1] héberge des pensées de critiques sociales parfois radicales (Houtart, Cassiers ou Peemans pour ne citer que quelques-uns), à Paris-Sorbonne, l'EPHE ou Nanterre, ma fréquentation universitaire témoigne de cet ancrage multiple, hors des chemins battus de la conviction assurée. Et pour ce qui est de mes investissements de volontariat, des scouts pluralistes où, à mon arrivée, trônait encore au mur les flammes de la laïcité, en passant par des communautés étudiantes de nature convictionnelle multiple (Louvain et Paris) et mon terrain ethno-historique entre Amérindiens et Jésuites, toute ma trajectoire témoigne, peu ou prou, de cette voie de traverse qui n'arrive jamais à bien correspondre aux cases institutionnelles d'un petit pays où, pourtant, avec sa pilarisation, les gens ont été longtemps classés selon des registres convictionnels.

Mon propre itinéraire laisse à penser qu'il est dénué de pertinence descriptive de réduire un chercheur à son ancrage et à sa trajectoire institutionnelle. Bien entendu, celle-ci a quelques influences, parfois majeures. Dans mon cas, la connaissance intime du catholicisme, et une affinité certaine pour ses courants contestataires progressistes, permet probablement de comprendre cet attrait pour les missionnaires jésuites qui occuperont une partie de ma carrière de jeune chercheur[2]. Mais m'y réduire serait ne pas faire droit à la réalité et à sa complexité.

À l'image d'un Michel de Certeau jésuite, historien et anthropologue, naviguant entre de multiples ports universitaires et autres, je ne

1 Je rappellerai que l'Université catholique de Louvain s'est toujours voulue très libre par rapport aux autorités romaines et ce que ce soit à l'époque du jansénisme, de la querelle moderniste ou de mai 68. Les penseurs libres y ont souvent été accueillis avec une certaine bienveillance, témoignant de cette liberté académique dont s'est toujours prévalue l'Institution universitaire belge.

2 Servais, Olivier, *Des jésuites chez les amérindiens ojibwas*, Paris, Karthala, 2005.

me suis jamais résolu à m'amarrer à un seul embarcadère idéologique ou spirituel. D'éducation résolument critique, l'ancrage est presque contre-nature chez moi. Si bien qu'il n'est pas étonnant que ce soit les missionnaires *ex-currens*, ces apôtres nomades des grands lacs nord-américains, qui aient focalisé l'attention de mes premiers travaux de recherche. Et si je n'ai jamais été jésuite, ni même aspiré à le devenir, il est certain que ma fréquentation intensive de ces hommes, de leur spiritualité et même de leurs facultés universitaires, a inévitablement contribué à me façonner. Difficile pour moi de ne pas reconnaître que ma vision actuelle du monde leur doit beaucoup. Est-ce pour autant que je me qualifie d'anthropologue ignatien… D'une conversion à son terrain en quelque sorte ? Je ne le pense pas. L'engagement fort dans des groupes humains amène sans conteste la transformation de soi. Pour autant entraîne-t-il la conversion à son terrain ? À quelques exceptions près, probablement pas comme acte réfléchi. Faut-il donc être chrétien pour étudier le christianisme ? La réponse a été abondamment discutée et résolue plutôt par la négative. Mais l'inverse est tout aussi faux, car en fait la question est probablement mal posée dans la mesure où elle supposerait une frontière claire dans la problématique de la conviction. Entre croyant et incroyant, il y a tout un spectre de couleur de foi et de non-foi qui éclaire le champ des convictions. La foi d'un homme, qu'il soit chercheur ou croyant, n'est pas affaire de frontières ou de murs à franchir ou à construire. Il ne s'agit pas d'en être ou pas, d'appartenir ou non à son objet, car en matière convictionnelle, les positionnements sont rarement simplistes, encore moins figés, *a fortiori* pour des chercheurs qui sont des personnes complexes et pour qui la loi du doute amplifie l'instabilité de leur propre certitude.

LIRE ET DIRE SA PROPRE TRAJECTOIRE

Il y a dix ans de cela, avec mon collègue Matthieu Hilgers, nous avions évoqué cette idée un peu saugrenue d'un encadré positionnant politiquement et spirituellement chaque chercheur par rapport à son objet d'étude. Et dans le cadre de nos discussions actuelles, une telle proposition n'est peut-être pas aussi absurde, même si l'objet de la conviction traitée ici la rendrait complexe à mettre en œuvre.

En effet, quand j'analyse les transformations de mes convictions personnelles, force est de constater que celles-ci ont paradoxalement peu varié tout au long de ces années de recherche. Je les résume souvent par la formule lapidaire : « émotionnellement athée, rationnellement agnostique, et chrétien en espérance ». Par cette maxime qui définit mon positionnement personnel je synthétise d'abord combien l'horreur humaine n'a pas de sens pour moi et incline à un monde hors de tout projet. Ensuite je fais part de cette conscience que, pris au crible de la froide raison, les arguments pour ou contre un sens *a priori* s'équivalent. Enfin la pirouette finale signale combien les utopies sont nécessaires à la survie de l'homme : le projet révolutionnaire originel me laisse espérer en l'homme à l'instar d'autres grands rêves d'humanisation.

C'est cependant mon parcours personnel pour le moins chaotique qui décrit le plus adéquatement mon positionnement. J'identifie ainsi une évolution très claire, où je suis passé par toute une série d'engagements très différenciés, qui m'ont mené à une sympathie, voire une empathie, pour les valeurs du christianisme et une immense admiration pour sa figure fondatrice, couplées d'un même tenant à une méfiance radicale pour les institutions qui portent aujourd'hui comme hier ce message. Cependant, selon les moments de cette trajectoire et selon l'objet de l'article ou du livre, l'encadré ne serait indubitablement pas identique. Ce genre de déclaration sonnerait d'ailleurs d'une étrange façon s'il devait être professé systématiquement à l'entrée de chaque ouvrage afin de situer le lieu de celui qui parle. Pourtant il clarifierait bien des discussions sous-jacentes et rendrait un grand service aux interprètes et exégètes ultérieurs chargés de comprendre le contexte d'énonciation du texte. Ce faisant, il permettrait d'intégrer les inévitables méandres biographiques que constituent la question du sens fondamental de l'existence et ces multiples réponses.

Si le terme « lieu » renvoie lui aussi à Michel de Certeau[3], il faut le prendre dans un sens un peu différent. Par lieu j'entends ici l'état de conscience du moment. Car dans ce terme de « lieu », je perçois bien trop de stabilité. Or, on l'a vu, s'il est bien un objet qui est mouvant, évanescent parfois, c'est celui de l'engagement ou non dans une croyance. Et cela ne porte pas uniquement sur le religieux, voire le spirituel.

3 Certeau, Michel de, *Le lieu de l'Autre. Histoire religieuse et mystique*, Paris, Gallimard-Seuil, 2005.

Depuis huit années, mon nouveau terrain m'a mené sur les collines douces ou abruptes des mondes virtuels et particulièrement des jeux vidéo. La fréquentation intensive de ces transcendances d'un nouveau genre, numérique, m'a amené systématiquement une question analogiquement très proche de celle de la croyance : « Es-tu gamer ? » Par cette question directe, mes auditeurs en amphithéâtre, joueurs eux-mêmes, ou mes informateurs de terrain, visaient à savoir si mon engagement était sincère, s'il n'y avait point de jugement de ma part à leur égard, si en somme j'étais, dès avant l'enquête, l'un d'entre eux, un autochtone du digital, qui aurait déployé une vertu spécifique, celle d'être devenu un observateur. *A contrario*, les détracteurs de ces réalités vidéoludiques portaient le soupçon à travers cette question. Tel le mot d'un inquisiteur, il s'agissait de bien s'assurer que je n'étais pas un joueur, c'est-à-dire que je n'étais pas sympathisant à leur cause, et que mes conclusions de recherche n'étaient en rien entachées par une quelconque affinité élective avec ces humains-là. Cette question de la force de l'engagement, et surtout de la dimension préalable au terrain de cet engagement témoigne s'il en est de deux choses : 1) la question du problème de l'appartenance au terrain d'enquête est bien plus large que le seul champ convictionnel et renvoie, à l'image du champ confessionnel, à « un rapport entre appartenance politique, appartenance religieuse et appartenance sociale[4] » ; 2) la problématique nous renvoie par analogie à une question anthropologique bien plus ancienne, celle de ces missionnaires devenus anthropologues.

En effet, si comme le note déjà Obadia, « Les croyances de l'ethnologue, quelles qu'elles furent ou qu'elles soient encore, constituent une partie marginale de l'analyse en anthropologie des religions : elles occupent, certes, une place importante en tant qu'objet de recherche pour l'anthropologie mais, en tant que dispositions ou inclinations personnelles des chercheurs, elles n'ont sans doute pas donné lieu à autant de développements que dans les autres sciences des religions[5] », la question des missionnaires devenus ethnologues a fait l'objet de toute une série de travaux[6]. La

4 Duhamelle, Christophe, « Confession, confessionnalisation », *Histoire, Monde, Cultures religieuses*, n° 26, juin 2013, p. 74.

5 Voir *supra* dans cet ouvrage, p. 190.

6 Voir notamment, Van der Geest, Sjaak, « De antropoloog en de missionaris : een moeizame relatie », *Wereld en Zending* 1985/3, p. 215-220 ; Van der Geest, Sjaak, « Anthropologists and missionaries : brothers under the skin », *Man*, 1990, 25 (4), p. 588-601 ; Servais, Olivier, Van't Spijker, Gerard, (dir.), *Anthropologie et missiologie. Entre connivence et rivalité*,

plupart d'entre eux sont pertinents pour le propos qui nous occupe d'autant plus que leur objet de recherche est le religieux lui-même. Des hommes de conviction devenus d'une certaine manière des chercheurs sur l'objet convictionnel.

L'ARCHÉTYPE DU MISSIONNAIRE-ETHNOLOGUE

Il est vrai qu'aux premiers abords, un missionnaire un tant soit peu observateur de son terrain a toutes les caractéristiques d'un proto-ethnologue au sens classique du terme : un terrain éloigné, des populations inconnues, une immersion longue et partiellement solitaire, des travaux d'enquêtes, la prise de notes et l'utilisation de carnets de terrain, voire une distanciation de sa propre culture et ce faisant le début d'un ethnorelativisme. Les missionnaires *ex-currens* canadiens que j'ai étudiés correspondent pour certains d'entre eux parfaitement à ce profil du proto-ethnologue[7].

Pourtant, en dépit de ces proximités, force est de constater que les relations entre anthropologues et missionnaires furent pour l'essentiel antagonistes. Van der Geest donne une explication intéressante quant à cette opposition de figures pourtant très proches[8]. Il qualifie de « similitudes cachées » le fait que les deux professions défendaient des multiples buts et méthodes communs, mais insistait-il, sans les percevoir ni les reconnaître. Ainsi, l'anthropologue, qui revendique défendre la culture de l'autre qu'il reproche au missionnaire de détruire, peut être considéré comme missionnaire à sa façon. On a ainsi reproché parfois aux anthropologues de faire des conversions, eux aussi. Mais au-delà des méthodes et des proximités du métier, leur positionnement métaphysique est très proche d'un positionnement convictionnel.

Paris, Karthala, 2004 ; Laugrand, Frédéric, Oosten, Jarich et Trudel, François (éd.), *Apostle to the Inuit : the journals and ethnographic notes of Edmund James Peck*, Toronto, University of Toronto Press, 2006 ; Mary, André, « La preuve de Dieu par les pygmées. Le laboratoire équatorial d'une ethnologie catholique », *Cahier d'Études Africaines*, vol. 198-199-200, 2010, p. 881-905 ; Servais, Olivier (dir.), *Du missionnaire à l'anthropologue. Enquête sur une longue tradition en compagnie de Mike Singleton*, Paris, Karthala, 2012.

7 Servais, Olivier, *Des jésuites chez les amérindiens ojibwas*, *op. cit.*

8 Van der Geest, Sjaak, « De antropoloog en de missionaris : een moeizame relatie », art. cité, et « Anthropologists and missionaries : brothers under the skin », art. cité.

Parmi les similitudes cachées, l'anthropologue hollandais retient aussi une explication psychologique de l'opposition : l'anthropologue se présente comme l'agnostique typique et incarne en cela des idées interdites au missionnaire. Les missionnaires, de leur côté, confrontent les anthropologues, sceptiques de métier, aux convictions d'un croyant, convictions que ces anthropologues se sont interdits d'avoir parce qu'ils avaient refoulé ces convictions[9].

Bref, dans cette relation incestueuse et gémellaire se joue une figure de l'interdit suprême. En quelque sorte, l'un est le péché mortel de l'autre et réciproquement. Van Beek en conclut à une opposition relativement symétrique entre les postures de missionnaire et d'ethnologue[10].

L'expérience de recherches sur cette problématique nous renvoie toutefois à plus de complexité. L'observation de bon nombre de missionnaires-ethnologues, dont certains sont devenus des figures importantes de l'anthropologie, témoigne d'une cohabitation, voire d'un bricolage identitaire possible entre ces deux postures. Il est cependant évident que le mouvement de conversion va essentiellement du missionnaire vers l'anthropologue. On pourrait cependant s'interroger sur les conversions des anthropologues à leurs ouailles, notamment avec les multiples cas d'adhésion forte à des postures politiques militantes, comme nouvelle foi missionnaire sécularisée. On aurait alors là un mouvement de conversion en retour, dans l'autre sens.

D'aucuns seront des anthropologues qui s'ignorent et demeureront missionnaires leur vie durant tout en produisant une ethnographie exceptionnelle, alors que d'autres s'obligeront (ou seront obligés) de dévêtir la robe de missionnaire pour endosser les habits de l'ethnologue. Enfin, une multitude de cas navigue avec plus ou moins de bonheur entre ces deux dispositions, joignant régulièrement la double posture de l'un et de l'autre. Mais par-delà la biographie intime de chaque missionnaire-ethnologue, et sa complexité spécifique, le regard posé par les différents biographes ajoute une couche de mésinterprétation. Bref on dispose toujours de multiples facettes pour un même personnage. Selon le regard, pour un même nom, l'impression ressort d'un converti

9 Servais, Olivier, Van't Spijker, Gerard (dir.), *Anthropologie et missiologie. Entre connivence et rivalité*, Paris, Karthala, 2004, p. 25-44.

10 Van Beek, Wouter, « Anthropologie et missiologie ou la séparation graduelle des partenaires », dir. O. Servais et G. Van't Spijker, *Anthropologie et missiologie*, *op. cit.*, p. 25-44.

intégral à l'anthropologie, ou *a contrario* d'un habile louvoyeur qui revêt une posture relativement similaire dans sa carrière d'ethnologue ou de missionnaire.

Mais aussi modeste soit-elle, cette conversion n'est jamais sans conséquence sur les parcours de vie. La rencontre avec des traditions fort éloignées des leurs, les phases d'immersion ou de conversion « indigènes » ont en effet provoqué de nombreuses incertitudes sur le sens de l'entreprise d'évangélisation, et des crises de vocation ont régulièrement entrainé des dé-missions ou la dé-conversion.

Cependant, pour revenir à cette question centrale de l'engagement, reprenons la proposition selon laquelle l'engagement du missionnaire se situe avant tout en amont du terrain (sa foi, sa vocation), là où l'engagement de l'anthropologue passe par l'interprétation des données tant sur le terrain que lors de la rédaction d'une monographie[11]. Dans le cas du missionnaire le terrain est d'ores et déjà borné par une grille interprétative qui le précède peu ou prou. Dans celui de l'ethnologue, c'est le terrain qui devrait être le maître d'œuvre de la construction de la grille mais à quel prix et selon quelle modalité ?

Ces deux figures ont le terrain pour expérience commune, mais la signification qu'ils lui attribuent varie, passablement, du tout au tout. Le passage de la première à la seconde ne se réalise dès lors presque jamais de manière pacifiée. On en revient à cette question de l'opacité, du trouble, de la brume qui accompagne ce type de positionnement et qui témoigne, contre toute catégorisation trop clivée, que les itinéraires spirituels sont complexes et perpétuellement en redéfinition. Du missionnaire, dont la cause oblitère tout l'imaginaire du terrain, à l'ethnologue, obligé de clarifier, avec fragilité, ses différentes postures d'enquêtes, on bascule dans deux univers radicalement différents.

Au-delà des variations de postures, d'identités ou d'implications, un élément surnage cependant systématiquement, nous semble-t-il : l'engagement revendiqué. En effet, la posture engagée de ces différentes figures demeure une valeur permanente et partagée. Et de fait, qu'ils soient encore missionnaires ou déjà devenus anthropologues,

---

11 Blundo, Giorgio, Olivier de Sardan, Jean-Pierre, *Pratiques de la description*, Paris, EHESS, Enquête n° 3, 2003 ; Lahire, Bernard, « Risquer l'interprétation. Pertinences interprétatives et surinterprétations en sciences sociales », *Enquête*, n° 3, 1996, p. 61-89 ; Olivier de Sardan, Jean-Pierre, « La violence faite aux données », *Enquête*, n° 3, 1996, p. 31-60.

ces ethnologues de métier se caractérisent presque tout le temps par une incapacité à ne pas s'engager dans les enjeux de leurs temps : Engagés pour leur « vrai » Dieu, engagés pour telle population en détresse, engagés pour la préservation d'une coutume ou d'un rite en voie d'occidentalisation, engagés dans un processus de pacification ou de développement, engagés pour la décroissance de nos sociétés d'hyperconsommation. En outre, quelles que soient les actions qu'ils mènent, la plupart de ces missionnaires-ethnologues déploient une anthropologie qu'ils qualifient eux-mêmes, chacun son vocabulaire, d'« engagée » ou d'« impliquée ».

La nécessité à tout le moins de clarifier sa propre posture ressort une fois de plus comme un impératif fondamental, qui rend le silence actuel d'une désuète insuffisance épistémologique. Philippe Chanson, pasteur protestant et anthropologue reconnu en mondes créoles illustre à merveille le besoin indispensable de clarification biographique mais, de facto, également épistémologique pour ces chercheurs un peu particuliers :

> Du reste, à parcourir rapidement mes travaux par ordre des dates de leur parution, je vois bien, avec du recul, que j'ai souvent inclus ou terminé mes publications (pas toujours, il n'y a ici aucune exigence ni obligation, ça se donne ou ça ne se donne pas) par une reprise théologique que j'espère anthropologiquement éclairée. Il ne s'agit pas d'un « habitus » professionnel. Simplement, ma conversion à l'anthropologie – à une anthropologie de la rencontre, engagée – ne m'appelle pas à en rester à son seul stade. En convertissant ma théologie, elle ne cherche pas à changer la donne de la claire distinction des disciplines dans la recherche, mais à se révéler complémentaire aux résultats ethnographiques ou, mieux encore, à aboutir à des approches singulièrement plus larges et plus fécondes des résultats ethnographiques. En fait, elle me permet tout bonnement de redonner vrai sens et vraie place à la théologie tout en me défiant de réarticuler, lorsque l'occasion ou la demande explicite le suscite ou s'y prête, un discours « croyant » que je souhaite plus intelligible. Pour que la parole théologique prenne le plus possible la mesure de la parole incarnée. Pour qu'elle devienne donc parole anthropo-théologique et, une fois encore, jamais l'inverse[12].

12 Chanson, Philippe, « De la théologie à l'anthropologie, conversion, tâche et précédence », dir. O. Servais, *Du missionnaire à l'anthropologue*, *op. cit.*, p. 266-267.

S'ENGAGER À OBJECTIVER SA SUBJECTIVITÉ

Au final, quelle que soit la posture assumée, et quelle que soient les formes retenues, il ressort de cette traversée en pays missionnaire-ethnologue une position épistémologique qui me semble devoir être défendue comme l'option minimale : S'engager à objectiver sa subjectivité.

En tant qu'anthropologue, le terrain comme l'observation participante constituent le socle fondamental de la méthode. Ils renvoient à l'expérience humaine qui est la manière la plus sûre pour le chercheur de respecter au mieux les données et donc de prétendre faire science. Pour ce faire, l'anthropologue doit mobiliser une capacité réflexive, engagée dans l'aveu des préalables présidant à l'élaboration de sa propre interprétation, afin de mieux décrire celle produite par les groupes de personnes rencontrées. En conséquence, l'anthropologue sur le terrain doit apprendre à décrire et à comparer les phénomènes en toute connaissance de cause.

L'engagement à s'objectiver est ici une obligation et son absence une faute méthodologique. La validation scientifique en anthropologie passe par un engagement à objectiver sa subjectivité afin de mieux établir les faits dans la vérité d'autrui. L'anthropologie est engagée au risque de recourir à des catégories considérées comme valides alors qu'elles n'expriment que la manière de signifier les choses d'un lieu particulier, celui du chercheur. L'expérience du terrain est la méthode qui permet de respecter le sens des données parce qu'elle les enracine dans le vécu des gens. Et cette posture est totalement transposable à une large partie des sciences humaines, dont celles traitant de la question religieuse. La fréquentation intensive des archives ou celle d'un terrain ne dédouane toutefois pas de cette nécessité d'objectiver son positionnement personnel.

L'engagement à s'objectiver signifie, dans cette optique, apprendre à déconstruire ses propres catégories afin de se rapprocher de celles des autres et avec l'intention de les exposer le mieux possible. Ce type d'engagement très personnel apparaît une nécessité méthodologique, en absence de laquelle le chercheur court d'une certaine manière le risque, souvent à son insu, de produire des données filtrées par le prisme déformant de sa propre culture dominante, c'est-à-dire une forme de la « pensée missionnaire » pour reprendre une expression usuelle du missionnaire devenu anthropologue Mike Singleton. Bien entendu selon chaque chercheur, cet engagement trouvera à se décliner de manière très différente. Mais précisément, c'est l'objectivation de ce positionnement et son explicitation qui constituera le bornage épistémologique et interprétatif des matériaux produits et/ou analysés.

Olivier SERVAIS
Université Catholique de Louvain

BIBLIOGRAPHIE

Ne figurent dans cette bibliographie que les titres proposant une réelle réflexion sur le sujet et non tous ceux cités par les auteurs.

ADORNO, Theodor, *Minima Moralia*, Paris, Payot, 1980.

ANWANDER, Antoine, *Les religions de l'humanité*, Paris, Payot 1955.

ARKOUN, Mohamed, *L'islam, hier-demain*, Paris, Buchet/Chastel, 1978.

ARKOUN, Mohamed, *Pour une critique de la raison islamique*, Paris, Maisonneuve-Larose, 1984.

BAUBÉROT, Arnaud, « Quelle histoire pour le XXe siècle protestant ? Pérennité et limites du 'paradigme léonardien' », *Bulletin de la Société de l'Histoire du Protestantisme français*, 148 (2002), p. 1123-1136.

BAUBÉROT, Jean, « Le protestantisme français et son historiographie », *Archives des sciences sociales des religions*, 58/2 (1984), p. 175-186.

BÉDOUELLE, Guy, *L'Histoire de l'Église. Science humaine ou théologie ?*, Paris, Mentha, 1992.

BERGER, Peter L., *The Sacred Canopy. Elements of a Sociological Theory of Religion*, New York, Doubleday, 1967.

BOST, Hubert, *Théologie et Histoire. Au croisement des discours*, Paris-Genève, Cerf, Labor et Fides, 1999.

BOURDIEU, Pierre, « Sociologues de la croyance et croyances de sociologues », *Archives de sciences sociales des religions*, 63/1, 1987, p. 155-161.

BOWIE, Fiona, *The anthropology of religion : an introduction*, Oxford, Blackwell, 2000.

BREJON DE LAVERGNÉE, Matthieu et TEINTURIER, Sara, « La production académique d'un savoir sur le religieux : une étude des thèses en cours en France et au Québec », *Mélanges de l'École Française de Rome-Italie et Méditerranée*, en ligne : URL : http://mefrim.revues.org/3389.

Bulletin de la Société de l'histoire du protestantisme français, t. 148-4, numéro spécial du cent-cinquantenaire de la SHPF, 2002.

BÜTTGEN, Philippe et DUHAMELLE, Christophe (éd.), *Religion ou confession. Un bilan franco-allemand sur l'époque moderne (XVIe-XVIIIe siècles)*, Paris, Éditions de la Maison des sciences de l'homme, 2010.

CANTRELL, Michael A., « Must a Scholar of Religion Be Methodologically Atheistic or Agnostic ? », *Journal of the American Academy of Religion*, 2015, p. 1-28.

CARRÉ, Olivier, *L'islam laïque ou le retour à la grande Tradition*, Paris, Armand Colin, 1993.

CARRIER, Michel, *Penser le sacré. Les sciences humaines et l'invention du sacré*, Montréal, Liber, 2005.

CERTEAU, Michel de, « Faire de l'histoire. Problèmes de méthodes et problèmes de sens », *Recherches de science religieuse*, 1970, t. 58/4, p. 481-520.

CERTEAU, Michel de, *L'écriture de l'histoire*, Paris, Gallimard, 1975.

CONGAR, Yves, « L'histoire de l'Église, 'lieu théologique' », *Concilium*, n° 57, 1970, p. 75-83.

CUCHET, Guillaume, *Faire de l'histoire religieuse dans une société sortie de la religion*, Paris, Publications de la Sorbonne, 2013.

DELACROIX, Christian, DOSSE, François et GARCIA Patrick, *Les courants historiques en France, XIX*e*-XX*e* siècle*, Paris, Gallimard, 2e éd. revue et augmentée, 2005.

DELUMEAU, Jean (dir.), *L'historien et la foi*, Paris, Fayard, 1996.

DEPRAZ, Natalie, « Attention et surprise. Paul Ricœur en débat et au-delà », *Revue Alter, Anthropologies philosophiques*, n° 23/2015, p. 257-273.

DOSSE, François, *L'histoire en miettes*, Paris, La Découverte, 1987.

DUMONT, Fernand, *L'anthropologie en l'absence de l'Homme*, Paris, PUF, 1981.

DURAND, Jean-Dominique (dir.), *Histoire et théologie*, Paris, Beauchesne, 1994.

DURAND, Jean-Dominique (dir.), *Le Monde de l'histoire religieuse*, Lyon, LARHRA-RESEA, 2012.

EHRENFREUND, Jacques et GISEL, Pierre (dir.), *Mises en scène de l'humain. Sciences des religions, philosophie, théologie*, Paris, Beauchesne, 2014.

EVANS-PRITCHARD, Edward, *Les anthropologues face à l'histoire et à la religion*, Paris, PUF, 1974.

FERJANI, Mohamed Chérif, *Le politique et le religieux dans le champ islamique*, Paris, Fayard, 2005.

FERJANI, Mohamed Chérif, « À propos de la notion de *'umma* : les maux d'un mot », dir. S. Rémi-Giraud et P. Rétat, *Les mots de la nation*, PUL, Lyon, 1996, p. 135-150.

FERJANI, Mohamed Chérif, « Langage politique de l'islam ou langage de l'islam politique », *Les temps Modernes*, n° 683, avril-mai 2015, p. 50-71.

FILIPPI, Bruna, « Le groupe La Bussière. Quelques étapes d'un parcours collectif », *Revue d'Histoire de l'Église de France*, t. 86, 2000, p. 735-745.

FOA, Jérémie, « Histoire du religieux », dir. C. Delacroix *et al.*, *Historiographies, I, Concepts et Débats*, Paris, Gallimard, 2010, p. 272-277.

FOUILLOUX, Étienne, *Au cœur du XX*e* siècle religieux*, Paris, Éditions ouvrières, 1993.

GISEL, Pierre, *Traiter du religieux à l'Université. Une dispute socialement révélatrice*, Lausanne, éd. Antipodes, 2011.

GROSSE, Christian, « Apologétique et science des religions. 1880, *Annus mirabilis* du processus d'institutionnalisation des sciences des religions », dir. J. Ehrenfreund et P. Gisel, *Mises en scène de l'humain. Sciences des religions, philosophie, théologie*, Paris, Beauchesne, 2014, p. 189-208.

GROSSE, Christian, « Le "tournant culturel" de l'histoire "religieuse" et "ecclésiastique" », *Histoire, monde et cultures religieuses*, 2013/2, n° 26, p. 75-94.

GROSSE, Christian, CHEVALIER, Françoise, MENTZER, Raymond A., ROUSSEL, Bernard, « Anthropologie historique : les rituels réformés (XVIe-XVIIe siècles) », *Bulletin de la Société de l'Histoire du Protestantisme français*, 148 (2002), p. 979-1009.

HAMMANN, Gottfried, « L'histoire de l'Église à l'écoute de la 'Nouvelle Histoire' », *Revue de théologie et de philosophie*, 33, 1989, p. 27-56.

HERVIEU-LÉGER, Danièle, *La religion pour mémoire*, Paris, Cerf, 1993.

HERVIEU-LÉGER, Danielle, « La sociologie des religions en France. De la sociologie de la sécularisation à la sociologie de la modernité religieuse », dir. J.-M. Berthelot, *La sociologie française contemporaine*, coll. « Quadrige », Paris, PUF, 2003, p. 241-250.

HUNTINGTON, Samuel, *Le choc des civilisations*, Paris, Odile Jacob, 1997.

IOGNA-PRAT, Dominique, « Le religieux et le sacré », dir. J.-F. Sirinelli, P. Cauchy et C. Gauvard, *Les historiens français à l'œuvre, 1995-2010*, Paris, PUF, 2010, p. 143-159.

JEDIN, Hubert, « L'histoire de l'Église : théologie ou histoire ? », *Communio*, IV, 6, 1979, p. 38-46.

KRUMENACKER, Yves, *Histoire de l'Eglise et Théologie*, Lyon, Profac, 1996.

KRUMENACKER, Yves, « L'historien face au christianisme », *Théophilyon*, VII-2, 2002, p. 555-566.

LAGRÉE, Michel, *Religion et modernité. France, XIXe-XXe siècles*, Rennes, PUR, 2003.

LAMBERT, Yves, MICHELAT, Guy et PIETTE, Albert (dir.), *Le Religieux des sociologues. Trajectoires personnelles et débats scientifiques*, Paris, L'Harmattan, 1997.

LANGLOIS, Claude, « Des Études d'histoire ecclésiastique locale à la sociologie religieuse historique. Réflexions sur un siècle de production historiographique », *Revue d'Histoire de l'Eglise de France*, t. 62, n° 169, 1976, p. 329-347

LANGLOIS, Claude, « Trente ans d'histoire religieuse. Suggestions pour une future enquête », *Archives de sciences sociales des religions*, n° 63/1, 1987, p. 85-114.

LE BRAS, Gabriel, « L'historiographie contemporaine du catholicisme en

France », *Mélanges Pierre Renouvin. Études d'histoire des relations internationales*, Paris, PUF, 1966, p. 22-32.

LEQUAN, Mai, *La religion philosophique des Lumières, Revue Éthique, politique, religions*, Classiques Garnier, n° 8, 2016.

MAHMOOD, Saba, « Raison religieuse et affect laïc : un clivage incommensurable ? », A. Talal A., B. Wendy, J. Butler, S. Mahmood, *La critique est-elle laïque ? Blasphème, offense et liberté d'expression*, Lyon, PUL, 2015.

MARROU, Henri-Irénée, *De la Connaissance historique*, Paris, Seuil, 1954.

MARY, André, « L'anthropologie au risque des religions mondiales », *Anthropologie et Sociétés*, 24/1, 2000.

MAYEUR, Jean-Marie, (dir.), *L'histoire religieuse de la France. Problèmes et méthodes. XIXe et XXe siècles*, Paris, Beauchesne, 1975.

MONOD, Jacques, *le hasard et la nécessité*, Paris, Le Seuil, 1970.

MUCCHIELLI, Alex (dir.), *Dictionnaire des méthodes qualitatives en sciences humaines et sociales*, Paris, Armand Colin, 1996.

OBADIA, Lionel, *L'Anthropologie des religions*, Paris, La Découverte, 2012.

PELLISTRANDI, Benoît (dir.), *L'histoire religieuse en France et en Espagne*, Madrid, Casa de Velazquez, 2004.

PIAGET, Jean, *Logique et Connaissance Scientifique*, Paris, Gallimard, 1967.

PIETTE, Albert, *La religion de près. L'activité religieuse en train de se faire*, Paris, Métailié, 1999.

POUILLON, Jean, *Le cru et le su*, Paris, Le Seuil, 1993.

PROST, Antoine, *Douze leçons sur l'histoire*, Paris, Seuil, 1996.

PYTHON, Francis, « D'une approche confessionnelle à une histoire religieuse universitaire. L'itinéraire de l'historiographie française », *Revue d'histoire ecclésiastique suisse – Zeitschrift für Schweizerische Kirchengeschichte*, 87, 1993, p. 33-47.

RICŒUR, Paul, *Anthropologie philosophique, Essais et Conférences III*, Paris, Seuil, La couleur des idées, 2013.

RICŒUR, Paul, *La critique et la conviction.* Entretiens avec François Azouvi et Marc de Launay, Paris, Calmann-Lévy, 1995.

RICŒUR, Paul, *Histoire et vérité*, Paris, Seuil, 1955.

RICŒUR, Paul, *Soi-même comme un autre*, Paris, Le Seuil, 1990.

RICŒUR, Paul, « La philosophie et la spécificité du langage religieux », *Revue d'histoire et de philosophie religieuse*, 55/1, 1975, p. 13-26.

ROUSSEAU, André, *Pour une sociologie de la crise catholique. France, 1960-1980*, coll. « Lire/Relire », Brest, Centre de recherche bretonne et celtique de l'Université de Bretagne occidentale, 2015.

SAVART, Claude, « La *Revue d'histoire de l'Église de France* : analyse rétrospective », *Revue d'Histoire de l'Eglise de France*, t. 68, n° 180, 1982, p. 5-29.

SERVAIS, Olivier, VAN'T SPIJKER, Gerard (dir.), *Anthropologie et missiologie. Entre connivence et rivalité*, Paris, Karthala, 2004.

SIMON, Marcel, « Histoire des religions, histoire du christianisme, histoire de l'Église : Réflexions méthodologiques », *Le Christianisme antique et son contexte religieux. Scripta varia*, Tübingen, 1981, t. 2, p. 390-403.

TALBI, Mohamed, *Plaidoyer pour un islam moderne*, Tunis, Le Fennec, 1996.

« Un siècle d'histoire du christianisme en France », *Revue d'Histoire de l'Eglise de France*, t. 86, n° 117, 2000.

VAN DER GEEST, Sjaak, « Anthropologists and missionaries : brothers under the skin », *Man*, 1990, 25 (4), p. 588-601.

VENARD, Marc, « L'histoire du protestantisme français au XXe siècle : une historiographie déconfessionnalisée ? », dir. P. Benedict, H. Daussy et P.-O. Léchot, *L'Identité huguenote. Faire mémoire et écrire l'histoire (XVIe-XXIe siècle)*, Genève, Droz, 2014, p. 581-590.

WARREN, Jean-Philippe, *L'engagement sociologique. La tradition sociologique du Québec francophone (1886-1955)*, Montréal, Boréal, 2003.

INDEX

RÉSUMÉS

Yves KRUMENACKER, « Le chercheur et la foi. Quelle distance avoir ? »

Alors que certains pensent qu'il faut être croyant pour étudier la religion, la plupart des chercheurs préconisent plutôt un gnosticisme méthodologique. Une empathie avec son sujet est nécessaire, car la connaissance est toujours relation interpersonnelle. Mais il faut aussi s'en détacher pour combiner analyses interne et externe. L'important est surtout de pouvoir réfléchir à sa pratique et d'être capable de la théoriser.

Jean-Philippe PIERRON, « La dialectique vive de la conviction et de la critique »

Foi et recherche en sciences humaines ne peuvent être ni confondues ni séparées, mais sans cesse confrontées. La recherche philosophique est désir et attention constante, ce qui lui donne une dimension spirituelle. Mais la foi du chercheur doit passer au crible de la raison. Elle lui permet d'aspirer à la recherche de la vérité dans ce qu'elle a de plus universel, mais aussi de plus personnel, rejoignant ainsi la quête existentielle du chercheur.

Pierre-François MOREAU, « Le savoir et l'appartenance »

S'il faut être croyant pour parler de religion, cela interdit toute recherche, car on n'est jamais exactement de la religion étudiée. Cela revient en réalité à s'opposer à ce que l'autre pénètre dans sa propre croyance. C'est souvent une exigence des dominés dont l'histoire est confisquée. Mais toute croyance est vécue subjectivement, ce qui nécessite aussi un regard extérieur attentif aux points communs et aux variations, capable d'échapper aux formes dominantes de la croyance.

Céline BORELLO, « Histoire confessionnelle et histoire scientifique. Enjeux et jalons autour du protestantisme »

Le propos vise à comprendre comment l'histoire de la Réformation en France s'est progressivement émancipée d'une plume engagée dans la défense de la foi protestante pour adopter des méthodes conformes aux pratiques scientifiques de la discipline historienne. Cette interrogation croise diverses questions : celle des enjeux d'une écriture historique, celle d'une scientifisation de la narration du passé et celle de l'appartenance confessionnelle des historiens.

Noémie RECOUS, « De la sympathie à l'étude. Faire l'histoire religieuse des individus »

Travailler sur la religion d'un individu, son rapport au sacré et à la transcendance permet de mettre en lumière ces structures plus générales, tout en questionnant les appropriations et reformulations personnelles. Si une certaine sympathie peut se développer entre l'historien.ne et son objet d'étude, un des enjeux majeurs de l'écriture historienne réside dans la distance, qui permet de trouver un équilibre entre une familiarité perçue et l'étrangeté irrémédiable liée à la distance temporelle.

Cherif FERJANI, « Étude des faits islamiques et combat contre l'islamisme et l'islamophobie »

Des engagements politiques peuvent amener à l'étude scientifique des faits islamiques pour lutter contre l'islam radical. Grâce à l'islamologie orientaliste, il est possible de se dégager des approches théologiques traditionnelles. Mais elle a souvent étudié les faits islamiques à travers le prisme des orthodoxies dominantes. C'est pourquoi il est nécessaire d'explorer de nouvelles approches historicisant les catégories de la pensée musulmane comme celles des autres religions et cultures.

Éric GEOFFROY, « L'écriture académique est-elle "objective" ? »

L'objectivité n'existe dans aucune science, toute recherche est à la fois académique et personnelle. La spiritualité musulmane montre que toute réalité a plusieurs aspects, une idée partagée par bien des scientifiques actuels. Il s'agit donc de reconnaître sa propre subjectivité et d'accepter une réalité plurielle, d'articuler l'approche doctrinale et l'approche historique, sociologique ou anthropologique.

Sébastien TANK-STORPER, « Le judaïsme comme un autre. Identité, réflexivité et sciences sociales du judaïsme »

Les études juives ont longtemps été soupçonnées d'être fermées aux non-Juifs et de viser à élaborer une identité juive. Y échapper suppose de poser un écart par rapport à l'identité juive, de penser le judaïsme comme pluriel, aux identités multiples et mouvantes dont la légitimité est revendiquée par diverses institutions ; cela conduit à remettre en cause les classifications habituelles des courants juifs, à partir de concepts internes et externes.

Christine BARRALIS, « La déconfessionnalisation de l'histoire du christianisme en France »

Le processus de déconfessionnalisation de l'histoire du christianisme à l'œuvre au cours du XXe siècle en France peut s'observer à travers deux phénomènes distincts : le « décentrement » du regard des historiens et la part décroissante au fil du temps, non seulement des clercs mais même des croyants, parmi les historiens du christianisme. Cela a permis de penser l'histoire du religieux comme un simple élément d'une histoire plus large.

Olivier CHATELAN, « Catholicisme et sociologie en France, des années 1880 aux années 1960. Réflexions d'ensemble »

La « sociologie catholique » a-t-elle existé en France ? Au début du XXe siècle, des clercs s'essaient à une science du social souvent largement inspirée des enseignements de l'Église. Restée peu visible et marginale, elle est à rapprocher de méthodes d'enquête, qui inspirent plusieurs mouvements. Les années 1950 sont marquées par les questions de l'institutionnalisation et de la déconfessionnalisation. Coexistent alors plusieurs manières de « faire de la sociologie ».

Lionel OBADIA, « Regards (de) civilisés sur les religions (de) sauvages. L'anthropologie, l'anthropologue et la croyance de l'autre »

La question du rapport de l'anthropologue à la religion en général serait moins délicate qu'ailleurs, en raison de la distance qu'il entretient avec les systèmes de croyances de sociétés traditionnelles supposées pleines de sacré. Mais ce rapport est bien plus complexe, et oscille entre scepticisme plus ou moins froid et affirmé, adhésion plus ou moins clandestine, ou, le plus souvent, attitude bienveillante mais épistémologiquement réservée.

Pierre GISEL, « De la théologie aux sciences religieuses. Quels déplacements et quelle relance pour chacun ? »

Au cœur des déplacements de la théologie aux sciences religieuses est d'abord en cause la question du type d'interrogation, ainsi que le passage de réalités religieuses vues pour elles-mêmes à leur articulation à la scène sociale, dont elles sont notamment un lieu de symptômes, ouvrant du coup la question de leur régulation, interne et externe. Les déplacements indiqués peuvent, enfin, être l'occasion d'une relance de questions de fond, pour chacun et sur son terrain propre, différemment donc.

Olivier SERVAIS, « De l'objet religieux à distance à l'engagement à objectiver sa subjectivité »

Le positionnement du chercheur s'explique par sa trajectoire, qu'il doit pouvoir lire et dire. Missionnaires, ethnologues, anthropologues revendiquent en effet presque tous un engagement, religieux, ou pour une cause temporelle. La subjectivité est donc toujours présente, mais il faut l'objectiver, déconstruire ses propres catégories afin de se rapprocher de celles des autres et avec l'intention de les exposer le mieux possible, ceci pour établir les faits dans la vérité d'autrui.

TABLE DES MATIÈRES

IMPRIM'VERT®

Achevé d'imprimer par Corlet Numéric,
Z.A. Charles Tellier, Condé-en-Normandie (Calvados), en août 2018
N° d'impression : 150696 – Dépôt légal : août 2018
Imprimé en France